高等职业教育规划教材

体育与健康教程

(五年制高职)

郭霞 许丽 苏冠珠 主编

化学工业出版社

·北京·

内 容 简 介

本书针对五年制高职人才培养需要介绍了身心健康与锻炼的关系、科学锻炼方法、田径运动、六大球类运动、体操运动、瑜伽运动、中华传统气功及太极拳运动、体育广角等内容，旨在使学生掌握一定的体育基本知识、基本技能和技巧，养成经常科学锻炼的好习惯，促进身心健康。本书内容简洁、重点突出、任务明确，可最大程度地满足大学生在体育方面自我发展、学习和适应社会的需要。

本书可作为高职高专院校非体育类专业的学生体育教学用书，也可作为其他高职阶段学生教学参考书，同时也可供对体育与健康感兴趣的各界人士参考阅读。

图书在版编目（CIP）数据

体育与健康教程：五年制高职/郭霞，许丽，苏冠珠主编．—北京：化学工业出版社，2021.6（2023.8重印）
ISBN 978-7-122-38833-9

Ⅰ.①体… Ⅱ.①郭… ②许… ③苏… Ⅲ.①体育-高等职业教育-教材②健康教育-高等职业教育-教材 Ⅳ.①G807.4 ②G717.9

中国版本图书馆CIP数据核字（2021）第055903号

责任编辑：蔡洪伟　旷英姿　　　　　　文字编辑：宋　旋
责任校对：宋　玮　　　　　　　　　　装帧设计：张　辉

出版发行：化学工业出版社（北京市东城区青年湖南街13号　邮政编码100011）
印　　装：涿州市般润文化传播有限公司
787mm×1092mm　1/16　印张12¾　字数308千字　2023年8月北京第1版第2次印刷

购书咨询：010-64518888　　　　　　　售后服务：010-64518899
网　　址：http://www.cip.com.cn
凡购买本书，如有缺损质量问题，本社销售中心负责调换。

定　　价：40.00元　　　　　　　　　　　　　　　　　　　　　版权所有　违者必究

编写人员名单

主　编：郭　霞　许　丽　苏冠珠

副主编：张志军　刘　平　刘光成

参　编：董天梅　程　峰　于　敏　郭敬同

前 言

为了适应高等职业教育人才培养的需求，本书以《关于加强青少年体育、增强青少年体质的意见》以及教育部《关于全面提高高等职业教育教学质量的若干意见》(教育部〔2006〕16号) 为依据，加强高职高专院校体育教材建设，编者结合多年的体育教学经验，以知识性、健康性、趣味性为编写原则，有针对性地借鉴和汲取了体育科学和运动实践的最新研究成果，编写了本教材。本书编写力求体现高职高专院校办学特点，力求满足五年制高职学生的体育与健康需求，突出学生的个性发展和能力培养，旨在培养学生的运动技能、运动习惯，促进学生的身心健康。

本教材主要具有以下几方面特点：

(1) 思想性强。本书突出"身心健康"的思想，以人为本，围绕体育与健康的关系、科学锻炼等方面进行阐述，使学生充分认识到体育锻炼的益处和重要性。

(2) 实用性强。针对职业岗位对五年制高职学生的身体素质的实际需求，编写了适合高职学生的几类锻炼项目，注重职业健康的需要，引入瑜伽、健身气功、太极拳等现代公认的健身养生运动。

(3) 内容丰富，结构合理，趣味性强。本书共八个单元，主要包括身心健康与锻炼、科学锻炼与健康、田径、球类、体操、瑜伽、传统健身、体育广角等，符合学生的认知规律，注重培养学生的自主学习能力。每单元的学习目标、单元检测、想一想、练一练等形式，便于引导学生的体育锻炼兴趣和自主练习。第八单元的体育广角，介绍了一些极富时代特征的运动健身项目，向人们展示了体育运动的魅力，增强了运动的趣味性。

(4) 版式新颖。本书版式活泼，体例新颖，图文并茂，通俗易懂。

本书编写人员均为山东药品食品职业学院教师，教学经验丰富。书稿编写过程中得到了山东药品食品职业学院的大力支持，在此表示衷心感谢。

由于编者水平有限，疏漏之处在所难免，恳请读者提出宝贵意见和建议。

编者

2021 年 1 月

目 录

第一单元 五年制高职学生的身心健康与锻炼 001

项目一 五年制高职学生的身心健康因素 001
一、五年制高职学生的生理特征 002
二、五年制高职学生的心理特征 002

项目二 五年制高职学生的健康与锻炼 003
一、体育锻炼与身体健康 003
二、体育锻炼与心理健康 004
三、体育锻炼与康复保健 005
四、体育锻炼与社会适应能力 005
五、几种有效的锻炼方法 006

项目三 五年制高职学生的心理健康与锻炼 007
一、体育教学与训练对学生心理发展的意义 007
二、体育教学与训练对学生心理发展的影响 008
三、体育教学与训练的心理特点 008
四、体育教学与训练的心理要求 009

单元检测 010

第二单元 科学锻炼与健康 011

项目一 科学锻炼 011
一、体育锻炼原则 012
二、体育锻炼的步骤与方法 012
三、整理活动 013

四、体育锻炼注意事项 …………………………………………………………… 014
　项目二　体育锻炼中常见的生理现象与预防处理 …………………………………… 015
　　一、"极点"与"第二次呼吸" …………………………………………………… 015
　　二、中暑 …………………………………………………………………………… 015
　　三、肌肉痉挛 ……………………………………………………………………… 016
　　四、运动性昏厥 …………………………………………………………………… 016
　　五、运动性腹痛 …………………………………………………………………… 017
　项目三　体育运动中常见的运动损伤与防治 ………………………………………… 017
　　一、运动损伤产生的原因 ………………………………………………………… 018
　　二、运动损伤的种类 ……………………………………………………………… 018
　　三、体育运动中常见损伤的现场处理 …………………………………………… 019
　项目四　体育教学与训练中常见的运动性疾病与防治 ……………………………… 020
　　一、过度训练综合征 ……………………………………………………………… 020
　　二、过度紧张 ……………………………………………………………………… 021
　　三、运动性贫血 …………………………………………………………………… 022
　项目五　体育教学与训练中的意外事故与急救 ……………………………………… 023
　　一、晕厥与现场急救 ……………………………………………………………… 023
　　二、脑震荡与现场处理 …………………………………………………………… 024
　　三、出血与止血 …………………………………………………………………… 024
　　四、关节脱位与现场处理 ………………………………………………………… 026
　　五、骨折与现场处理 ……………………………………………………………… 026
　　六、溺水与急救 …………………………………………………………………… 027
　　七、运动性猝死 …………………………………………………………………… 028
　单元检测 ………………………………………………………………………………… 028

第三单元　田径运动 ……………………………………………………………… 030

　项目一　径赛项目 ……………………………………………………………………… 030
　　一、短跑的学习及练习 …………………………………………………………… 030
　　二、接力跑的学习及练习 ………………………………………………………… 035
　　三、中长跑的学习及练习 ………………………………………………………… 036
　项目二　田赛项目 ……………………………………………………………………… 038
　　一、跨越式跳高的学习及练习 …………………………………………………… 038
　　二、背越式跳高的学习及练习 …………………………………………………… 040
　　三、跳远的学习及练习 …………………………………………………………… 043

四、三级跳远的学习及练习 …………………………………… 046
　　五、推铅球的学习及练习 ……………………………………… 048
　项目三　规则简介 …………………………………………………… 051
　　一、径赛项目的有关规则 ……………………………………… 051
　　二、田赛项目的有关规则 ……………………………………… 052
　　三、田径场地 …………………………………………………… 053
　单元检测 ……………………………………………………………… 055

第四单元　球类运动 …………………………………………………… 056

　项目一　篮球 ………………………………………………………… 056
　　一、基本技术 …………………………………………………… 056
　　二、基本战术 …………………………………………………… 064
　　三、竞赛规则简介 ……………………………………………… 068
　项目二　排球 ………………………………………………………… 070
　　一、基本技术 …………………………………………………… 070
　　二、基本战术 …………………………………………………… 076
　　三、竞赛规则简介 ……………………………………………… 078
　项目三　足球运动 …………………………………………………… 079
　　一、足球基本技术 ……………………………………………… 079
　　二、足球实用战术介绍 ………………………………………… 092
　　三、竞赛规则简介 ……………………………………………… 099
　项目四　乒乓球 ……………………………………………………… 102
　　一、基本技术 …………………………………………………… 102
　　二、基本战术 …………………………………………………… 105
　　三、竞赛规则简介 ……………………………………………… 105
　项目五　羽毛球 ……………………………………………………… 106
　　一、基本技术 …………………………………………………… 106
　　二、基本战术和打法 …………………………………………… 109
　　三、羽毛球竞赛规则简介 ……………………………………… 110
　项目六　网球 ………………………………………………………… 111
　　一、基本技术 …………………………………………………… 111
　　二、基本战术 …………………………………………………… 116
　单元检测 ……………………………………………………………… 117

第五单元　体操运动 ··· 118

项目一　技巧运动 ··· 118
一、前滚翻 ··· 119
二、后滚翻 ··· 119
三、鱼跃前滚翻 ··· 120
四、侧手翻 ··· 120
五、肩肘倒立 ··· 121
六、头手倒立 ··· 122
七、俯平衡 ··· 122

项目二　器械体操 ··· 123
一、单杠 ··· 123
二、双杆 ··· 127
三、支撑跳跃 ··· 130

单元检测 ··· 132

第六单元　瑜伽运动 ··· 133

项目一　瑜伽的特点及其注意事项 ··· 133
一、瑜伽的功效 ··· 133
二、瑜伽的作用机理 ··· 134
三、瑜伽同其他体育运动的区别 ··· 134
四、瑜伽练习的注意事项 ··· 135

项目二　瑜伽的初级练习 ··· 135
一、瑜伽呼吸 ··· 135
二、瑜伽体式的学习及练习 ··· 136
三、瑜伽冥想术 ··· 143
四、瑜伽休息术 ··· 143

单元检测 ··· 144

第七单元　中华传统健身 ··· 145

项目一　八段锦 ··· 145
一、概述 ··· 145
二、八段锦动作讲解 ··· 146

项目二　大舞 ··· 149
一、概述 ··· 149

二、大舞功法动作要领讲解 ……………………………………… 149
　项目三　养生太极拳　153
　　一、概述 …………………………………………………………… 153
　　二、二十四式简化太极拳 ………………………………………… 154
　单元检测 …………………………………………………………… 173

第八单元　体育广角 ……………………………………… 174

　项目一　定向运动　174
　　一、定向运动的起源　174
　　二、定向运动的种类　175
　　三、定向运动的锻炼价值　175
　　四、定向运动的特点 ……………………………………………… 175
　　五、定向运动的实践 ……………………………………………… 176
　　六、比赛规则 ……………………………………………………… 177
　　七、注意事项 ……………………………………………………… 177
　项目二　铁人三项 ………………………………………………… 177
　　一、铁人三项运动的起源、沿革 ………………………………… 177
　　二、国际铁人三项运动的发展 …………………………………… 178
　　三、中国铁人三项运动的开展 …………………………………… 178
　　四、路线设计原则 ………………………………………………… 178
　　五、游泳赛段场地设置原则 ……………………………………… 179
　项目三　马拉松 …………………………………………………… 179
　　一、比赛规则 ……………………………………………………… 179
　　二、马拉松技巧 …………………………………………………… 179
　项目四　世界三大体育赛事 ……………………………………… 180
　　一、现代奥林匹克运动会 ………………………………………… 180
　　二、世界杯 ………………………………………………………… 182
　　三、世界一级方程式锦标赛 ……………………………………… 182
　项目五　高尔夫球 ………………………………………………… 183
　　一、简介 …………………………………………………………… 183
　　二、基本技术 ……………………………………………………… 183
　　三、高尔夫球杆的应用 …………………………………………… 184
　　四、推杆 …………………………………………………………… 184
　　五、高尔夫球竞赛规则简介 ……………………………………… 185

项目六　健康与美 …………………………………………………………… 186
一、健美运动的特点与作用 ………………………………………………… 186
二、健美锻炼的手段与训练法 ……………………………………………… 187
三、健美锻炼的训练法 ……………………………………………………… 191
单元检测 ……………………………………………………………………… 192

参考文献 ………………………………………………………………… 193

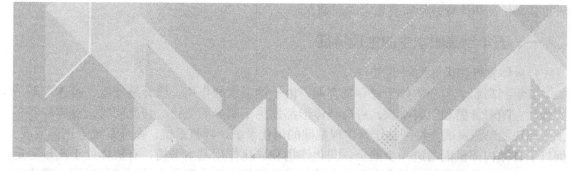

第一单元　五年制高职学生的身心健康与锻炼

 学习目标

知识目标：1. 了解高职学生身心健康与锻炼的关系。
　　　　　2. 熟知体育锻炼如何对身心健康产生影响。
能力目标：1. 学会如何评价高职学生身心健康。
　　　　　2. 学会运用科学的体育锻炼方法促进身心健康。

章节导入

体育锻炼不仅能提高身体素质，同时也能促进良好心理素质的形成，并能起到预防疾病的效果。了解体育锻炼与身心健康的关系，不仅能使我们认识到参加体育锻炼的重要性，更能促进我们自觉参加体育锻炼的积极性。掌握科学体育锻炼的方法，更有益于提高身心锻炼的效果，促进身心健康。

项目一　五年制高职学生的身心健康因素

五年制高职院校的学生，在校时年龄大都在 16～19 岁。该阶段的学生是个体心理迅速走向成熟而又尚未完全成熟的一个过渡时期，心理特点是抽象逻辑思维逐渐发展，自我意识感增强，逐渐从单纯模仿、依赖和盲从，向独立思考、独立行动上发展，具有强烈的存在感，他们在社会和学校生活环境中，越来越表现出要认识和改造客观世界的愿望和才能，其积极主动性、独立自主性和对客观事物的批判性逐渐增强，另外大部分学生的自尊心、自信心和好胜心也大为增长，根据学生的年龄特点，掌握该时段的教学规律，科学施教，是每位高职体育教师需要思考的问题。

一、五年制高职学生的生理特征

1. 身体发育和机能发展迅速

五年制高职学生个体处于青春发育期，由于性激素的作用，肌纤维变粗，身体逐渐结实强壮。随着骨骼和肌肉增长，身高和体形都发生了明显的变化。与此同时，身体各器官及生理功能迅速发展，特别是作为生理基础的消化系统、呼吸系统、循环系统等迅速发展，促进了身体内部机能的进一步健全。同化作用和异化作用基本平衡，有机体处于比较稳定的阶段，身体各器官的生长发育逐渐完善，成为他们一生中生命力最旺盛的时期。身体的发展促使他们心理逐渐成熟，自我意识比较强烈。

2. 大脑和神经系统发育成熟

青春时期大脑的发育基本完成，脑的重量和神经系统结构都已达到成熟水平。随着大脑生理功能的日趋完善，大脑皮层的兴奋与抑制过程逐渐趋于平稳，特别是语言中枢的调节能力迅速提高，使得青少年的抽象逻辑能力和理论思维能力，得到了充分的发展，表现出记忆力强、解决力快、想象力丰富等特征。

3. 男女生第二性征突出

性成熟是青年发育的重要特征。性机能的成熟与性激素的分泌直接相关。性激素的分泌达到一定数量时，性发育就会全面展开。与此同时，还引起男女青年身体外部的变化，即出现第二性征。男性表现为喉结突出，声音变粗，出现胡须。而女性则表现为乳房突起，髋部增宽，月经来潮。性成熟伴随着性意识的"觉醒"，个体对第二性征的出现产生新奇感，并对异性产生好感和兴趣。

二、五年制高职学生的心理特征

青少年时期身体的迅速生长发育必然带来心理特征的明显变化，这一变化称为"心理断乳期"。青年时期是一个从依赖性到独立性、从幼稚到成熟、从被动到主动的心理活动复杂而多变的时期。这一时期青年的心理特点是心理过程日趋成熟，个性心理得到进一步发展，心理机制、心理结构逐步完善提高，心理承受能力不断增强。具体表现为以下几个方面。

1. 智力水平迅速提高

五年制高职学生的智力发展日趋成熟，其观察力、记忆力、想象力和思维能力迅速提高。感知能力更富有目的性、系统性、深刻性和全面性；记忆力的发展开始进入鼎盛时期，意义记忆快速发展并居于主要地位；想象的目的性、有意性发展突出，能够围绕现实问题进行思考，而且往往能与个人兴趣、爱好、职业追求结合起来；思维方式显著变化，辩证逻辑思维占优势，能运用科学的方法对某些事物和现象进行抽象性和理论性思维；思维的独立性和批判性明显增强，喜欢独立地提出问题和寻找解决问题的办法，对事物的认识开始有了自己的独立见解，能用怀疑和批判的眼光看待周围的事物，喜欢争议、辩驳和提出一些新奇的想法。

虽然这一时期的智力水平提高较快，但由于个人阅历较浅，知识经验不足，辨别能力还不够强，思维的独立性和批判性还不够完善，因此容易产生一定的片面性和表面性，缺乏深思熟虑，从而过分自信，固执己见，易走极端。

2. 情绪丰富而强烈

五年制高职学生处在体力和精力的旺盛时期，因此他们的情感丰富多彩，又瞬息万变。这种动荡多变、不够稳定的情绪，往往使振作与消沉、热情与冷漠、开放与闭锁的双重心理现象同时反映在个体的身上，表现出曲折、多变的心理特征，极易出现高度的兴奋、激动和热情，或是极端的愤怒、泄气和绝望。他们既有活泼、愉快、奋发向上等积极情绪，又有低沉、悲观、颓废等消极情绪。他们的正义感、理智感、道德感、友谊感、审美感、义务感、荣誉感等情感均有较高的发展，对美的体验表现得更为复杂而深刻。

3. 意志力和自觉性不稳定

五年制高职学生意志行为的目的性比较明确和自觉。通常动机与奋斗目标是相一致的。因而，在采取意志行为时有强烈的主动性，力争达到动机与效果的统一。但是，他们的意志行为动机的选择是相当复杂的，有时缺乏判断、辨别能力，有时境界不高使其失去进步的社会意义。同时，五年制高职学生坚强意志的形成需要一个磨炼的过程，由于缺乏坚韧性和自制力，遇难改向、知难而退、半途而废的现象也时有发生。

4. 自我意识不断增强

五年制高职学生的自我意识达到较高的水平，独立性明显增强，强烈关心自己的个性成长，有较强的自尊心等。但由于中学阶段，父母和老师的关爱、家庭和学校的管理等方面对其影响依然较大，所以他们独立生活能力还较差，依赖性也较强。随着磨炼和思维发展，随着社会交往的扩大、人际关系的深化、社会地位的提高和文化知识的丰富，高职学生的独立意识明显增长，自我实现、自我提高、自我完善的愿望日益强烈。

想一想

如何保持稳定的心理状态？

项目二　五年制高职学生的健康与锻炼

科学的体育锻炼能有效地增强人体器官、系统的功能，增强人体免疫功能，改善人的心理状态，提高机体的适应能力，从而增强体质增进健康。

一、体育锻炼与身体健康

体育锻炼不仅有利于人体骨骼、肌肉的生长，而且还能改善血液循环系统、呼吸系统、消化系统、运动系统、排泄等方面的机能状况。

1. 增强心脏和循环系统的功能

心血管病是当今世界上危及人类生命的头号杀手。大量研究表明，参与有规律的体育锻炼能够增强心肌机能，降低血压，促进血液循环并增强心脏的功能。

2. 改善呼吸系统的功能

人体在体育锻炼过程中呼吸加深，吸入更多的氧气，排出大量的二氧化碳，久而久之使得肺活量逐渐增大，残气减少，肺功能增强。经常锻炼的人由于身体适应能力强，其呼吸显得平稳、深沉、匀和，频率也较慢。

3. 提高消化系统的功能

体育锻炼消耗身体大量能量，所以锻炼者往往食欲都很好，整个机体的代谢能力旺盛。另外，体育锻炼还会促进胃肠蠕动和消化液分泌，改善肝、胰腺的功能，从而使整个消化系统的功能得到提高，为人的健康和长寿提供良好的物质保证。

4. 增强运动系统的功能

经常参加体育活动，可有效刺激和促进人体的新陈代谢水平，使骨骼的新陈代谢加强，血液供应充分，骨细胞生长能力增强，从而使骨的长度增加，骨密度增大，骨变粗，骨组织的排列更加整齐而有规律，机械稳定性加强。

5. 有助于大脑健康

科学研究表明，体育锻炼对大脑中枢神经系统有良好的刺激作用，能改善大脑的供氧情况，可消除大脑疲劳，提高大脑的工作能力。体育锻炼还能使大脑皮层及时、准确地调动植物性神经系统尽早地进入工作状态，使大脑反应快，自动化程度高，功能加强。

二、体育锻炼与心理健康

体育心理学的大量研究表明，长期的身体锻炼能促进心理健康，治疗身心疾病。强壮的身体是健康的基础，而良好的心理素质又是健康的源泉。体育锻炼对心理健康的积极影响主要表现在以下几个方面。

1. 改善情绪状态

情绪状态是衡量体育锻炼对心理健康影响的最主要的指标。人生活在错综复杂的社会中，经常会产生忧郁、紧张、压抑等情绪反应，体育锻炼可以转移个体不愉快的意识、情绪和行为，使人从烦恼和痛苦中摆脱出来。大学生常因名目繁多的考试、相互间的竞争以及对就业的担忧而产生持续的焦虑反应，经常参加体育锻炼可使自己的焦虑反应降低。在体育锻炼的过程中，人的心理和情绪都会发生一些微妙的变化。

2. 树立自信心

坚持体育锻炼可使体格强健、精力充沛，因此，体育锻炼对改善人的身体表现、树立自信心、体验成功感、克服自卑至关重要。

3. 培养顽强的意志品质

在体育锻炼中，锻炼者要不断克服客观困难（如气候条件的变化、动作的难度或意外的障碍等）和主观困难（如胆怯和畏惧心理、疲劳和运动损伤等）。锻炼者越能克服主客观方面的困难，也就越能培养良好的意志品质。从锻炼中培养起来的坚强意志品质，能够迁移到日常的学习、生活和工作中去。

4. 消除疲劳

疲劳是一种综合性症状，与人的生理和心理因素有关。当一个人的情绪消极或任务超出个人的能力时，心理上和生理上都会很快地产生疲劳。大学生持续的学习压力极易造成身心疲惫和神经衰弱，参与中等强度的体育锻炼，则可以使他们身心得到放松，消除疲劳。

5. 治疗心理疾病

体育锻炼被公认为是一种心理治疗方法。很多大学生由于学习和其他方面的原因引起的焦虑症和抑郁症，通过体育锻炼可以得到减缓或消除。

三、体育锻炼与康复保健

体育锻炼不仅增强体质、促进健康，同时可以防病、治病、康复、保健。

1. 预防骨裂。

骨质疏松会引起骨裂。研究表明，有规律的体育锻炼，经常进行负重锻炼，可以促进骨的合成，提高骨密度和强度。

2. 防止高血压

高血压是一种以动脉压升高为主要特征，可并发心、脑、肾、视网膜等器官损伤及代谢改变的临床综合征。经常参加低强度的有氧锻炼，合理饮食，控制体重，可以减少体内脂肪，提高血管壁的弹性，扩张血管，延缓血管硬化，达到防治高血压的作用。

3. 降低糖尿病发生的危险性

糖尿病患者康复有三个途径：饮食控制、体育锻炼和服用胰岛素（或适当的药物治疗）。对糖尿病患者来说，体育锻炼最大的作用是控制体重。所以，体育锻炼不仅是患者生理健康的需要，也是他们心理健康的要求。

4. 控制体重与改善体形

实践证明，体育锻炼可以强壮肌肉，增强身体，消耗热量，减少体内脂肪，保持关节的柔韧性。如果结合适当的营养，就有助于控制体重，改善体形和外表，防止肥胖。

5. 保持身体活动能力

人类老化的主要特征之一是身体活动能力的衰退，尤其是 60 岁以后，身体活动能力的退步尤为明显。事实证明，有规律的体育锻炼能使老年人身体活动能力的退化速度减慢。

四、体育锻炼与社会适应能力

体育锻炼能增加人与人之间接触和交往的机会。通过与他人的交往，忘却自己的烦恼和痛苦，消除孤独感。并能提高自己的社会适应能力。

1. 体育锻炼能培养人的交往能力

高职学生参加体育锻炼不仅是锻炼身体，同时也是与他人交往或参与群体活动的一种方式。在群体活动中，不但可以学习如何与人交往、合作，而且还能在群体环境中展现自己的能力，增强自信心。高职学生要想更好地适应社会，首先要在学校这个不太复杂的小环境中，借助体育锻炼等方式进行尝试，培养自己与人交往、合作的能力。

2. 体育锻炼培养人正确的社会价值观

体育锻炼的宗旨、方式、结果都对价值观所涵盖的内容有积极的影响作用，所以，它可以培养、塑造高职学生适应当今社会的正确价值观。

3. 体育锻炼能培养良好的道德情操和行为规范

体育运动中有各种明确而详细的行为规范，如奥林匹克精神和原则、体育道德规范等，这些规范是体育运动得以开展的必要条件，而规范的培养是高职学生进入社会前必不可少的社会化进程。这有助于他们理解遵守社会规范的意义和重要性。

4. 体育锻炼能培养适应社会的参与意识

体育锻炼具有强身健体、娱乐消遣的功能，并且形式多样，内容丰富多彩，又不受太多条件的限制，不仅是大学生提高生活质量的需要，也完全符合现代社会的生活理念。经常主动地参与社会体育活动，能使自己逐渐成为社会体育组织的一员，不仅有机会为他人提供帮助，还能通过相互间的经验交流接受公众的指导，乃至从精神上得到必要的鼓励。

5. 体育锻炼能培养适应社会发展的生活方式

高职学生通过体育锻炼掌握运动技能，提高人体对快节奏学习、生活的应变与耐受能力；通过体育运动拓宽生活领域，并以这种回归自然本来面目的活动方式，克服对快节奏生活的抵触、恐惧、烦恼和焦虑等心理障碍。

五、几种有效的锻炼方法

1. 减肥的锻炼方法

锻炼减肥最好的方法是进行低强度、有节奏、持续时间至少超过半小时以上的有氧运动，比如慢跑、快走、舞蹈、武术、跳绳、游泳等。如果时间短于半小时，而且强度过大，机体心肺功能没有得到加强，心率没有上来，机体氧供还不能满足运动需要，机体运动就属于无氧运动，无氧运动过程当中，机体消耗的只是糖分，脂肪没有动员，所以短时间运动达不到减肥、降脂效果。随着时间延长超过 20 分钟以上，心率上升，心肺功能加强，机体氧供能够适应运动需求，能满足机体需要，机体参与的是有氧运动，在有氧运动过程当中，机体糖和脂肪能够充分代谢，消耗多余热量和脂肪，起到很好的减肥、降脂效果。

2. 提高心血管系统机能的锻炼方法

通常选择有氧运动，因为在进行有氧运动过程中，肌肉会随着运动而收缩，这个过程中身体会消耗大量的氧气，心脏的收缩次数明显增多，能够促进血液流通，呼吸会加快。这时候能很好地锻炼到肺部肌群，通过收缩、舒张，进而提高心肌的能力，增强心血管系统功能。大家在进行有氧运动锻炼心血管系统之后，可以发现，适当增加运动量而不觉得疲劳，同时耐力变好了。

坚持进行有氧运动能增加身体内的血红蛋白数量，在增强抵抗力的同时还具有抗衰老的作用，还能预防动脉硬化，能够有效降低心血管系统疾病的发生。

有很多运动都属于有氧运动，比如跑步、登山、游泳、跳舞等。想要通过有氧运动来锻炼心血管系统，一般建议每周进行三四次即可，过量运动会对身体造成负担。

3. 肌肉力量和耐力的锻炼方法

（1）发展肌肉力量素质的练习方法有：等张练习（动力性力量练习）、等长练习（静力性力量练习）、等动练习、超等长练习。

（2）发展肌肉力量素质的具体练习

① 上肢练习：卧推、挺举杠铃、提铃耸肩、俯立飞鸟、哑铃弯举、坐姿颈后臂屈伸、腕弯举、肱二头肌弯举、俯卧撑、臂屈伸。

② 下肢练习：负重半蹲、负重提蹲、提杠铃、蛙跳、双脚跳高台、立定多级跳、连续跳障碍物等。

③ 腰腹肌练习：仰卧起坐、仰卧两头起、蝶泳等。

（3）发展肌肉耐力素质的练习方法有：持续练习法、重复练习法、间歇练习法、变换练习法、游戏与比赛练习法。

（4）发展肌肉耐力素质的具体练习：一分钟立卧撑练习、重复爬坡练习，坡度在 15°～20°、连续跑台阶练习、变速跑练习、原地间歇快速高抬腿练习、5 分钟以上的跳舞如健美操等。

4. 柔韧性的锻炼方法

柔韧性训练方法就具体形式来讲有两种，一种是主动练习法，另一种是被动练习法，主动练习法是指练习者依靠自己的力量，使肌肉拉长，加大关节活动的灵活性；被动练习法是指练习者通过他人的帮助，借助外力使肌肉被拉长，并使关节活动范围增大。

（1）腿部柔韧性的训练方法：正压腿、侧压腿、后压腿、前压腿、仆步压腿、竖叉、横叉等。

（2）腰部柔韧性的练习方法：前俯腰、后甩腰、腰旋转等。

（3）肩关节柔韧性的练习：正（反）压肩、悬垂、牵引、转肩等。

（4）腰腹部柔韧性的练习：坐（站）位体前屈、站位体前屈、转体等。

1. 身体素质锻炼包括哪些方面？
2. 你喜欢哪几种锻炼方法？怎样才能提高锻炼效果？

项目三　五年制高职学生的心理健康与锻炼

一、体育教学与训练对学生心理发展的意义

在高职院校的教育中，体育教学和体育锻炼，对于学生的心理健康有重要的影响，良好的体育锻炼不但可以提高学生的身体素质，保持健康的体魄，还能够帮助学生树立坚强的意志和坚定的信念，从而让学生减轻心理上的压力，保持心理健康，最终使学生身心健康。

体育教学与训练对学生心理素质发展的意义有以下几个方面。

1. 提高学生良好的心理活动水平

体育教学与训练，通过不同项目创造设置近似实战条件下的危险情境，使学生受到极为紧张的强烈刺激，促使学生大脑某个部位形成强兴奋灶而产生对其他部位的抑制，在克服可能出现的感觉迟钝、注意力分散、思维混乱、情绪急躁、行动失准等现象的过程中，使学生的心理得到锻炼。通过这样的反复锻炼，以求在一定程度上缓解危险情境下的紧张情绪，调节心理紧张活动的强度，提高心理活动的水平，保持学生心理和行为的正常作用，也就是说，提高了学生的心理"免疫力"。

2. 培养学生良好的心理品质

体育教学与训练一方面根据不同的情况采用不同的体育练习内容、方法和手段，有针对性地锻炼学生的心理活动水平，并结合各种体育训练科目，针对专业特点，通过使用实战模拟手段，结合地形、障碍物及武器装备，设置近似实战的条件，渲染战斗气氛，使学生体验战斗的各种因素对其的刺激和产生的心理困难，并在训练中学会克服这些困难；另一方面，通过教学与训练学会自我心理调控，学会在复杂的环境条件下，降低紧张疲劳程

度，保证心理状态的稳定性。通过这两个方面的训练，以此来培养学生勇敢、坚定、顽强、沉着、果断、机敏、坚韧的良好心理品质。

二、体育教学与训练对学生心理发展的影响

1. 体育教学与训练对提高学生心理功能的作用

（1）可以使学生产生积极的情绪体验，主要有：愉快、自我满足、自信、热情和兴奋等。并使他们消除紧张，保持乐观，具有安全感。

（2）能给学生带来积极的自我感受。从事体育教学与训练能改善学生对自己体质体能水平的认知，对自己身体外貌（吸引力）的认知，对自己身体的战斗力、抵抗力和健康状况的认知。建立一个良好的身体自我感受，将有助于提高身体的自我价值和自尊心。

（3）能提高学生的智力水平。体育教学与训练是一种积极、主动的活动过程，能促进学生的观察、注意和记忆能力的发展，促进思维的灵活性、敏捷性发展，即能够促进学生智力的发展。

（4）能培养学生坚强的毅力。参加体育训练需要学生具有坚强的毅力，包括需要自觉地克服客观上的困难和主观上的困难。在体育教学与训练中经过努力愈能克服巨大的主、客观方面的困难，说明毅力的积极程度愈高，愈能培养出坚强的意志。

（5）能提高学生相互协作的能力。学生在完成某些动作时，需要相互保护，相互协作，这不仅可以使学生之间产生一种亲近感，而且有助于他们形成待人诚恳、善于合作、有礼貌等良好的社会行为，提高社会适应能力。

2. 体育教学与训练对增进学生心理健康的作用

研究发现，体育教学与训练有助于身体健康，这是我们所熟知的事实。有些学生在自己体弱多病、身体状况不佳时，除了服药打针外，也会考虑通过锻炼来增强体质、恢复健康。日益增多的研究和事实显示，体育训练对于学生的心理健康同样具有积极的促进作用，而且可提高学生的生活质量。

体育教学与训练对学生心理健康的影响如下。

（1）提高唤醒水平：体育教学与训练对于精神不振、心境很差的学生具有显著的治疗调节作用，可以使其摆脱烦恼，振奋精神。

（2）能减轻应激反应：体育教学与训练可以锻炼人的意志品质，所以它对人体具有减轻应激反应以及降低紧张情绪的作用。

（3）能消除精神疲劳：体育训练能提高最大输氧量和最大肌肉力量等生理功能，这样就能够减少疲劳。因此，体育活动对治疗神经衰弱具有特别显著的作用。

（4）能增加社会交往能力：体育教学与训练是一种很好的增加人与人之间交往的活动。

（5）能治疗心理疾病：研究表明，体育训练已作为治疗学生心理疾病的一种有效方法。

三、体育教学与训练的心理特点

体育教学与训练的心理活动和人的其他心理活动有相同之处，但又表现出某些方面的特殊性。体育各个项目训练的心理活动过程，又各有不同的特点。

1. 体育训练的认知发展特征

体育是具有一定特殊技能的运动。体育这种特定的运动项目可以使学生身体得到全面锻炼，促使全身血液循环加快，增强新陈代谢。

各种心理活动都是伴随着这些特定运动发生、发展的。这就使各种心理现象具有更为突出的一些特点。具体表现为以下几个方面。

（1）空间知觉的准确性。

（2）时间知觉的相应发展变化。

（3）注意力的迅速转移。

（4）行动和思维的一致性。

2. 体育教学与训练的情绪体验特征

在高职学生的一切活动中，总是伴随着情感的体验，因而表现出各种的外在情绪。由于体育的特点和各种外界因素的特殊刺激影响，使情绪体验更强烈、更鲜明。这种影响有积极和消极之分，健康积极的情感体验会对体育各动作产生动力，使得大脑皮层神经兴奋，肌力增强，可创造体育的优异成绩。消极的情感体验，可使训练者心理压力增大，技能水平下降，动作变形，极大地影响体育优异成绩的取得。

3. 体育教学与训练心理活动的阶段性特征

体育的重要作用之一是能增强学生的体质，但是体育各项目又具有明确的选择性，每一个体育项目对人的心理活动水平的要求是不一样的。所以，学生进行体育活动时必须选择适应自己心理活动强度水平的项目，否则将可能有损于健康。

心理活动的间断性，是指活动过程的间断性。由于受体育项目的内容、特点所决定，加之体育教育训练的需要，体育活动始终保持着持续性中的间断性特点，那么伴随着体育的心理活动过程，也就自然地呈现出间断性的心理特点。

四、体育教学与训练的心理要求

在体育教学与训练中，学生的心理活动是十分复杂的，他们在承受大运动量训练的生理负荷时，也承受着一定的心理负荷。所以，在体育教学与训练中，不能只重视身体负荷的控制，还应对学生所表现出的心理反应予以高度重视，抓住机会，积极进行因势利导，有针对性地做好工作，从而提高体育教学与训练的效果。

1. 引导树立正确动机

正确动机是促进动作效果的动力。有了正确的体育训练动机，效果就好，无正确动机的体育训练，往往就会敷衍了事。引导学生把直接动机和意识到自己的义务和责任感，与学好知识，以及为国家的现代化建设而奋斗的间接动机结合起来，这样才更有助于提高体育训练的效果和成绩。

2. 有效"调控"心理状态

在体育教学与训练中，学生的心理状态在各种条件的刺激下，是会不断发生变化的。有时会产生有利于教学与训练的积极心理状态。比如，不甘落后、勇于取胜的心理等，这对提高体育教学与训练的质量是一个难得的动力。但有时也会产生不利于体育教学与训练的消极心理状态。这就要求在体育教学与训练过程中，不断地对学生心理进行"调控"，以保持最佳心理状态。

要求教师在体育教学与训练过程中，一是加强思想教育，促使学生树立正确的动机目的，增强为锻炼体质而勇于拼搏、勇于攀登的精神，焕发知难而进的勇气；二是采取必要的措施，加强训练保护，增强参加训练学生的心理安全感；三是借助示范、榜样的力量，现身说法，消除疑虑，树立完成高难度、危险性体育动作和课目动作的信心。

3. 着眼体育技能的形成

体育教学与训练，其目的之一就是让学生在学习体育基本知识的基础上，掌握一定的技能，并养成自觉经常锻炼身体的习惯。体育技能的形成与动作技能的形成有许多共性之点，但也有它的特殊之处，因此，教学与训练要注意以下几点：

（1）强调全身各部分动作的协调。

（2）合理安排教学与训练负荷。

（3）积极促进视觉形象与动觉表象的结合与转化。

4. 培养良好的体育心理卫生习惯

培养良好的体育心理卫生习惯，是保障身体健康的重要方面。注意体育心理卫生，一般要求是：掌握体育心理卫生的基本知识，遵守体育保健规定，并养成良好习惯，学会科学锻炼身体的方法。

想一想

1. 怎样才能培养良好的心理卫生习惯？
2. 你是如何调控自己最佳心理状态的？

单元检测

1. 体育锻炼对身心健康的影响有哪些？
2. 体育锻炼有哪些康复保健功能？
3. 为什么说体育锻炼能培养人的社会适应能力？
4. 减肥的锻炼方法有哪些？
5. 提高心血管系统机能的锻炼方法有哪些？
6. 肌肉力量和耐力的锻炼方法有哪些？
7. 柔韧性的锻炼方法有哪些？
8. 体育教学与训练对大学生心理发展的意义有哪些？

第二单元　科学锻炼与健康

 学习目标

知识目标：1. 熟悉科学锻炼的方法。
　　　　　2. 熟悉运动损伤的预防与处理的相关知识。
能力目标：1. 会运用科学方法进行体育锻炼。
　　　　　2. 会预防处理简单运动损伤。

章节导入

中国男子田径队110米栏运动员刘翔，是中国乃至全亚洲的一位短程竞速巨星。2004年雅典奥运会男子110米栏，21岁的刘翔以12秒91的成绩追平了由英国选手科林·杰克逊创造的世界纪录夺冠。2006年瑞士洛桑田径超级大奖赛男子110米栏，以12秒88的成绩打破了保持13年的世界纪录夺冠，被誉为"亚洲飞人"。但在2008年北京奥运会田径赛场上，由于右脚跟腱伤复发，遗憾地在首轮就退出了比赛。高强度、超负荷的训练，带伤运动或带伤比赛等原因导致了"亚洲飞人"的运动损伤。

那我们应该如何科学锻炼、避免运动损伤呢？

项目一　科学锻炼

生命在于运动，要想拥有一个健康的体魄，离不开体育锻炼。科学合理地进行体育锻炼，可以促进身体的生长发育，改善和提高各器官系统的功能，提高身体素质，增强体质，提高免疫力，延缓衰老，延年益寿。但如果不懂得科学锻炼方法，不懂得掌握合适的运动量，不但不能增进健康，反而会导致运动过度，甚至产生运动损伤。

科学锻炼，包括遵守体育锻炼的原则、充分的准备活动、合适的运动量、适当的整理活动等方面。

一、体育锻炼原则

体育锻炼原则是体育锻炼过程中必须遵守的基本行动准则和要求，是人们在长期的体育锻炼实践基础上所积累的各种经验与概括，也是体育锻炼活动基本规律的反映。

1. 自觉主动原则

体育锻炼过程中必须通过多种方式和手段使参与者形成一种内在的、积极的体育锻炼心理需求，产生内在激励机制和外在行为机制。体育作为对人生物体的改造，要求人体必须克服自身惰性，而强制的、被动参与的体育锻炼只能短期产生积极影响，难以持久。

2. 循序渐进原则

要按照一定的步骤深入或提高。一方面，体育锻炼和学习过程类似，都是由浅入深、由易到难的过程，不能急于求成；另一方面，人的生理机能有自身的阶段性特征。在锻炼过程中，必需依据人体运动的基本规律以及生理机能变化发展的阶段性特征，合理地安排锻炼行为和运动负荷，通过科学合理的安排，逐步打破人体原有的内在平衡，逐步实现由量变到质变的过程。

3. 持之以恒原则

体育锻炼对人体的积极改造，不是一朝一夕就能实现的，而且人体有着"用进废退"的自然法则约束，已有的锻炼效果如果不进行强化巩固就会慢慢消退。无论从锻炼行为、锻炼意识还是健身效果的保持来看，都必须持之以恒。

4. 全面锻炼原则

人的构成既有生理层面的，也有心理和社会层面的。单从生理层面看，人体的形态、机能以及各器官系统的功能也是一个相互影响的负载系统，体育锻炼要从各方面对人加以改造，改造对象的方法是多样的，改造对象的过程的是全面性的。

5. 具体针对原则

在体育锻炼中，我们必须根据综合情况考虑参与者个体的体质基础、身体机能状况、健康水平、体育文化素养、所处环境等，综合选择锻炼方法，安排锻炼内容，确立运动负荷，使体育锻炼做到因人而异、因地制宜。

二、体育锻炼的步骤与方法

1. 准备活动

（1）概念。准备活动也叫"热身"，是指在开始比赛、训练和体育课的基本部分之前，为克服内脏器官生理惰性，缩短进入工作状态时程和预防运动创伤而有目的进行的身体练习，为即将来临的剧烈运动或比赛做好准备。

（2）分类。准备活动可分为一般准备活动、专项准备活动。一般准备活动的作用是提高整体的代谢水平和大脑皮层的兴奋状态，减少运动损伤的发生，指全身性身体练习，主要包括跑步、踢腿、弯腰等；专项准备活动是指与所从事的体育锻炼内容相适应的运动练习，如打篮球前先投篮、运球，跑步前先慢跑等。除非进行一些专门性运动和比赛，一般体育锻炼时只需进行一般性准备活动，即可进行正式的体育活动内容。

（3）准备活动的方法。适合五年制高职学生的准备活动有：颈部运动、上肢运动、腰腹运动、弓步压腿、仆步压腿、绕操场慢跑等。活动幅度要由小到大，充分活动。

以健身为目的的体育锻炼准备活动时间不宜过长，否则，还未进行体育锻炼身体就疲劳了。体育课一般为10～15分钟，气温较低时，准备活动的时间也适当长一些，运动量可大一些。气温较高时，时间可短一些，运动量可小一些。做到身体发热、微微出汗即可。

2. 体育锻炼的基本方法

（1）重复锻炼法。重复锻炼法就是指锻炼者根据自身的需要，在相对固定的条件下进行重复练习的方法。重复锻炼法的主要作用是提高心血管和呼吸系统的机能以及提高人体的耐力。重复次数越多，身体对运动反应的负荷量就越大。通常认为，普通大学生的负荷心率在130～170次/分的范围内较为适宜。

（2）间歇锻炼法。在运动锻炼的过程中，对多次锻炼时的间歇时间做出严格规定，使机体处于不完全恢复状态下，反复进行锻炼的方法叫作间歇锻炼法。该方法的关键是间歇时间严格控制，使机体处于不完全恢复状态，要求每次练习的负荷时间较长、负荷强度适中。此方法可使锻炼者的心脏功能明显增强，通过调节负荷强度，可使机体各机能产生与锻炼项目相匹配的适应性变化，提高有氧代谢供能能力，增强体质。实践中，一般心率在130次/分左右时，就应再次开始锻炼。间歇时不要静止休息，而应边活动边休息，如慢速走步、放松手脚、伸伸腰或做深而慢的呼吸等。

（3）连续锻炼法。连续锻炼法是为了保持有效的而不间断的连续进行运动的锻炼法。连续锻炼法的负荷强度较低，负荷时间长，无间断。在生活中，我们所熟悉的连续锻炼法的运动比如：跑步、游泳、跳舞等。连续锻炼时间的长短，同样要根据负荷价值有效范围而确定，通常认为在140次/分左右的心率下连续锻炼20～30分钟可使机体的各个部位都长时间地获得充分的血液和氧的供应，因而能有效地提高有氧代谢能力，发展耐力素质。

（4）负重锻炼法。负重锻炼法是使用杠铃、哑铃、沙袋等重物进行身体运动来辅助锻炼身体、增强体质的方法。负重锻炼法不仅适合于运动员，也适合普通人用来增强体质。但一定要注意强度，不要超负荷了。

（5）变换锻炼法。变换锻炼法就是不断变换运动强度、内容、形式，来提高运动的兴趣和兴奋性。比如长跑时，经常围着操场跑会出现厌烦无聊的情绪，那么你就可以用越野跑来代替。

三、整理活动

在进行体育锻炼后，有些人习惯于坐下或直接躺下来休息，这样不仅不能消除疲劳，反而对身体不利。人体在体育锻炼后，身体的各器官功能产生变化，不能立即恢复到安静状态，为了使人体各器官的功能更快地恢复到安静状态，就要做好锻炼后的整理活动。整理活动是指在体育锻炼后，做一些加速机体功能恢复的较轻松的身体练习，促进身体疲劳的消除。

整理活动的主要作用有两个方面。

一是促进各器官功能恢复，消除疲劳。体育锻炼时需要消耗大量的氧气，但是内脏器官的工作往往不能满足肌肉工作的需要，机体欠缺一些氧气，体内积累一些乳酸。通过整理活动，可使肌肉得到放松，改善肌肉血流量，加速乳酸的消除，减少肌肉酸疼，使身体更快地恢复，如可进行"转移性活动"。所谓转移性活动，是指在下肢活动后进行上肢的整理活动，右臂活动后做一些左臂的整理活动。通过这种活动性休息，使身体功能尽快恢复，加速疲劳的消除。

二是预防激烈活动骤然停止可能引起的机体功能失调。在进行体育锻炼时，心血管功能活动加强，骨骼肌中毛细血管大量开放，骨骼肌血流量增加。在体育锻炼结束时，由于肌肉还处于紧张状态，使停留在身体各运动器官的毛细血管中的血液不能及时返回心脏，影响心脏的搏出量，造成全身血液循环功能出现障碍，有时会出现血压骤然下降和脑贫血，引起头晕、恶心、出冷汗、呕吐，甚至休克等不良现象。所以在体育锻炼后，不要马上停止运动，要及时做一些整理活动，使身体各部位的毛细血管和静脉管的血液及时流回心脏，保证心脏的正常工作。

整理活动的方式多种多样，一般有走步、放松慢跑、缓慢的徒手操、伸展性练习及静力牵张练习、按摩等，还可以根据实际情况做一些拉长肌肉的练习，使那些在强力收缩之后处于紧张或缩短状态的肌肉拉长，达到放松肌肉、美化形体的目的。

四、体育锻炼注意事项

1. 运动量的科学安排

体育锻炼的效果好坏，往往取决于运动持续时间和运动强度，即运动量的大小。运动量过小，不用动员肌肉与内脏器官的潜力就可以轻而易举地担负下来，就达不到提高内脏器官功能的目的，因而锻炼的效果甚微。相反，如果运动量过大，在安排时又缺乏必要的节奏，就会超过人体生理负荷的极限，不仅达不到增强体质的目的，还会对锻炼者的健康有不利影响。

检验运动量是否合适，一般用客观生理指标（如脉搏、血压、尿蛋白等）的测定和锻炼者的主观感觉结合起来综合判断。

测量脉搏是最简便易行、且最能反映机体情况的一个指标。如果安静时的脉搏与以往比较是逐渐下降或者不变，则表明机体反应良好，运动量安排合适，并且还有潜力。每分钟脉搏的正常变化幅度为 $2\sim6$ 次。如脉搏频率超过 10 次/分以上，说明机体反应不佳，如无疾病或其他原因，则说明运动量过大，应予以调整。

通过主观感觉来判断运动量是否合适也是十分重要的手段。其内容包括自我感觉、睡眠、食欲、锻炼欲望等。如果锻炼后自我感觉良好，精力充沛，有劲，睡得熟，吃得香，锻炼后肌肉有轻度酸痛，并有疲劳感，但经过一夜的休息次日晨即可恢复正常，则说明运动量安排合适。如果在锻炼后感到精神萎靡不振，全身乏力，运动后感到特别疲倦，睡不好，吃不香，易出汗，不想练习，则说明运动量需作适当调整。

2. 运动疲劳的产生与消除

运动疲劳是指人体在运动过程中，运动能力及身体功能暂时下降的正常生理现象。运动后出现的正常疲劳对身体并无损害，它提示人们注意不要过度疲劳。

运动性疲劳是一个综合性的复杂过程，产生的原因主要有体内能源物质消耗过多、肌肉运动收缩时产生的某些代谢产物的积聚、长时间运动时出汗过多、体内水盐代谢紊乱及内环境稳定性失调等。运动疲劳如得不到及时的消除，体力恢复不充分，势必影响到继续锻炼及工作学习。因此，在运动疲劳出现之后，采用得当的措施加速疲劳的消除是非常重要的。

整理活动是消除疲劳、促进体力恢复的一种良好方法。剧烈运动后进行整理活动，可使心血管系统和呼吸系统仍保持在较高水平，有利于乳酸的排除；同时让肌肉及时得到放松，避免由于局部循环障碍而影响代谢过程及因此造成的恢复过程延长。

另外，沐浴、睡眠也是消除运动疲劳的有效方法。注意，运动后不能立即洗澡。

3. 其他注意事项

剧烈运动时和运动后不可大量饮水，空腹或进餐后不宜运动，不要在不适当的地点运动，不要在情绪不好的时候运动，运动后要注意健康饮食补充营养，等等。

试一试

结合自己的身体素质和兴趣爱好，在老师指导下，给自己制订一套科学的体育锻炼方案。

项目二　体育锻炼中常见的生理现象与预防处理

参加体育锻炼，能使人体生理活动过程的有序性受到暂停性改变，从而常常出现某种生理反应，如抽筋、腹痛、呼吸困难等运动不适。

一、"极点"与"第二次呼吸"

1. "极点"与"第二次呼吸"现象

长跑中，经常有一段时间会胸部发闷，呼吸困难，脉搏加快，肌肉酸痛，动作不协调，速度减慢，甚至有想停下来的感觉。这种现象在运动生理学上叫作"极点"。通过有意识地加深呼吸，放慢跑速，放松身心，坚持跑一段距离后，上述症状就会慢慢缓解与消失，动作又逐渐变得协调有力，这种现象运动生理学上称为"第二次呼吸"。

2. "极点"产生的原因及克服方法

在长跑的开始阶段，肌肉很快进入强度较大的运动中，而内脏器官因本身的机能惰性，呼吸系统与循环系统跟不上肌肉激烈活动的供氧需要，不能适应肌肉快速工作的需要，从而引起呼吸和脉搏加快、血压升高、肌肉工作能力下降，导致"极点"的产生。如果此时继续坚持下去并有意识地加深呼吸，则可以吸进更多氧气，呼出更多二氧化碳，满足肌肉运动需要，有利于缩短"极点"的时间，促进"第二次呼吸"的提早到来。

通过一段时间的锻炼之后，人体机能提高后，"极点"会延迟出现，甚至不明显，或者"第二次呼吸"提早到来。

二、中暑

中暑，早期表现为头晕、头痛、呕吐，随后逐步发展为体温升高，皮肤灼热干燥，严重者可出现精神恍惚、虚脱、抽搐、心律失调、血压下降，甚至出现昏迷而危及生命。

1. 中暑的原因

在高温环境中，长时间进行体育锻炼易发生中暑，尤其是在气温高、通风不良、头部缺乏保护、被烈日直接照射的情况下，更容易发病。

2. 避免中暑的注意事项

（1）尽量不在夏天炎热的中午（11点～15点）进行剧烈活动。

（2）根据个人的健康状况和训练水平，严格掌握锻炼时间，不可过长，且应增加休息次数，最好到阴凉通风处休息。

（3）锻炼时最好穿浅色服装。出汗后喝点淡盐水，不但可以补充体内因出汗减少的盐分，还可以限制水分不至于大量排出。

（4）在运动后用温水洗澡，对避免中暑也有很大好处。

3. 中暑的急救处理方法

（1）首先应立即把患者抬到阴凉通风处，平卧、头部垫高。松解衣扣，使其在安静、通风的环境中休息。

（2）迅速用冷水或冰水擦拭和湿敷头部。还可用酒精擦身，以降低过高的体温。但已出现虚脱者不宜冷敷、扇风和身体大面积酒精擦拭。

（3）对于能饮水的患者给予凉的淡盐水，这样不仅有降温作用，而且能补充身体损失的钠盐。

（4）急救时，可配合进行重度按摩四肢和全手搓捏。但对昏迷者，要在降温的同时，尽快送医院，并在送运过程中注意遮凉。

三、肌肉痉挛

1. 痉挛产生的原因

体育锻炼时，肌肉也受到寒冷的强烈刺激，可能发生肌肉痉挛。它常在游泳或冬季户外锻炼时发生。准备活动不够，或肌肉猛力收缩，或收缩与放松不协调，均会发生肌肉痉挛；运动中身体过度疲劳，有时也会引起肌肉痉挛；也存在因情绪过分紧张而导致肌肉痉挛。

肌肉痉挛时，肌肉突然变得坚硬，疼痛难忍，而且一时不易缓解。

2. 肌肉痉挛的预防

预防肌肉痉挛，最积极有效的办法就是加强锻炼，提高身体对寒冷的适应能力。其次在进行活动前，必须充分做好准备活动，对容易发生痉挛的肌肉，可事先进行按摩，尤其在冬季或游泳前，冬季户外锻炼要注意保暖。此外，疲劳和饥饿时不宜进行剧烈的运动。

3. 肌肉痉挛的处理方法

对运动中出现的肌肉痉挛，常用的处理方法是牵引痉挛的肌肉，使其伸长和松弛，即可使之缓解。例如腓肠肌痉挛，可伸直膝关节，并配合按摩，捏揉及点压委中、涌泉等穴位，以促进痉挛缓解和消失。

四、运动性昏厥

昏厥，是指脑部突然血液供应不足，进而引起短暂的意识丧失的过程。

1. 昏厥的预防

昏厥的发生多与身体素质较差、机体代偿能力不完善有关。因此，平时应坚持体育锻炼，增强身体素质。遵循下列原则，运动性昏厥是可以避免的。

（1）久蹲之后不要突然起立。

（2）不要带病或在饥饿的情况下参加剧烈运动。
（3）疾跑后不要突然停下来。
（4）要注意饮食营养以及保证足够的睡眠时间。

2. 昏厥的急救处理方法

应立即使患者平卧，脚略高于头部，并进行由小腿向大腿和心脏方向的按摩和拍击，同时用手指点压人中、合谷等穴位，必要时给氨水闻嗅。如有呕吐，应将患者头偏向一侧，以防止呕吐物反流或阻塞气道；如停止呼吸，应立即进行人工呼吸。轻度休克者，应由同伴搀扶慢走一段时间，帮助其进行深呼吸，即可消除症状。

五、运动性腹痛

一些学生在体育锻炼时，尤其是在参加一些长时间的运动（如长跑、篮球、足球、游泳等）过程中常出现腹痛现象，这种腹痛称为"运动性腹痛"。

1. 运动性腹痛预防

（1）排除疾病。了解自身健康状况后，再选择合适的锻炼项目。最好做一次体检，排除慢性疾病。若患有某种慢性疾病，要在治愈后再运动或遵医嘱进行锻炼。

（2）运动前做好准备活动。内脏系统惰性较大，若准备活动不充分，不能很快适应激烈运动的要求，也会产生腹痛。

（3）注意生理卫生。膳食安排要合理，饭后经过1～2小时方可进行剧烈活动。运动前不要过饱或过饥，也不要大量喝水。

（4）掌握正确的呼吸方法。长时间运动属于有氧代谢运动，掌握正确的呼吸方法十分重要。合理分配速度，注意呼吸节律，一般采用均匀和有深度的呼吸，以保证运动时的氧气供应。

2. 运动性腹痛的处理方法

（1）出现运动性腹痛时不必惊慌，可用减慢速度、加深呼吸、放松腹肌，或用手指按压疼痛部位等方法缓解。冬季长跑时，应注意胃部保暖和采用正确的呼吸方法。若停止运动后仍疼痛，应请医生处理。

（2）对因患腹内、外疾病引起的腹痛，应对原发疾病进行药物、手术等方法治疗。

想一想

在你的经历中遇见过哪些运动不适？当时是怎么处理的？现在应该如何处理？

项目三　体育运动中常见的运动损伤与防治

运动损伤指运动过程中发生的各种身体损伤，其损伤部位与运动项目以及专项技术特点有关。如体操运动员受伤部位多是腕、肩及腰部，与体操动作中的支撑、转肩、跳跃、翻腾等技术有关。网球肘多发生于网球运动员与标枪运动员。

一、运动损伤产生的原因

产生运动损伤的原因很多,大致有以下几种。

1. 思想上不重视

在体育教学、运动训练和比赛中没有积极采取各种有效的预防措施,缺乏预防知识,运动前缺乏合理的准备活动,动作不认真,注意力不集中,不注意自我保护等。

2. 技术动作的错误

这是刚参加运动训练的人或学习新动作时发生损伤的主要原因。例如,做前滚翻时,因头部不正而引起颈部扭伤;排球传接球时,因手形不正确而引起手指扭挫;篮球、足球运动中动作粗野、故意犯规等。

3. 组织方法不当

如非投掷区练习投掷或任意穿越投掷区,比赛日程安排不当等都可成为受伤的原因。

4. 场地、器械等不合要求

如运动场地不平,有小碎石或杂物;跑道太硬或太滑;沙坑没挖松或有小石头;器械安装不牢固;缺乏必要的防护用具(如护腕、护踝、护腰等);运动时的服装和鞋袜不符合运动要求等。

5. 身体功能和心理状态不良

在睡眠或休息不好、患病受伤或伤病初愈阶段,以及疲劳时肌肉力量、动作的准确性和身体的协调性显著下降,警觉性和注意力减退,反应较迟钝,此时参加剧烈运动或练习时就可能发生损伤。

6. 不良气象的影响

气温过高易引起疲劳和中暑,气温过低易发生冻伤,或因肌肉僵硬、身体协调性降低而引起肌肉韧带损伤;潮湿高热易引起大量出汗,发生肌肉痉挛或虚脱;光线不足,能见度差,影响视力,使兴奋性降低和反应迟钝而导致受伤。

体育运动要针对运动损伤产生的原因作好预防工作。

二、运动损伤的种类

运动损伤的分类方法较多,常用的有以下几种。

1. 按损伤组织的种类分

如肌肉肌腱损伤、滑囊损伤、关节囊和韧带损伤、骨折、关节脱位、内脏损伤、脑震荡、神经损伤等。

2. 按有无创口与外界相通分

伤部皮肤或黏膜破裂,创口与外界相通,有组织液渗出或血液自创口流出,称为开放性损伤,如擦伤、刺伤等;伤部皮肤或黏膜完整,无创口与外界相通,损伤后的出血积聚在组织内,称为闭合性损伤,如关节韧带扭伤、肌肉拉伤等。

3. 按发病的缓急分

瞬间遭受直接或间接暴力而造成的称为急性损伤,发病急,病程短,症状骤起;因局部长期负担过度,由反复微细损伤积累而成的称为慢性损伤,发病缓慢,症状渐起,病程较长。此外,还可因急性损伤处理不当或过早运动而转变为慢性损伤。

三、体育运动中常见损伤的现场处理

1. 擦伤

皮肤受到外力摩擦，发生损伤，有组织液和血液渗出，称为擦伤。奔跑中摔倒，身体转动与器械摩擦，均可发生擦伤。

对于很浅、面积较小的伤口，可用 0.5% 碘伏涂抹伤口周围的皮肤，然后涂上抗菌软膏，或用创可贴稍微保护一下。如果有污物，则最好用生理盐水或者清水冲洗一下，再涂 0.5% 碘伏。

2. 挫伤

人体某部遭受钝性暴力作用而引起该处及其深部组织的闭合性损伤，称为挫伤。如在篮球教学与训练中有些人用膝盖顶撞对手的大腿；身体与器械相撞，如鞍马练习中，下肢撞"马头"；物体以很快的速度打击身体的某一部位，如网球、足球、手球打击头、脸部等，均可发生挫伤。

挫伤的征象有疼痛、肿胀、皮下出血皮肤青紫，严重时能并发内脏器官破裂，出现休克症状，如头晕眼花、脸色苍白、出虚汗、四肢发凉、烦躁不安、脉搏快而弱、血压下降，甚至意识丧失。

发生轻度挫伤时，用冰袋敷患处，抬高肢体，加压包扎。一般来说，48 小时后出血即可停止，用热敷、按摩等方法治疗。按摩方法从轻，先按摩周围再转向中心，以不引起疼痛为原则。受伤者有休克表现要保暖，送医院处理。

3. 急性肌肉拉伤

肌肉拉伤是肌肉在运动中急剧收缩或过度牵拉引起的损伤。这在引体向上和仰卧起坐练习时容易发生。肌肉拉伤后，拉伤部位剧痛，用手可摸到肌肉紧张形成的索条状硬块，触疼明显，局部肿胀或皮下出血，活动明显受到限制。

发生肌肉拉伤时，首先是局部冷敷，加压包扎，抬高患肢或使肌肉处于放松状态。再者是在伤后 24 小时开始按摩或理疗。若是肌肉完全断裂应尽快送医院缝合。一般伤后一周症状可基本上消除，可开始做徒手的伸展练习，第二、三周后可逐渐恢复正常的训练，但要注意训练前做充分的准备活动。

4. 关节韧带扭伤

锻炼中由于外力使关节活动超出正常生理范围，造成关节周围的韧带拉伤、部分断裂或完全断裂，称作关节韧带扭伤。关节韧带扭伤后，局部肿胀、疼痛、压痛，有皮下出血的可见青紫区。

在疲劳、准备活动不充分、肌肉力量不足不能保护关节时，容易使韧带受伤。在体育教学与训练工作中，外踝及膝内侧韧带扭伤最为常见。当脚面不稳定，如跑动中脚陷入坑洼内；做体操动作落地后，脚插在两个垫子之间；起跳落地踏在别人的脚背上等因素，都容易使脚内屈，外踝韧带损伤。小腿外展、屈膝、大腿内旋是内侧副韧带损伤的诱因，受力过大，还可使同侧半月板、前十字韧带同时受伤。

韧带断裂时，患者能听到断裂声；受伤关节疼痛、肿胀、皮下淤血、关节功能障碍，受伤后，患者行走困难，行走时关节有不稳定感；检查关节的活动范围，能感知关节韧带松弛。

在发生关节韧带扭伤的当时，应实施冰敷、压迫包扎、抬高患肢；在 48 小时后可开始按摩、理疗，应检查韧带的损伤程度，如有断裂，需送医院手术缝合，同时应做 X 射线检

查，看是否并发骨折；在出血停止、肿胀消除后，可在无痛范围内活动关节。

5. 疲劳性骨膜炎

疲劳性骨膜炎主要是由于疲劳为诱因而导致的骨膜发炎，也就是骨膜无菌性炎症，通常发生于刚参加训练或者运动量突然猛增的人身上，好发部位常为胫骨、腓骨、尺骨、尺桡骨等骨膜较为丰富的部位。好发于青少年，尤其见于运动员。

在田径和越障碍教学与训练中，由于方法不当，跑跳练习过于集中，如在一段时间内过多地采用跨步跑、后蹬跑、高抬腿跑或"蛙跳"等练习，加上跑跳的动作不正确，落地时不会缓冲，使屈肌群过度疲劳；或场地过硬，使小腿受到较大的反作用力，就会使胫骨、腓骨、跖骨发生疲劳性骨膜炎。

临床上主要症状包括：

（1）疼痛，尤其在训练后出现局部的疼痛，如胫、腓骨、上肢等等，个别夜间可以出现疼痛加重；

（2）肿胀，可能有附着肌肉明显的水肿，有时伴有可凹陷的水肿；

（3）压痛，在骨膜损伤的部位可以有明显的压痛点，如胫骨的近端、尺桡骨的中段等等，有时可以有轻度的烧灼感。

一般此类的疾病与运动过量或者负荷过大有关，在早期因充分休息并尽量做好热身运动，并逐渐增加运动量，避免突然加大运动量而使得骨膜损伤，导致疲劳性骨膜炎的发生。骨膜炎是对运动量过大的一种不适应反应，因此，炎症早期应调整运动量，减少局部负荷，适当治疗使炎症消散、组织修复，由不适应转为新的适应，随之提高负荷能力。如果处理不及时，病疼会进一步恶化，造成疲劳性骨折。

早期或症状轻者，局部可用弹性绷带包扎，适当减少局部负荷。继续进行练习，随着负荷能力的提高，经2～3周后症状可自行消失。症状严重的患者，除减少局部负荷（跳跃、支撑等）外，还要外敷用药或用温水浸浴，配合按摩治疗。疼痛剧烈者在休息时要抬高患肢。待症状缓解后，逐步增加局部负荷，但仍应避免做单一的长时间的跳跃或支撑动作。如经一般处理后，局部症状无改善甚至加剧者，应做X射线检查确诊是否是疲劳性骨折。

想一想

你曾经经历过运动损伤吗？当时是怎么处理的？现在应该如何处理？

项目四　体育教学与训练中常见的运动性疾病与防治

在体育教学与训练中出现的运动性疾病，一般多指因机体对运动应激不适应或练习安排不当，造成体内紊乱而出现的一类疾病、综合征或机能异常。在此，仅就体育教学与训练中几种常见的运动性疾病的产生原因、征象与处理、预防的方法介绍如下。

一、过度训练综合征

过度训练综合征简称过度训练，也叫"过度疲劳"，是运动负荷与机体机能间过分不相适应，以致疲劳连续累积而引起的一系列功能紊乱或病理状态。专家指出，过度疲劳仅指早期过度训练。

1. 原因

主要是教学与训练方法安排不当，未遵守循序渐进和系统性原则，缺乏明显的节奏，过多地采用与身体训练水平不相适应的运动量，持续的大运动量训练；或身体好时就剧烈运动，身体差或情绪不佳时就不练；训练中未充分考虑个人特点区别对待（如年龄、性别、训练水平等）；带病训练，或伤病、手术后身体未完全康复就投入训练，以及生活规律遭到破坏，休息、睡眠不足，旅途劳累，进食不当，不良的环境，心理因素等原因，也可诱发过度训练综合征。

2. 征象

过度训练的征象是多种多样的，可涉及各个系统和器官。早期往往精神不振、无力、易感疲劳、不愿参加训练，大多数人有睡眠不好，甚至失眠、头昏或头痛、记忆力减退、食欲不佳、运动能力降低，成绩停滞或下降的现象，少数学生有耳鸣、心情烦躁、容易激动等症状。若未引起注意，没有采取必要措施，则症状进一步加重，机体会更加虚弱，活动时很快出现疲劳，易出汗，体重持续下降，易患感冒或其他疾患，同时能发现各器官系统功能失调的现象，且容易诱发意外损伤。

3. 处理与预防

关键在于早期发现，及时处理。处理的重点是消除病因。一旦发现有过度训练疲劳征象，必须改变训练计划，积极调整运动量，控制训练强度和时间，减少大强度的力量练习，减少高难度的动作和专项训练，减轻精神负担，多辅以全面训练和放松性练习。要保证充足的睡眠时间，增加积极性休息时间，积极进行康复性医疗体育活动（如太极拳、气功、温水浴、按摩等），加强营养，多吃新鲜蔬菜和水果。按病情适当给予药物治疗。过度训练疲劳轻者一般2～3周可愈，较重者需2～3个月，严重者需半年以上。病愈后恢复训练时，要逐步增加运动量，防止复发。

在预防上要定期进行体检和身体机能检查；在定制训练计划时，要考虑到机体的可接受性与个体特点；要遵循科学训练原则，加强身体全面训练，注意训练的节奏和大、中、小运动量的合理安排；大运动量比赛或比赛后要采取积极的恢复措施；要有充分的休息时间，充足的睡眠，注意劳逸结合；营养要充足，要含有维生素和矿物质；生病时不应参加训练和比赛，病后恢复训练时要逐渐增加运动量；加强医务监督和自我监督。此外，训练要注意环境、气候和季节的变化，采用适当措施对身体加以保护。

二、过度紧张

过度紧张是由于一时运动负荷过大或过于剧烈，超过了机体负担能力而产生的急性病理现象。多发生在运动后即刻或过后不久，以急性心血管损害为最多见，在中长跑、越野跑，以及马拉松、中长距离滑冰等训练中较多见。

1. 原因

超过机体耐受程度的剧烈运动是引起此病的主要原因。这种病理现象在身体训练程度低、机能状态差和刚开始参加训练的学生中最为多见。长期中断训练的学生突然或过于迅速投入剧烈运动，以及患有疾病，特别是心脏病、高血压病者，或急性病初愈未完全康复者，勉强完成剧烈运动时也可能发生过度紧张。

2. 征象

常在剧烈运动或比赛后即刻或过后不久即出现征象，如明显头晕、脸色苍白、恶心呕吐（有时吐出物呈红色或咖啡色）、全身乏力、脉搏快、血压下降。严重者可出现嘴唇青紫、呼吸困难、黑红色泡沫样痰、右侧肋部疼痛、肝脾肿大、心前区疼痛、心律不齐甚至停搏、心脏扩大等急性心功能不全现象或昏迷死亡。有些患者出现昏厥、剧烈头痛、意识障碍、一侧肢体麻木、动作不灵活或肢体麻痹等征象。

3. 处理与预防

轻度急性过度紧张，一般不需要特殊处理，经短时间休息后，征象即可消失。有脑贫血征象时，将患者放在平整的地面上，取头稍低位置休息，同时注意身体保暖，松解衣领、束带和紧胸衣物，点掐内关和足三里穴，饮以热茶。发生昏厥时，可加用人中、百会、合谷、涌泉等穴的点掐，嗅以氨水或吸氧。在进行上述初步处理的同时，要迅速及时地请医生诊治和进一步抢救处理。

对于过度紧张来说，更重要的是要重视对参加体育训练学生的体格检查工作，加强身体全面训练，遵照科学的训练原则。训练水平低或训练基础差、身体病弱的学生，要根据自己身体的实际情况量力而行，绝不可勉强完成运动负荷。伤病初愈、未完全康复或因其他原因中断训练者，再活动时，要逐渐增加运动量。要加强自我医务监督。

三、运动性贫血

血液中红细胞数和血红蛋白量低于正常值，称为贫血，它不是独立的疾病，仅是一种征象，可由多种病因引起。运动中发生贫血，除有一般人的发病原因外，主要是因训练因素而导致的贫血，这种贫血称为运动性贫血。

1. 原因

首先，红细胞破坏性增加可导致贫血。运动时，由于脾脏释放出溶血磷脂酰胆碱，使红细胞的脆性增加，红细胞膜的抵抗力因而减弱，再加上运动时血流加速，使红细胞相互间、红细胞与血管内壁猛烈撞击和摩擦增加，造成红细胞破裂和溶血，从而导致运动性贫血。

其次，蛋白质和铁的摄入量不足和消耗增加也可导致贫血。运动时，新陈代谢旺盛，肌肉力量增强使蛋白质的需要量增加，而运动时出汗，使铁的排泄量增多，所以如果食物中没有足够的蛋白质和铁的补充，机体蛋白质和铁的不足影响红细胞的生成，从而引起运动性贫血。

2. 征象

运动性贫血发病缓慢，其主要症状为头昏、眼花、视力差、易倦、食欲不振、体力差，运动中易出现心悸、气促、心跳加快、训练成绩下降。主要体征有眼结膜苍白、皮肤发白无血色、安静时心率加快，心尖部有吹风样收缩期杂音。血液检查可发现红细胞和血红蛋白值低于正常数值（男子红细胞数低于 400 万 / 立方毫米，血红蛋白低于 120 克 / 升；女子红细胞数低于 350 万 / 立方毫米，血红蛋白低于 105 克 / 升）。

患者的症状轻重程度与血红蛋白的多少和运动量的大小有着密切的关系。例如，当某女学生的血红蛋白在 100～105 克 / 升时，一般仅在大运动量时才有征象，如低于 90 克 / 升时，则在中等运动量时就会出现症状。

在确诊运动性贫血前，必须排除其他原因所引起的病理性贫血。在鉴别时，应由全面、详细的医学检查来做出判断。但有一点可以作为诊断运动性贫血的参考依据，即运动性贫血的特点是：如果明显减少或停止体育训练一个月后，红血球和血红蛋白值明显增加；如训练停止后，营养供应较充足、完善，但并未见红血球和血红蛋白增加，或增加较少者，则应考虑为病理性贫血。

3. 处理与预防

应减小运动量，必要时可停止正常训练。一般来说，当男学生的血红蛋白在100～120克/升；女学生在90～110克/升时，可边治疗边训练，但训练时要减小强度，避免长跑等耐力性运动；而男学生低于100克/升，女学生少于90克/升时，应停止大运动量训练，以治疗为主，饮食宜富于营养，要多食含蛋白质、铁质、维生素较多的食物。可服用抗贫血的药物，为了促进铁的吸收，可同时服用维生素C和胃蛋白酶合剂。

合理安排运动量和训练强度，以有效防止过度训练疲劳的发生。膳食要合理，富于营养，食物加工和烹调要科学。每天每千克体重至少要保证摄入蛋白质2克以上，其中运动蛋白质应占1/3以上，必要时还可补充氨基酸和铁剂。要克服偏食和吃零食的不良习惯。合理安排生活制度和膳食制度。

想一想

你在体育运动中见过运动性疾病吗？当时是怎么处理的？现在应该如何处理？

项目五　体育教学与训练中的意外事故与急救

在体育教学与训练中，由于某些原因所致，有可能出现一些意外的事故，因其危险性较大，需要受训学生懂得必要的应急知识和急救方法。下面就体育教学与训练中易出现的一些意外事故的处理介绍如下。

一、晕厥与现场急救

晕厥，是指突然发生的、暂时性的知觉和行动能力丧失的状态，大多因脑部供血供氧不足所引起，也可以解释为过度紧张的一种表现。

1. 原因

（1）精神和心理状态不佳：如参训学生过分紧张和激动，见到别人受伤、出血而受惊等。这是因为神经反射使血压紧张性降低，引起急性广泛的周围小血管扩张，血压下降，从而导致脑部供血不足。

（2）直立性血压过低：在长时间站立不动，久蹲后突然直立，长期卧床后突然坐起或站立等体位急变时，由于植物性神经功能失调，体内血液重新分布等反应能力下降，引起直立位时血压显著下降，使脑部供血不足。

（3）重力性休克：主要是由于疾跑后站立不动引起。运动时下肢肌肉毛细血管大量扩张，循环血液量明显增加（是安静时的30倍），一旦突然中止肌肉运动，下肢的毛细血管和静脉血管失去肌肉收缩对它们的节律性挤压作用，再加上血液本身的重力，使血液大量聚积在下肢血管中，回心血量明显降低，心血输出量也随之减少，从而导致脑部供血不足。

2. 征象

突然失去知觉，昏倒。发生前学生可感到全身软弱无力、头昏、眼前发黑、耳鸣、恶心、出虚汗和面色苍白等。昏倒后，皮肤苍白、四肢发凉，脉搏细弱，呼吸增快或缓慢。一般在昏倒片刻之后，由于脑贫血消除立即清醒过来（其他原因引起者，则需要解除病因后才易恢复知觉）。醒后精神不佳，仍有头晕、软弱感。在诊断时，要详细了解发生的原因和发生时的情况。

3. 现场急救

使患病学生平卧或头部稍低位，安静，保暖，松解衣领、束带，用热毛巾擦脸，做下肢（从足部起）向心性推摩或揉捏，嗅氨水或点掐、针刺人中、百会、合谷、涌泉等穴，如有呕吐，宜将患者头部偏向一侧，如呼吸停止，应做人工呼吸，在知觉恢复前，或有呕吐者，均不宜给任何饮料，注意休息。

4. 预防

平时要坚持体育锻炼，提高血管运动机能水平。蹲久后应慢慢起立，疾跑后不要马上停步，应继续慢跑一段时间。加强心理和意志训练。举重训练时要注意呼吸与动作的配合，避免过度憋气；散打运动时要注意防止颈、腹受击。饥饿或空腹时不宜参加体育训练，进行超长距离运动时，应备有含糖饮料，供训练者途中饮用。

二、脑震荡与现场处理

大脑神经细胞和神经纤维受到震荡后，所引起的意识和机能一时性障碍，短期内可恢复。

1. 原因

头部受到硬物打击或头部与硬物碰撞，都可能发生脑震荡。

2. 征象

头部受到打击后，会立即发生意识丧失（昏迷）数秒钟至20～30分钟不等。受伤者呼吸表浅、脉搏缓慢、肌肉松弛、瞳孔放大但对称。清醒后，受伤者常忘记受伤的情景，并常伴有头晕、头痛、恶心和呕吐等症状。

3. 处理

立即将受伤者平卧，头部冷敷，身上保暖。昏迷者可刺激其人中穴；呼吸障碍者做口对口人工呼吸。当受伤者出现昏迷时间超过4分钟以上，瞳孔扩大，耳、口、鼻出血，眼球青紫；或受伤者清醒后，呕吐剧烈，再度昏迷，说明伤势较重，应迅速送医院处理。在受伤者清醒后应卧床休息两周或更长时间，待头痛，头晕症状消失为止。活动过早，常有头痛、头晕、血压增高等后遗症。在受伤学生康复后期，用"闭目举臂单腿站立平衡实验"以决定是否能参加较大强度的训练，如能保持平衡，表明已康复。

三、出血与止血

1. 出血

血液从破损的血液流出叫作出血。按血液流出的部位分为内出血和外出血。体表的切伤、刺伤、撕裂伤血液流出，肉眼可看得见，称为外出血；一些闭合性损伤，如脑挫伤或肌肉断裂，血液流入组织间隙与体腔（颅腔、胸腔、腹腔、关节腔）等，称为内出血。内出血比外出血危险性大，出血早期不易被发觉，等到严重失血时，受伤者往往发生典型的失血性休克，如抢救不及时，会危及生命。"失血性休克"的表现是：头晕眼花、心悸、烦躁不安、皮肤极度苍白、四肢发凉、脉搏快而弱、血压明显下降。

按照受伤血管的种类，出血分为：动脉出血、静脉出血和毛细血管出血三种。

（1）动脉出血：血色鲜红，呈喷射状流出，出血速度快，出血量多，危险性大。

（2）静脉出血：血色暗红，缓慢不断地流出，危险性小于动脉出血。

（3）毛细血管出血：血色红，血流从伤口慢慢渗出，常常能自行凝固，基本没有危险。

2. 止血

急救常用的止血法有：抬高肢体法、压迫法和冷敷法。

（1）抬高肢体法：用于四肢出血或作为其他止血法的辅助步骤。方法是把出血的肢体抬高超过心脏的水平面。这样可降低出血部位的血压，减少出血。

（2）压迫法：主要包括敷料、绷带压迫法和指压法两种。

① 敷料、绷带压迫法：主要用于静脉和毛细血管出血。方法是用无菌纱布加压包扎患处。

② 指压法：常用于动脉出血。方法是在出血部位的上端，用拇指或其余四指把动脉血管压在相应的骨面上，切断局部的供血。在动脉血管上最容易压住的部位叫压迫点。常用的压迫点如下。

a. 颞浅动脉压迫点（如图 2-1 所示）：位于耳屏前上方一指宽处。摸到动脉后，用拇指指腹把动脉压于颞骨上。适用于前头部出血。

b. 颌外动脉压迫点（如图 2-2 所示）：位于下颌角 1.5 厘米处。摸到动脉后，用拇指指腹把外动脉压在颌骨上。适用于面部出血。

c. 肱动脉压迫点（如图 2-3 所示）：位于肱二头肌内缘，肱骨的中部。操作时上臂微外旋，摸到搏动后，用食、中、无名指三指的指腹把肱动脉压向肱骨。适用于前臂和手部出血。

（3）冷敷法：将冰袋放在受伤部位，或把受伤肢体放入冰水中浸泡（适用于内出血），叫冷敷法。

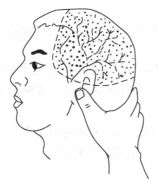
图 2-1 颞浅动脉压迫点：
头顶部出血压迫止血法

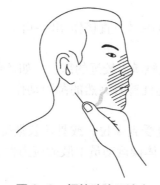
图 2-2 颌外动脉压迫点：
颜面部出血压迫止血法

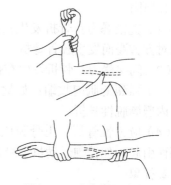
图 2-3 肱动脉压迫点：
前臂和手部出血压迫止血法

冰敷 20 分钟，使局部皮温下降到 10～15℃之间为合适。

寒冷使血管收缩，减少或停止出血，降低毛细血管的通透性，减轻水肿。冰敷还有麻醉镇痛、缓解肌肉痉挛的作用。

另外，在体育教学与训练中，面部或鼻处突然受外力作用或其他原因致使鼻出血时，应让伤者坐下，头微后仰或头后部靠在椅背上。用冰袋或冰毛巾敷在前额、鼻梁处；手指紧捏鼻翼数分钟，亦可止血。出血剧烈时，鼻腔内可填涂凡士林纱布条或无菌纱布条。

四、关节脱位与现场处理

由于暴力作用，使关节的关节面失去正常的相互关系，叫外伤性关节脱位。

1. 原因

运动所伤的关节脱位多见于肩关节及肘关节。摔倒时，上臂外展，手或肘着地，可发生肩关节前脱位。若肘关节微屈，手掌撑地，可发生肩关节后脱位。关节脱位在体操练习中较为常见。

2. 征象

脱位时，受伤者往往能听到关节内有破碎声；受伤关节剧烈疼痛；关节功能丧失；关节变形，正常关节隆起处塌陷，而正常关节凹陷处反而隆起、突出。复位前后均做 X 射线检查，弄清脱位、复位、并发症（韧带断裂、骨折）等情况。

3. 现场处理

有休克症状者，应先抗休克，方法如骨折处理，在脱位所形成的姿势下固定伤肢。

（1）肩关节：伤肢肘关节弯曲 90°，用一条大三角巾悬挂前臂，悬臂带直接斜挎胸背部，于肩侧缚结；另一条三角巾折成宽带，绕过患肢上臂，于肩侧腋下打结。迅速送受伤学生到医院复位。

（2）肘关节：肘关节不可能弯曲成 90°，只能使伤肢尽量靠近躯干，再用三角巾包扎固定。固定方法和肩关节脱位所述相似。

五、骨折与现场处理

骨的完整性遭到破坏，称为骨折。骨折可分为闭合性骨折与开放性骨折。闭合性骨折是伤口没有和外界相通，所以发炎感染机会少。运动中发生的骨折常为闭合性骨折。开放性骨折是伤口和外界相通，所以发炎感染机会多。

1. 原因

（1）直接暴力：骨折发生在接触暴力直接作用的部位，如足球运动中，运动员的胫骨受到对方脚踢而发生胫骨骨折。

（2）间接暴力：骨折发生在接触暴力较远的部位，如摔倒时手撑地而发生的锁骨骨折。

（3）强烈的肌肉收缩：如提起杠铃时突然的翻腕动作，可因前臂屈肌强烈收缩而发生肱骨内髁撕脱性骨折。

（4）应力性骨折：由骨膜反复受到牵拉，或骨质长期受到较大的支撑面的反作用力的作用而引起，如长跑运动员下肢及体操运动员上肢的应力性骨折（疲劳性骨折）。

2. 征象

骨折时有碎裂声，受伤者偶能听到；剧烈疼痛；肿胀及皮下淤血；骨折周围软组织损伤；肢体不能运动；压痛及骨摩擦音，骨折端或撕脱处有明显锐痛。严重骨折还会有关节、肢体变形、休克、神经损伤等症状。

3. 现场处理

为了避免骨折端刺伤血管、神经及周围软组织，预防休克，减轻疼痛，便于转送，要做适当的固定。

有休克症状者，应先抗休克。抗休克的措施：取头低脚高平卧位、保暖；迅速请医务人员到现场给氧或镇痛药。休克期过去后，用长短合适的夹板或代用品（木尺、树枝、硬纸板等）固定伤肢，或把伤肢或受伤者的躯干或断肢固定在一起。固定肢体时松紧要合适，一经固定，立即送往医院进行彻底的治疗。如为开放性骨折，应用无菌布敷料尽快包扎，不要移动露在伤口外的骨端与碎骨。

六、溺水与急救

在游泳的教学与训练中学生出现溺水时，被救上岸后，第一件事不是控水。因为，溺水时大部分水是喝进了胃里，对生命没有即刻的危险，只有一定量的水进入气管里才会对生命构成威胁。而溺水时，气管和肺内并没有和我们想象的一样有很多水，而是反射性地声门关闭。"倒挂"控水或许是希望通过倒挂的姿势将进入胃部及肺部的水控出，但实际上"控水"在溺水急救中不仅没有任何帮助，有时还会拖延救治，操作不当还会加重误吸，增加死亡几率。

将溺水者救上岸后，首先要确定他是处于什么状态，然后，根据溺水者的身体状况选择急救措施才是关键。如果溺水者是清醒的，有或无咳嗽，不伴有呼吸困难症状的，这时候只要安慰他、鼓励他咳嗽保持呼吸道通畅，呼叫120并等待医护人员到达就可以了。假如溺水者神志不清，但是仍然有脉搏和呼吸，就要先清理他口鼻的异物，保证呼吸道通畅，可以平卧于稳定的侧卧位。这时候要密切观察溺水者的呼吸和脉搏状况，直到急救车到达。一旦发现溺水者被救上来后，已经完全没有了呼吸和脉搏，就需要立刻开始进行心肺复苏了，利用"白金10分钟"，分秒必争，抢救生命。

心肺复苏术（CPR）是徒手心肺复苏技术性的通称，是对于心率、吸气终止者与临床医学死亡，协助其迅速修复心率、吸气所采用的一系列、标准、合理救治对策的统称，是现阶段救治落水者、触电事故者、晕倒昏迷不醒者最有效的抢救方法。现实中不乏在救护车到来之前病人就被救回来的案例，所以说简单掌握心肺复苏的方法，可以说是居家旅行必备技能。根据2020国际心肺复苏指南，心肺复苏流程如下。

（1）评估环境：评估环境是否安全。

（2）判断神志脉搏：轻拍重唤患者2次："你怎么了"，观察有无反应，触摸颈动脉有无搏动、观察有无呼吸（判断时间不超过5秒）。

（3）呼救：急呼他人协助抢救"快来救人啊！"，看时间。

（4）安置体位：解衣服，松裤带，暴露胸部，去枕仰卧位，置于硬板或平地上。

（5）胸外心脏按压：确定胸外心脏按压部位，双手掌根重叠，十指相扣置于胸骨体中下1/3交界处，即剑突以上两横指，双臂绷直，垂直进行胸外心脏按压30次（18秒完成），下压＞5cm（儿童5cm，婴幼儿4cm），按压与呼吸比为30:2（按压频率＞100次/分）。

（6）开放气道：头偏向一侧，检查口腔，去义齿、异物，打开医务箱，取纱布清除口鼻分泌物。仰头抬颌法：左手小鱼际置于患者前额，手掌用力向后压使其头部后仰，右手中指、食指剪刀式分开上提下颌，使下颌角与耳垂连线垂直地面（疑似外伤，用托颌法：将肘部支撑在患者所处的平面上，双手放置在患者头部两侧并握紧下颌角，同时用力托起下颌）。

（7）辅助呼吸：口对口人工呼吸2次（开气道→捏鼻子→口包口→正常吸气→缓慢吹

气不少于 1 秒，8～10 次 / 分，胸廓明显抬起→松口松鼻→气体呼出，胸廓回落），完成 5 个循环操作（约 2 分钟），判断呼吸、循环体征 1 次，按压间断不超过 5 秒。

（8）复苏评价：使用手电筒观察患者瞳孔对光反射是否缩小，听呼吸音并同时触摸颈动脉。

（9）记录：记录复苏时间（看手表）。

（10）整理患者，获得进一步的生命支持。

七、运动性猝死

在运动中或运动后出现症状，30 秒内死亡称为即刻死，病状出现后 24 小时内死亡称为猝死。在体育运动中，了解原因，采取预防手段，迅速而正确地急救，不仅可抢救病员的生命，而且，可为下一步治疗创造良好条件。

1. 运动性猝死的原因

运动性猝死绝大多数是由于心血管疾患所致，或在激烈运动中诱发急性心力衰竭所致。还有不少病例，在猝死前无任何自我症状及特征，其死因可能是因剧烈运动时，人体代谢率增高，心肌需氧量增加，从而引起心肌缺血，心肌应激性增高，导致急性心肌梗死，心律严重失常所致。

此外，其他某些原因也可引起运动性猝死。猝死者死前多有劳累、兴奋或紧张等诱因；有些在锻炼中有晕厥病史；部分还出现猝死的先兆症状，如心前区疼痛。

2. 运动猝死的预防

首先，要及早识别可能发生运动中猝死的高危人群。家族中有心脏病史、脑血管意外病史、猝死病史及晕厥病史等的人，属运动中发生猝死的高危人群。因此，通过体检及询问可及时发现高血压、心脏杂音、高血脂等，可及早识别一些可能发生猝死的高危人群。其次，要注意观察猝死的先兆症状。部分运动性猝死的人群在猝死发生之前会出现某些先兆，因而高职学生在运动前、中、后出现较明显的胸闷、压迫感、极度疲劳等症状时，应及时中止运动，并进行仔细检查。若有发热或呼吸道急性感染症状时，应避免参加剧烈运动或过度运动。因此，锻炼或比赛前应做好充分的准备活动，运动后要做整理活动，可减少心律失常和运动性猝死的发生。

3. 处理方法

病情较轻者，应让患者平卧，注意保暖和吃一些易消化的食物。一般 1～2 天病情好转，有心功能不全者，应立即取卧位，保持安静，并针刺或点掐"足三里"，对昏迷者，再掐人中、百会、合谷、涌泉等穴。如呼吸、心跳停止者，应立即进行人工呼吸和胸外心脏按压，并同时通知医生来处理。

练一练

在实训室练习心肺复苏操作流程。

单元检测

1. 常用的准备活动有哪些？

2. 常用的整理活动有哪些?
3. 运动中出现极点应如何处理?
4. 消除运动性疲劳的方法有哪些?
5. 运动中抽筋应如何处理?
6. 运动中暑应如何处理?
7. 运动中面部出血应如何处理?
8. 溺水者救上岸后应如何处理?

第三单元　田径运动

 学习目标

知识目标：1. 熟悉田径运动知识。
　　　　　2. 熟悉田径运动各项目的锻炼方法。
能力目标：1. 会运用田径项目进行科学的体育锻炼。
　　　　　2. 会运用田径规则参加比赛、参与裁判工作。

章节导入

　　田径运动是各项运动的基础，有"运动之母"的美称。它历史悠久，在古代和近代奥运会以及其他重大体育比赛中都是项目最多、设奖牌最多的项目。田径比赛由田赛、径赛和全能比赛组成。以时间计算成绩的竞走、各种形式的跑叫"径赛"。以高度和远度计算成绩的跳跃和投掷项目叫"田赛"。由若干跑、跳跃和投掷项目组合而成的是全能运动。

　　田径运动锻炼形式多样，场地设备和器材比较简单，不受人数、性别、年龄、季节和气候等条件的限制，便于广泛开展。经常参加田径项目的学习与锻炼，能全面、有效地提高身体素质和运动技能，培养学生顽强拼搏、吃苦耐劳的优秀品质。

项目一　径赛项目

一、短跑的学习及练习

　　短跑是田径运动的基础。它是人体在极其缺氧状态下，持续快速跑的极限运动。它能很好地发展速度素质。比赛项目一般有：50米、60米、100米、200米，400米，4×100米接力等。

（一）短跑技术

短跑技术由起跑、起跑后的加速跑、途中跑、终点跑四部分组成。

1. 起跑

起跑是使身体迅速摆脱静止状态，获得向前冲的力量，为起跑后加速做准备。

根据田径规则，短跑（包括4×400米接力第一棒）项目比赛时，运动员必须采用蹲踞式起跑，并用起跑器。起跑器的安装方法一般有普通式、拉长式两种。安装如图3-1所示。

通常采用"普通式"，起跑器前踏板在起跑线后一脚半（40～45厘米）处，后踏板距离前踏板一脚半；前、后踏板的支撑面与地面分别成40°～45°角和70°～80°角；起跑器的中轴线间隔约15厘米。

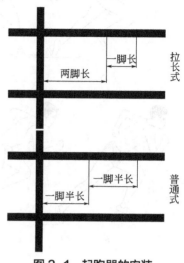

图3-1　起跑器的安装

起跑的口令是"各就位""预备""鸣枪"（或"跑"）。

（1）"各就位"：听到口令后，做几次深呼吸，轻松地走到起跑器前，两脚分别踏在起跑器的抵足板上，后膝跪地，两手呈"八"字形撑于起跑线后，两手之间距离略比肩宽，两臂伸直，身体重心稍前移，两脚紧贴抵足板，颈部和躯干放松，眼看前下方约50厘米处，注意听"预备"口令，如图3-2之1所示。

（2）"预备"：听到口令时，深吸一口气，臀部慢慢抬起略高于肩，重心前移，两肩稍微超过起跑线，两脚压紧抵足板，如图3-2之2所示。

（3）"鸣枪"（或"跑"）：听到枪声（或"跑"的口令）时，两手快速推离地面，屈肘做前后摆臂，同时两脚用力蹬离起跑器，迅速向前跑出，如图3-2之3所示。

图3-2　蹲踞式起跑

2. 起跑后的加速跑（如图3-3所示）

加速跑的距离一般为15～20米。起跑后的第一步不宜过大，步幅逐渐加大，速度越来越快，上身逐渐抬起，进入途中跑。

3. 途中跑（如图3-4所示）

途中跑的主要任务是继续发挥和保持最高速度。跑的周期有后蹬与前摆，腾空和落地缓冲等阶段。

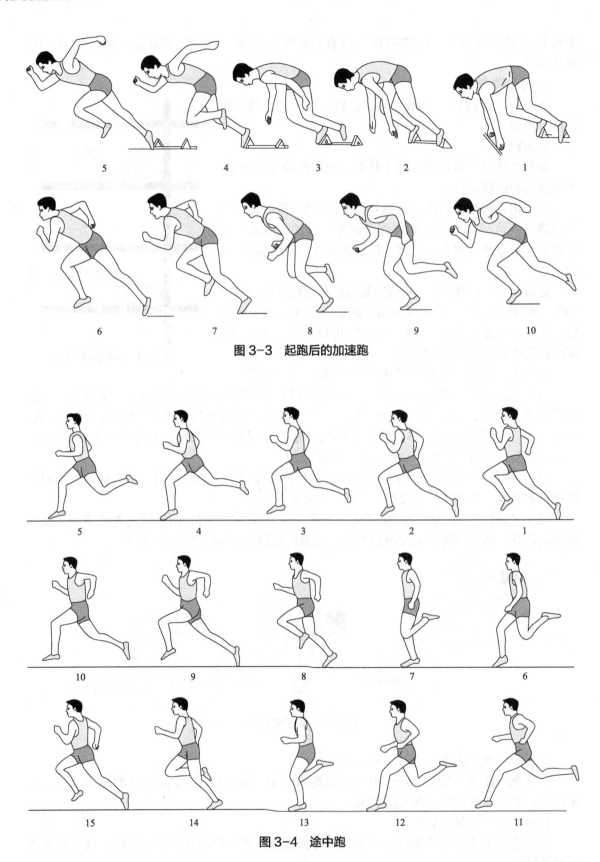

图 3-3 起跑后的加速跑

图 3-4 途中跑

后蹬与前摆：身体重心移过支撑点，支撑腿开始后蹬和前摆。摆动腿随着跑动的惯性，髋关节发力，带动小腿折叠，大腿积极前摆，高度与上体接近垂直，然后大腿积极下压，前脚掌扒地落在身体重心投影点前。

腾空：支撑腿蹬离地面至摆动腿着地为腾空阶段。支撑腿随着蹬地后的惯性和大腿前摆蹬离地面，与此同时，摆动腿积极下压，用前脚掌积极而富有弹性地着地。

落地缓冲：摆动腿的前脚掌着地后，膝、踝关节顺势弯曲缓冲，减少地面对人体的冲击力，身体重心迅速前移，为快速转入后蹬做准备。

4. 终点跑

终点跑的任务是尽量保持高速度跑过终点。在距离终点20米左右处，上身前倾，用力摆臂，距终点线1米左右时，上身迅速前倾，用胸部和肩部撞向终点线，跑过终点后随惯性逐渐减速，慢慢停下来。

5. 弯道跑技术

（1）弯道起跑和起跑后的加速跑。弯道起跑应将起跑器安装在跑道的右侧，正对弯道切线方向（如图3-5所示），这样能有一段直线加速跑的距离。起跑时，左手距离起跑线5~10厘米。

弯道起跑比直道起跑加速跑的距离稍短，上体抬起较早。

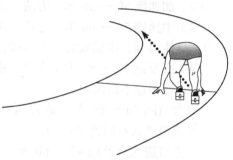

图3-5 弯道起跑

（2）弯道跑。为了克服弯道跑的向心力，跑进弯道时身体适当向左倾斜，后蹬时右脚前脚掌内侧用力，左脚前脚掌外侧用力，摆动时右腿膝关节稍向内，左腿膝关节稍向外，右臂的摆动幅度大于左臂。

（二）短跑的练习方法

1. 起跑和起跑后的加速跑练习

（1）起跑姿势练习：听口令"各就位""预备"的练习。要求：动作正确。

（2）蹲踞式起跑，跑20~30米。要求：动作自然、正确。

（3）蹲踞式起跑，跑30~40米。要求：体会起跑后加速跑技术。

（4）弯道蹲踞式起跑练习20~30米。要求：体会弯道起跑技术。

2. 途中跑练习

（1）跑的专项练习（如表3-1所示）。

表3-1 跑的专项练习

名称	动作要领	目的	练习方法
摆臂	原地两脚前后或左右开立，两膝微屈，上身稍前倾，摆臂时以肩关节为轴，大臂带动小臂，屈肘前后摆动，摆臂时身体配合摆臂动作协调运动，肩关节放松	体会自然、放松，幅度要大	①听口令匀速摆臂 ②听掌声，变换节奏摆臂
小步跑	上身稍前倾，两臂自然摆动。大腿积极前摆并积极下压，膝关节放松，小腿随惯性前摆，前脚掌"扒地"。重心要高，步子不宜过大	体会前摆扒地动作，加快跑速的频率	①原地（或支撑）做两脚交替提脚跟动作 ②行进间小步练习，逐渐加快频率 ③由小步跑过渡到加速跑

续表

名称	动作要领	目的	练习方法
高抬腿跑	上身直立或稍前倾，两臂自然摆动，重心提起，摆动腿大小腿折叠，大腿积极向前上方高抬至水平，然后积极下压以前脚掌着地，支撑腿三关节充分蹬直	体会跑时高抬大腿的动作，蹬摆配合和全身协调用力，加快快速跑的频率	①原地抬腿练习，两腿交换 ②原地高抬腿跑，逐渐加快频率 ③行进间高抬腿跑练习，逐渐加快频率 ④由高抬腿跑过渡到加速跑
后蹬腿跑	上体稍前倾，摆动腿以膝盖领先，向前摆并带动同侧髋充分前送。蹬地时充分蹬直髋、膝、踝三关节。加大两腿之间剪绞动作	体会蹬地时髋、膝、踝关节的用力顺序，发展腿部力量，体会摆腿、送髋技术	①原地两腿交换练习跳 ②行进间后蹬跑练习 ③行进间后蹬跑练习，加大两腿之间剪绞动作 ④由后蹬跑过渡到加速跑

（2）加速跑30～50米。方法：由慢跑开始逐渐加快，最后达到最高速度。

（3）中速跑50～60米。方法：用50%～60%的速度进行练习，放松摆臂，两腿蹬摆有力，身体协调，步幅放大，沿直线跑。

（4）重复跑50～80米。方法：重复进行快速跑练习，体会全身协调放松。

（5）弯道途中跑练习。

①弯道跑50～80米。要求：体会弯道跑时身体向内（左侧）倾斜，摆臂和摆腿动作。

②直道进入弯道跑40～60米。要求：体会由直道转入弯道跑身体的动作变化。

③弯道进入直道跑40～60米。要求：体会由弯道转入直道跑身体的动作变化。

3. 终点跑练习

（1）以最快的速度跑30～40米冲过终点，不做撞线动作。

（2）以最快的速度跑20～30米至终点做撞线动作。

4. 全程跑练习

（1）站立式起跑全程跑100米。体会途中跑技术。

（2）蹲踞式起跑进行100米全程跑。体会全程跑过程中起跑、途中跑、终点跑技术。

（3）全程计时跑。体会快速奔跑过程中身体的放松协调。

（三）易犯错误及纠正方法（如表3-2所示）

表3-2　易犯错误及纠正方法

易犯错误	产生原因	纠正方法
起跑时上身过早抬起	（1）"预备"时重心前移不够、臀部过高或过低 （2）腿部力量较差，不能充分蹬离起跑器 （3）蹬地力量向上，担心跌倒	（1）掌握动作要领，反复练习 （2）加强腿部力量，增强蹬摆能力 （3）弄清动作原理，消除心理障碍，反复练习
上身直立"坐着跑"	（1）后蹬不充分，急于做摆腿动作 （2）腰腹肌力量差，后蹬时髋关节送不上去，身体重心太低	（1）多做跑的专门练习，体会髋、膝、踝关节的用力顺序 （2）加强腰腹力量练习，反复做后蹬送髋练习
途中跑时踢小腿	（1）摆动腿前摆不够，小腿折叠不够充分 （2）后蹬时小腿后踢过高，过早前甩，影响抬腿	（1）做高抬腿跑、车轮跑练习，体会抬腿和积极"趴地"动作 （2）反复做后蹬跑练习，体会蹬摆动作
途中跑时身体后仰	过分紧张，速度耐力差，腹部及腿部力量差	多做练习，消除紧张情绪，加强速度耐力、腰腹肌和腿部力量练习

二、接力跑的学习及练习

接力跑是在短跑基础上手持接力棒快速奔跑并完成传、接棒的项目。正式比赛项目有男、女 4×100 米接力和 4×400 米接力。也可根据活动需要进行不同距离的团体接力、迎面接力、异程接力等。

（一）接力跑技术

1. 起跑

持棒起跑（右手为例）：第一棒队员采用蹲踞式起跑，用右手的中指、无名指和小拇指握住棒的末端，大拇指和食指成"八字形"撑地，接力棒前端不得触及起跑线和起跑线前的地面，如图 3-6 所示。

接棒起跑：第二、三、四棒队员站在接力区靠后的位置处，两脚前后开立，两膝弯曲，上身前倾。第二、四棒队员站在跑道右侧，身体重心稍向右偏，头转向左后方，目视同伴和自己的起动标记（如图 3-7 之 1 所示），第三棒队员是站在跑道左侧，身体重心稍向左偏，头转向右后方，目视同伴，当同伴跑到标记线时，迅速起动（如图 3-7 之 2 所示）。

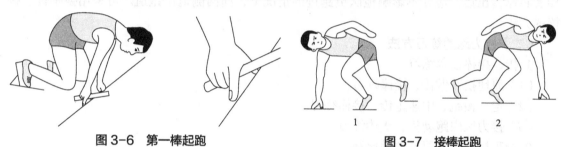

图 3-6　第一棒起跑　　　　　　　　　图 3-7　接棒起跑

2. 传、接棒

传、接棒的方法一般有上挑式和下压式两种（如表 3-3 所示）。

表 3-3　传、接棒的方法

传、接棒	要领	优点	缺点
上挑式	接棒：手臂自然向后下方伸出，四指并拢，拇指分开，虎口朝下，掌心向下 传棒：将棒由下向上送入接棒人的手中，如图 3-8 所示	接棒队员向后伸手的动作比较自然，容易掌握	接棒后握在接力棒的中段，途中需移动接力棒，容易掉棒
下压式	接棒：手臂自然向后下方伸出，四指并拢，拇指分开，虎口朝后，掌心向上 传棒：将棒的前端由上向前下送入接棒人的手中，如图 3-9 所示	接棒队员握住棒的一端，便于下一棒传接	接棒队员的手腕比较紧张，不自然

图 3-8　上挑式

图 3-9　下压式

3. 传、接棒的时机和标志线的确定

传、接棒的时机：接棒者站在预跑区或接力区后端，看到传棒者跑到标志线时迅速起跑，当传棒者跑到接力区内离接棒者 1.5 米左右时，便立即向接棒队员发出"接"的信号，接棒者听到信号后迅速向后伸手接棒。完成传接棒后，传棒者逐渐减速，待其他道次队员跑过后离开跑道。

标志线的确定：标志线根据传、接棒队员的跑和传、接棒技术的熟练程度而定。

4. 接力跑时各棒队员的安排

第一棒安排起跑技术好，善于跑弯道的队员；第二棒是专项耐力好，传、接棒技术好的队员；第三棒除应具备第二棒队员的条件外，还要善于跑弯道；第四棒队员冲刺能力要强，短跑成绩最好。

一般情况下，第一棒队员用右手持棒，第二、四棒队员用左手接棒，三棒以右手接棒。这样中途不用换手，以免影响成绩。

4×400 米接力，第一棒采用蹲踞式起跑，第二、三、四棒队员用站立式起跑姿势。传棒者将棒传出后，应在不影响他队员跑进的情况下，向两侧退出跑道。可采用换手传、接棒的方法。

（二）接力跑的练习方法

1. 传、接棒技术练习

（1）原地摆臂做传、接棒练习。

（2）走、慢跑、中速跑传、接棒练习。

（3）接力区内跑动传、接棒练习。

2. 全程接力跑练习或教学比赛

（三）易犯错误及纠正方法

易犯错误及纠正方法如表 3-4 所示。

表 3-4 易犯错误及纠正方法

错误	产生原因	纠正方法
接棒人起跑过早或过晚	思想紧张，距离判断不准确	放松心情，确定标志线的距离，准时起跑
接棒人伸臂过早或回头看传棒人	技术概念不清，怕接不上棒	进一步明确技术概念，反复练习，提高传、接棒技术
传、接棒过程中掉棒	接棒人手形不对或左右摇晃不定。传棒人不能准确地把棒送到接棒人手中	反复练习传、接棒技术，熟练掌握传、接棒技术

三、中长跑的学习及练习

中长跑起源于英国，属于耐力性较强的项目。中距离项目有：男子 800 米，1500 米，3000 米；女子 800 米，1500 米。长距离项目有：男子 5000 米，10000 米；女子 3000 米，5000 米，10000 米。10000 米以上为超长距离跑，如马拉松跑等。

（一）中长跑技术

中长跑各项目的距离不同，跑的强度也不同，但技术差异不大。中长跑技术分为：起跑和起跑后的加速跑、途中跑、终点冲刺跑。

1. 起跑和起跑后的加速跑

中长跑项目运动员采用站立姿势起跑，口令是"各就位""鸣枪"。

(1)"各就位":两脚前后开立,有力的一条腿放在前面紧贴起跑线后沿,两腿弯曲,上身前倾,重心前移,后脚前脚掌着地,两臂自然弯曲,头稍抬,身体稳定,眼看前方3～5米处,如图3-10所示。

(2)鸣枪(或"跑"):听到枪声或"跑"的口令时,两腿用力蹬地,后腿迅速前摆,前腿充分蹬伸,快而有力的摆臂,使身体快速向前冲出。

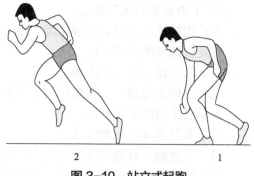

图3-10 站立式起跑

(3)起跑后加速跑时,上身前倾要大,积极有力地蹬腿、摆臂、摆腿,逐渐加大步长和加快速度,然后进入有节奏的途中跑。

2.途中跑

技术结构基本和短跑技术相同,不同之处是中长跑跑速慢,途中跑时上身前倾角度、步幅、摆臂幅度均比短跑小。中长跑属于有氧运动,需要掌握正确的呼吸方法,一般采用两步一呼一吸或三步一呼一吸,用嘴和鼻同时呼吸,保持呼吸节奏。

中长跑(如图3-11所示)时,跑过一定距离以后,会出现呼吸困难,胸部发闷,四肢无力,有难以跑下去的感觉,这种现象叫作"极点"。出现"极点"时,加深呼吸,调整跑速,继续坚持跑一段时间,"极点"很快就会消失。

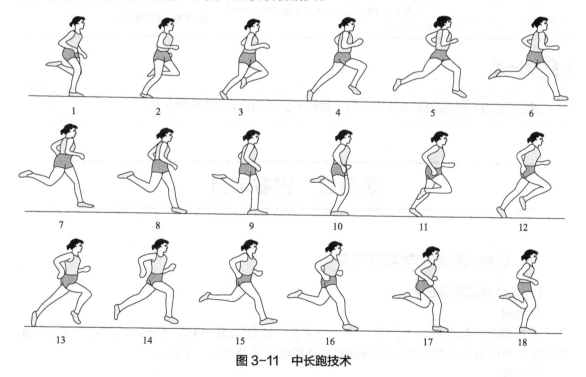

图3-11 中长跑技术

3.终点冲刺跑

冲刺跑技术与短跑基本一样,冲刺的距离要根据训练水平、战术要求和临场情况,以及比赛距离的长短来决定。冲刺时加速摆臂、加大摆幅来提高最后一段距离的速度。

（二）中长跑的练习方法

中长跑的练习主要以发展速度、耐力等身体素质为主。

1. 发展速度的练习方法

（1）加速跑：50～100米。

（2）弯道加速跑：上弯道跑和下弯道跑。

2. 发展耐力的练习方法

（1）重复跑400～800米。

（2）变速跑：直道快跑弯道慢跑；弯道快跑直道慢跑。

（3）间歇跑：快跑后心率可达180次/分钟以上，平静时120次/分钟左右。

（4）匀速跑：1500米。

（5）越野跑或自然地形跑：3000～5000米。

（三）易犯错误及纠正方法（如表3-5所示）

表3-5 易犯错误及纠正方法

错误	产生原因	纠正方法
后蹬不充分，"坐着跑"	概念不清，蹬地脚离地过早；腿部力量不够；髋、膝、踝关节灵活性和柔韧性较差	掌握动作要领，通过后蹬跑、上坡跑、台阶练习和弹跳练习，加强腿部力量和支撑送髋
跑动时身体僵硬，动作紧张	呼吸节奏与跑的节奏不协调；身体过于紧张，前倾大	慢跑、中速跑体会呼吸节奏；利用下坡跑、中速跑、顺风跑或加速后的惯性跑体会动作
身体起伏过大，左右晃动	后蹬方向不稳定，摆动腿不积极前摆，摆臂动作不正确	进行摆臂、后蹬跑练习

练一练

结合自己学习的各项跑的技术，每天进行不少于30分钟的跑步练习。

项目二　田赛项目

一、跨越式跳高的学习及练习

（一）跨越式跳高技术

1. 助跑

采用侧面直线助跑，助跑步数为5～8步，以摆动腿一侧靠近横杆，助跑要平稳、加速要快，身体重心平稳前移，助跑后两步要积极加快节奏进行起跳。

2. 起跳

在助跑最后一步时，为了更好地向上起跳，发挥制动作用，起跳腿应积极迅速向身前踏跳，上体稍后仰。摆动腿向上摆动，两臂也积极配合向上摆动，使身体向上腾起。

3. 过杆和落地

当摆动腿越过横杆时，身体应前倾，摆动腿向杆下内旋下压，起跳腿稍外旋并迅速向上抬起，完成过杆动作。过杆后，身体侧对横杆，以摆动腿先落地，如图3-12所示。注意缓冲，避免受伤。

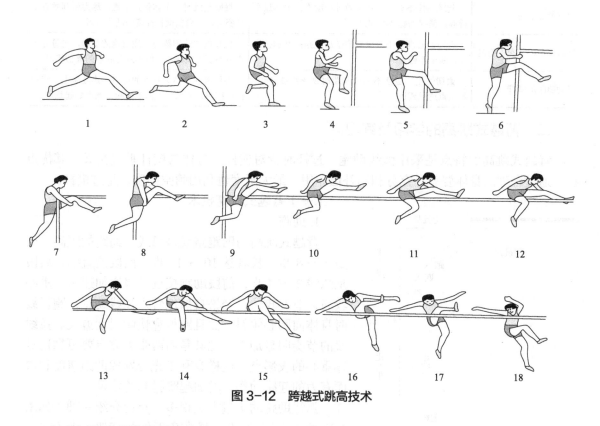

图3-12 跨越式跳高技术

（二）跨越式跳高练习方法

1. 低杆练习

放较低的横杆，原地做摆动腿和起跳腿过杆的模仿练习，练习前，首先要确定自己的起跳腿，通常是用力量较强的一条腿。

2. 确定高度

确定起跳脚和助跑方向后，可以采用侧面助跑单脚起跳越过一定高度。

3. 走几步起跳，练习摆腿动作

要求：蹬摆积极。

4. 3～5步助跑起跳的练习

要求：助跑和起跳要衔接，起跳要充分。

5. 原地跨越横杆，起跳腿在前，摆动腿在后

要求：起跳有一定高度，摆动腿积极前摆和内旋下压。

6. 慢跑3～5步起跳，跨越式过横杆

要求：起跳脚用力蹬伸，摆动腿积极向上摆动，上体略向前倾。

7. 5～8步全程助跑，完整技术练习

要求：最后几步加快节奏，起跳迅速充分，摆腿积极。

易犯错误与纠正方法如表3-6所示。

表 3-6 易犯错误与纠正方法

错误	产生原因	纠正方法
过杆臀部下坐	起跳动作不充分,急于做过杆动作;上体过早前倾,使摆动腿摆不起来	摆腿起跳时,上体保持正直,尽力做到垂直上升姿势,多做低横杆高度的动作练习
助跑步点和节奏不稳定	有害怕心理,不敢放开步子加速跑;跑的技术差,步子不稳定	反复做加速跑练习,注意跑的节奏,丈量好步点后不要过横杆,只做助跑与起跳的模仿练习
摆动腿踢落横杆	柔韧性差,腿摆不高或起跳时缺乏摆腿意识;起跳点过近或过远	多做发展身体柔韧性的练习;连续做上一步的摆腿练习,要求尽量向上摆腿,调整好起跳点

二、背越式跳高的学习及练习

背越式跳高的特点是采用弧线助跑,过杆时背对横杆,身体与横杆垂直交叉。其优点在于通过合理的身体姿势,充分利用补偿作用,最大限度地利用腾空高度,越过横杆。

(一)背越式跳高技术

1. 助跑

背越式跳高的助跑路线是弧线,助跑的距离一般是 6~8 步。长者达 10~12 步,前段是直线,后段是弧线 3~4 步,前段助跑接近于普通加速跑,重心较高,节奏较快,轻松自然地转入弧线助跑,跑弧线时身体向圆心倾斜,而且跑得愈快倾斜度愈大。弧线段的节奏明显加快。尤其是后两步支撑点要更靠近身体重心的投影点。这样有利于充分发挥助跑速度和快而有力的起跳动作,增加起跳腾起的效果。

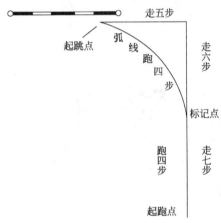

图 3-13 弧线助跑的丈量方法

弧线助跑的丈量方法很多,在此介绍一种(如图 3-13 所示)。起跳点选择在离近侧跳高架 1 米(或横杆的 1/4 处)、离横杆投影点 50~80 厘米处。由起跳点沿横杆平行的方向向前自然走 5 步,再向右转 90°向前走 6 步作一标记,以 5 米为半径划弧连接此点和起跳点,这段弧线即为最后 4 步弧线,最后以标记点再向前走 7 步为起跑点,作为前 4 步的助跑距离。全程共 8 步。

2. 起跳

起跳脚顺弧线的切线方向踏上起跳点,用脚跟先落地并迅速地滚动到全脚掌着地。

起跳脚落地时摆动腿蹬离地面开始摆腿,同时重心快跟,上体积极前移,使起跳腿缓冲(如图 3-14 之 3、4 所示)。当身体重心移动至支撑点上方时,身体由倾斜迅速转为正直,摆动腿和两臂快速有力地向上摆动,同时起跳腿积极蹬伸,完成起跳动作(如图 3-14 之 5~7 所示)。在起跳过程中,摆动腿应屈腿、扣膝向起跳腿同侧肩摆动。手臂的摆动可采用双臂交替或双臂同时上摆。

背越式起跳时必须绕身体纵轴转体,由摆动腿一侧的髋和摆动腿向内上方摆动使身体转成背对横杆。

3. 过杆和落地

起跳结束,身体进入腾空阶段。起跳以后身体向高处"旋"起,沿切线方向向横杆飞去。腾空过程中,摆动腿的膝关节放松自然下放,肩向后伸展(如图 3-14 之 6~10 所示),头和肩先过杆,髋部充分展开,身体成"桥",背部与横杆成正交叉状态(如图 3-14 之

11～14所示）。当臀部越过横杆后，随即收腹。当膝窝靠近横杆时（如图3-14之16所示），两小腿积极向上甩起，两腿伸直，成"L"状（如图3-14之18所示）下落，以肩背部与横杆十字交叉落在海绵垫上。

图 3-14 背越式跳高技术

（二）背越式跳高练习方法

1. 起跳技术

（1）侧对横杆或肋木站立，起跳腿向前迈步放脚，接着上体前移，摆动腿屈膝上摆成起跳脚支撑，重心移至支撑腿上。

（2）侧向站立，摆动腿同侧手扶支撑物，做摆腿、送髋和起跳蹬伸的练习（如图3-15所示）。

要求：摆动腿屈膝内扣向异侧肩的方向摆动，同时骨盆跟着扭动；起跳腿蹬伸并提脚跟。

（3）走动中做方法（2）的动作练习，接着起跳蹬离地面完成起跳动作。

2. 弧线助跑与起跳的结合技术

（1）练习弧线助跑，沿直径10～15米的圆快跑。

要求：身体向圆心倾斜，速度愈快倾斜度愈大。

（2）沿直径10～15米的圆快跑，每4步向前上方起跳1次。

要求：起跳时，上体由倾斜迅速转为正直；起跳中立腰、提肩，头向上顶；起跳腾空后转成面向圆心。

（3）弧线助跑起跳后，手和头触高物（树枝、篮网、吊球等）。

（4）弧线助跑后在横杆旁起跳（如图3-16所示）。

图3-15　摆腿、送髋、起跳蹬伸练习　　图3-16　助跑后起跳练习

要求：弧线助跑身体向内倾斜；起跳脚踏上起跳点，身体快速由倾斜转为正直；摆动腿内扣，向异侧肩摆动，并带动骨盆扭转，成背对横杆；在横杆前远端落地。

3. 过杆与落地技术

（1）仰卧在垫子或草地上，两肩和两脚撑地做向上抬臂、挺髋的动作练习。

（2）做"桥"的练习。

（3）背对垫子站立，然后提脚跟，挺髋和仰头、挺胸，肩向后倒落在垫子上。

（4）背对搭放的垫子垛，提起脚跟，肩向后伸展做背越式过杆动作练习，然后顺势向后落下。

（5）立定背越式跳高（如图3-17所示），用橡皮筋代替横杆。

要求两腿左右开立，屈膝半蹲，然后用力上跳，两臂配合向上摆；肩向后伸，抬臀，挺髋成背越式姿势；肩背着垫。

（6）弧线助跑背越式跳上垫子垛。

（7）4步弧线助跑，背越式过低杆。

要求：步点准确；起跳后身体充分腾起；过杆时身体舒展，与横杆大致成十字交叉；肩背落在垫子上。

4. 全程助跑背越式过杆练习

（1）做4步弧线助跑过低杆练习。

（2）做6～8步弧线助跑背越式过杆练习。

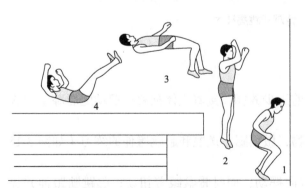

图3-17　立定背越式跳高

（3）全程助跑越过横杆的练习。

在完整技术练习时应注意以下几点。

① 正：起跳用力方向正，起跳脚落地要正。最后4步助跑的足迹要落在弧线上。起跳后身体沿弧线的切线方向飞进。

② 直：起跳结束和上杆时，身体在空中保持直立姿势。

③ 挺：过杆时，抬臀、展腹、挺髋，完成拉瀑布成"桥"的动作。

④ 稳：身体在空中飞进时要平稳，过杆后肩背平稳地落在垫子上。

⑤ 快：这是背越式跳高技术的特点，要做到助跑快，起跳快，整个动作完成得快。

易犯错误及纠正方法如表3-7所示。

表3-7 易犯错误及纠正方法

错误	产生原因	纠正方法
助跑与起跳结合不好，助跑节奏乱	助跑步点不正确；缺乏节奏感，直段与弧线段的助跑动作衔接得不好	反复练习全程助跑，确定步数，多做节奏感强的练习，如跨栏跑栏间4~8步，培养节奏感和目测能力
起跳后前冲力量大，向上起跳不够	助跑速度太快，不能向上改变方向；最后放脚太慢；助跑弧线不够，没有做好起跳时的预备姿势	多做沿弧线助跑接起跳的练习；控制助跑速度，加强节奏感；助跑起跳触高物
起跳倒体过早	未能掌握好弧线助跑技术，起跳制动过大，送髋不够；起跳时转体过早，背对横杆起跳；身体没有腾起，过早地做过杆动作	弧线助跑时身体向内倾斜，起跳后身体顺横杆向前上方腾起；跳上垫子垛，头顶高物或手摸高物
坐杆	起跳时腰、胸、颈部过于放松，空中做不出拉瀑布"桥"的动作，臀部先着垫；起跳后摆动腿没有放下；腾空高度不够，落地动作过早；不敢以肩背着垫	助跑起跳，头顶高物，立定背越式跳高，要求做出拉瀑布"桥"的动作，肩背着垫；利用踏板增加腾空高度，加强对身体的自我控制能力
过杆时身体与横杆不成垂直状态	绕纵轴转体不够；摆动腿方向不正，最后两步太大，起跳时上体后仰	起跳触高物转体90°；反复做起跳摆腿的练习
杆上动作僵直	起跳后两个膝关节绷直，杆上背弓动作不自然，灵活性和协调性差，柔韧性不好	加强柔韧、灵活和协调性练习，提高放松能力；降低高度用橡皮筋代替横杆；立定背越式跳橡皮筋，准备落地时小腿后屈尽量触及橡皮筋

三、跳远的学习及练习

跳远姿势有蹲踞式、挺身式、走步式三种，常采用蹲踞式和挺身式。

（一）跳远技术

跳远由助跑、起跳、腾空和落地四个部分组成。

1. 助跑

开始助跑时身体应较大幅度地前倾，两腿用力蹬地，两臂做大幅度而强有力地前后摆动，然后上身逐渐抬起接近垂直，支撑腿充分后蹬，摆动腿积极向前上方摆动，前伸小腿，前脚掌自然而有弹性地落地，两臂积极有力地协调摆动，最后几步身体重心适当下降，保持加速和轻松快跑的节奏，为了更有利于起跳，最后一步略比倒数第二步短。

助跑的距离和步数：一般男子助跑距离为35~45米，跑18~24步；女子助跑距离以30~35米，跑16~18步。

助跑的开始姿势，通常采用半蹲式、站立式和行进间起跑。

半蹲式、站立式起动姿势，前几步的步幅和速度比较稳定，有利于提高全程助跑的稳定性和准确性。

行进间助跑起动，先走几步，慢跑或垫步，踏上起跑线后开始助跑，这种方法比较轻松自然，但开始几步的步长不易稳定。

2. 起跳

起跳腿积极下压，以全脚掌踏板，迅速过渡到前脚掌，身体重心继续积极前移，当身体重心移至起跳腿支点的垂直部位时，摆动腿积极折叠带髋迅速前摆，起跳腿迅速全力蹬伸，使髋、膝、踝三个关节充分伸直，摆动带髋前摆至水平位置时，两臂配合腿的动作，迅速有力地摆动。起跳腿的同侧臂屈肘向前摆起，摆动腿的同侧臂屈肘向侧摆起，当双臂肘关节摆至肩部时应停止摆动。这时上体正直，头、肩、髋关节基本与地面垂直，眼平视前方，即完成起跳动作，如图 3-18 所示。

3. 腾空

起跳后上身保持正直，两臂前后摆动，摆动腿屈膝前摆，大腿接近水平，起跳腿自然向后伸展——腾空步（如图 3-19 所示）。跳远的腾空姿势有蹲踞式、挺身式、走步式三种，这里介绍蹲踞式、挺身式。

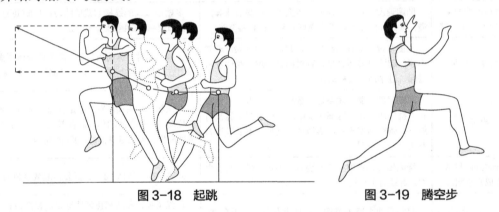

图 3-18 起跳　　　　　　图 3-19 腾空步

（1）蹲踞式（如图 3-20 所示）：起跳腾空后，摆动腿大腿继续向上高抬，两臂以肩为轴用力向前上方摆起，同时收腹，起跳腿屈膝向摆动腿靠拢，大腿向胸部靠拢，上身适当前倾，身体在空中形成蹲的姿势，随着身体下落，两臂经体侧向后下方摆动，同时前伸小腿准备落地。

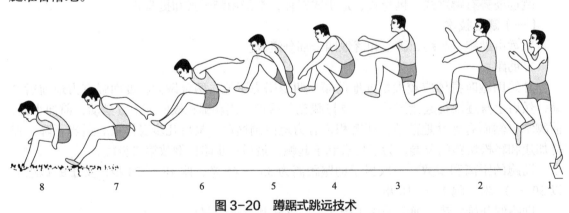

图 3-20 蹲踞式跳远技术

（2）挺身式（如图3-21所示）：起跳腾空后，摆动腿的大腿、膝和髋关节积极地向下伸展，小腿向前、向下、向后弧形摆动，起跳腿自然伸展，两腿靠拢，同时两臂向后下方摆动，挺胸、展腰、送髋，使身体充分伸展成挺身姿势，然后用力收腹举腿，上身前倾，使大腿贴近腹部，两臂向前、向下摆，小腿积极前伸准备落地。

图3-21 挺身式跳远技术

4.落地

落地方法：

（1）前倾落地：脚跟接触沙面后，两腿屈膝缓冲，重心前移，身体移过支撑点后，继续前移身体前倾，完成落地动作。

（2）侧倒落地：腿落入沙坑后，一腿支撑，另一腿放松，身体向放松腿一侧倾倒。

（二）跳远的练习方法

1.助跑与起跳练习

（1）原地模仿起跳练习。

（2）行进间的起跳练习：上一步起跳，慢跑接起跳。

（3）短距离助跑起跳腾空步练习。

2.腾空与落地练习

（1）蹲踞式跳远腾空与落地练习

①助跑2~4步起跳，保持腾空步后自然并腿落地。

②助跑4~6步起跳腾空后，充分团身收腹举腿落地。

③半程、全程助跑蹲踞式跳远练习。

（2）挺身式跳远腾空与落地练习

①原地放落摆动腿，做挺身收腹练习。

②助跑2~4步在踏跳板上起跳，做腾空与落地练习。

③半程、全程助跑挺身式跳远练习。

（三）易犯错误及纠正方法（如表 3-8 所示）

表 3-8　易犯错误及纠正方法

错误	产生原因	纠正方法
最后几步助跑减速	步点不准确	反复进行助跑练习，确定步点，稳定助跑进奏
踏板时前伸小腿，上身后仰	最后一步过大、坐着跑	反复练习踏板节奏，提高后蹬力量
摆动腿向前上方摆动不充分	起跳力量小，摆动腿摆动速度慢，身体不协调	加强腿步力量练习，做起跳的专门性练习
起跳后身体前旋，失去平衡	起跳时上体前倾	加强起跳腾空步练习
起跳后过早挺身（或挺腹）	起跳不充分，腾空高度不够	进行起跳腾空步练习
落地时收腹举腿和前伸小腿不够充分	上身过于前倾，收腹不够	加强腹肌练习，多做立定跳远练习
落地时身体向后坐	落地缓冲不充分，造成身体重心后移	立定跳远练习，中短程跳远落地练习

四、三级跳远的学习及练习

三级跳远是在助跑以后，沿直线连续进行单脚跳（第一跳）、跨步跳（第二跳）、跳跃（第三跳）的一项运动。

（一）三级跳远技术

1. 助跑

助跑的距离和方法与跳远基本相同，约 35～40 米，跑 17～22 步，三级跳远最后几步，要求步幅更加均匀，上体前倾更大，后蹬力量（包括第一跳起跳）更强。

2. 第一跳（单脚跳）

起跳腾空后，上身稍前倾，完成腾空步。然后摆动腿下压，小腿自然前伸，脚尖向上勾起，自然地向下向后伸展，同时起跳腿屈膝向前上方提摆，并带动同侧髋前移，做积极的换步动作，两臂配合腿的动作由体前经下向体侧后方摆动，以维持身体平衡。在换步后，起跳腿继续摆至大腿与地面平行，然后大腿积极下压，作"扒"地式落地。两臂由前向后侧摆，准备第二跳。

3. 第二跳（跨步跳）

第一跳落地后，摆动腿迅速屈膝向前上方摆起，弯曲的起跳腿迅速蹬伸，两臂同时配合摆臂，从侧后向前上方摆动，开始第二跳。起跳后，身体仍成腾空步姿势，开始做落地和准备第三次起跳的动作，两臂配合向前做大幅度的摆动。

4. 第三跳（跳跃）

第三跳起跳腾空后，仍保持腾空步姿势，随后的动作可采用跳远中的"蹲距式""挺身式"或"走步式"的腾空技术和落地方法，必须用双脚落入沙坑。三级跳远完整技术如图 3-22 所示。

（二）三级跳远的练习方法

1. 单脚跳练习

（1）原地、连续单脚跳。

（2）规定或变换距离的单脚跳。

（3）2～4 步助跑单脚跳。

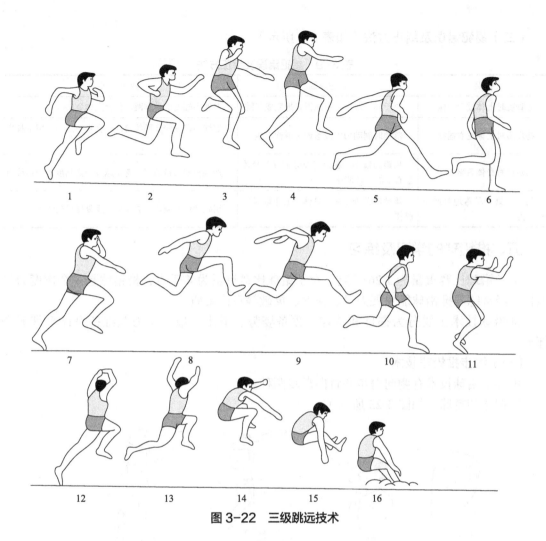

图 3-22　三级跳远技术

2. 跨步跳练习

（1）连续、控制或变化距离的跨步跳练习。

（2）用跨步跳的姿势越过障碍物。

（3）4～6 步助跑起跳，保持跨步跳的姿势，用摆动腿落在高物上。

3. 第一、第二跳结合练习

（1）连续的单脚跳接跨步跳。

（2）4～6 步助跑单脚跳接跨步跳，用摆动腿落在高物上或跨过高物，动作要做到协调一致。

4. 第二、第三跳结合练习

（1）原地双脚落地做跨步跳接跳远的技术练习。

（2）2～4 步助跑起跳腿落地做跨步跳，用摆动腿踏助跳板的跳远。

（3）二级或三级跨步跳接跳远的技术练习。

5. 助跑三级跳远

短程、中距离、全程助跑三级跳远。

（三）易犯错误及纠正方法（如表 3-9 所示）

表 3-9　易犯错误及纠正方法

错误	产生原因	纠正方法
单脚跳时上体过于前倾	急于向前跳出，不能很好地完成起跳	多做小幅度的单脚跳，体会上体姿势
跨步跳时上体左右摇摆	落地时制动力大或落地前伸小腿	连续小幅度跨步跳练习，体会脚下用力，用全脚掌落地
跨步跳时身体后坐	后蹬力量小，腿没有充分伸展，身体重心不能及时前移	加强腿部力量练习；跨步越过一定高度的物体练习
第二、第三跳落地时产生制动力	落地时前伸小腿，身体重心不能及时前移	明确动作要领，观看视频，反复做模仿练习

五、推铅球的学习及练习

男子铅球比赛重量为 7.26 千克，女子铅球比赛重量为 4 千克，推铅球是一个速度力量项目，经常练习推铅球能发展力量、速度、灵敏等身体素质。

推铅球技术主要分为握球和持球、预备姿势、滑步、最后用力及维持身体平衡五个部分。

（一）滑步推铅球技术

滑步推铅球技术有侧向滑步和背向滑步两种。

1. 握球和持球（如图 3-23 所示）

图 3-23　握球和持球

握球的方法（以右手为例，下同），五指自然张开，手腕自然向后弯曲，将球放在食指、中指和无名指的指根处，大拇指、小拇指自然贴于球的两侧，掌心空出。握好球后，将球放在右侧锁骨窝处，贴近颈部，手腕外转，掌心斜向上，肘关节略低于肩，将球稳固。

2. 背向滑步预备姿势

高姿势：持球背对投掷方向，站立于投掷圈内后沿处，两脚前后开立约 20～30 厘米，右脚在前，全脚掌着地，脚尖贴近投掷圈后沿，脚跟正对投掷方向，左脚在后，脚尖或前脚掌点地，上身直立放松，重心落在右腿上，左臂自然上举或前伸，目视前下方。

低姿势：持球背对投掷方向，站立于投掷圈内后沿处，两脚前后开立约 50～60 厘米，右脚在前，全脚掌着地，脚尖贴近投掷圈后沿，脚跟正对投掷方向，左脚的脚尖或前脚掌着地，左臂自然下垂或前伸，两腿自然弯曲，上身前倾，重心落在右腿上，目视前下方。

3. 滑步

（1）背向滑步技术。预摆：预摆（如图 3-24 所示）动作一般 1～2 次。预摆时左脚离地，左腿向后上方摆出，右腿蹬伸。然后左腿回收至右腿膝关节处屈膝下蹲，紧接着左大腿带动小腿向后摆出。同时右腿蹬伸，重心后移，使身体向投掷方向移动，然后迅速收回，重心落在右腿上，右前脚掌落在圆心附近与投掷方向约成130°，左脚前掌内侧稍向外转，落在投掷中心线左侧抵趾板处，两脚几乎同时落地，如图3-25所示。

图 3-24 预摆

图 3-25 背向滑步技术

（2）侧向滑步技术（如图3-26所示）。身体侧对投掷方向，左腿可预摆1～2次。左腿预摆回收的同时弯曲右腿，降低重心，左腿靠近右腿时，左大腿发力带动小腿向投掷方向摆出，同时右腿用力蹬伸，将髋部向投掷方向移动，当右腿蹬直后迅速将小腿向投掷方向收拉，前脚掌落在圆心附近，同时左腿积极下落，前脚掌内侧落在中心线稍偏左处，形成推球前的动作。

图 3-26 侧向滑步技术

4. 最后用力和维持身体平衡

最后用力是在滑步即将结束时,左脚触地的一刹那,右脚同时用力蹬转,使右髋向投掷方向转动,上身迅速向投掷方向抬起,重心前移。当身体左侧移至与地面垂直的一瞬间左肩固定,右腿蹬直,头和上身向投掷方向转动,并抬头挺胸,左腿积极蹬伸,右臂用力推铅球,手指尖快速将球拨球,出手角度一般在 38°~42°,球出手后,两脚迅速交换并屈膝降低重心,维持身体平衡。

（二）推铅球的练习方法

（1）托球、持球练习,掌握正确的持球方法。
（2）利用实心球做各种推、抛的专门练习,体会合理的用力顺序。
（3）徒手或持球原地推铅球。
（4）徒手或持球,做滑步前的预摆练习。
（5）两手扶栏杆（低于肩处）,做左腿摆动和右腿收拉练习。
（6）徒手或持球做滑步练习。
（7）徒手或持球,做滑步后迅速蹬转、送髋练习。

（三）易犯错误及纠正方法（如表 3-10 所示）

表 3-10　易犯错误及纠正方法

错误	产生原因	纠正方法
持球时手腕僵直	害怕铅球脱手,处于习惯掌心未空出	学习持球方法,多做持球练习,形成良好的持球动作
铅球放在肩上或离开锁骨窝处	动作要领不清楚或担心铅球脱落	学习动作要领,多做练习,形成稳定的动作
推球时抛球	持球动作肘关节过低;推球时上体转动过早	持球肘关节略低于肩;做将球向前上方推出练习
动作不连贯,不加速	滑步结束时右腿蹬转不及时,左腿下压不积极	做小幅度的滑步推球练习,提高右腿蹬转和左腿支撑能力

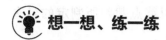
想一想、练一练

1. 回忆一下各项田赛项目技术动作要领，看看能不能在大脑中形成一个完整的动作过程？
2. 根据自己学习的各项田赛项目技术和自己的身体素质，每天进行不少于 30 分钟的跳、投练习。

项目三　规则简介

一、径赛项目的有关规则

（一）检录

（1）凡参加径赛项目比赛的运动员，必须按照大会规定的时间，到检录处点名。对点名不到者将取消其比赛资格。

（2）运动员接受检录裁判员对服装、号码、钉鞋等的检查，不符合规定的不允许进场比赛。

（二）道次

（1）道次由大会抽签排定，包括短跑、跨栏跑、4×100 米接力以及部分分道跑项目。

（2）运动员必须按照排定的道次跑进。

（3）部分分道跑项目，只有在跑过抢道标志线后，方可向内道切入。

（三）起跑

（1）短跑、跨栏跑及接力跑第一棒，运动员起跑时必须采用蹲踞式起跑，并使用起跑器。

（2）起跑口令为"各就位""预备""鸣枪"。

（3）中长跑运动员起跑时采用站立式起跑。起跑口令为"各就位""鸣枪"。

（四）犯规

（1）分道跑时发生乱道、阻挡、未跑过抢道标志线就抢道等行为，均属犯规。

（2）接力比赛中，运动员必须在接力区内完成传、接棒，如果掉棒，必须由掉棒者拾起；传完棒的运动员离开跑道时，不得影响其他道次运动员的跑进；最后一棒运动员必须持棒通过终点；否则均为犯规。

（3）参加跨栏跑的运动员不得用手推或有意用脚踢倒栏架，也不准从栏下钻过或从栏侧跨过、绕过，否则均为犯规。

（4）不分道的中长跑比赛中，运动员挤、撞、踩、阻挡等行为均属犯规。

凡属犯规现象，均应取消其比赛资格。

（五）比赛方式及名次判定

（1）分道径赛项目，一般进行预赛和决赛，如果参赛人数较多，可先进行预、次、复赛，取 6～8 名参加决赛。

（2）径赛项目以决赛成绩排出名次成绩，如遇成绩相等，以终点裁判所判定的名次为准。

二、田赛项目的有关规则

（一）检录

（1）检录工作由田赛裁判员负责。点名不到者，将取消其比赛资格。
（2）运动员的服装、号码、鞋子等，经检查不合格者，不允许其进入比赛场地。

（二）试跳或试掷

（1）运动员按照大会排定的顺序进行试跳或试掷。
（2）远度项目，所有人都跳完或掷完一次，称为一轮次。
（3）高度项目，每一高度为一轮次，每一高度每人都有三次试跳机会。
（4）遇有兼项同时比赛时，运动员应请假，裁判准许后可先试跳或试掷一次。返回后参加后续轮次的比赛，错过的轮次不能补。

（三）比赛形式

通常进行预赛和决赛。如果参加比赛人数较多，可在正式比赛前举行及格赛，及格赛标准应事先宣布。在远度项目的及格赛中，每个运动员只有三次试跳或试掷机会，而高度项目每个高度允许跳三次。运动员达到及格标准即可。

（四）比赛时间

为了保证比赛顺利完成，运动员的每次试跳或试掷，都必须在规定的时间内完成，否则判为延误比赛，并记一次失败。

时间从裁判员通知运动员试跳、试掷时算起。

（1）撑竿跳高为2分钟/次，其他项目均为1分半钟/次。
（2）跳高与撑竿跳高比赛，最后只有2～3人时，跳高时限为3分钟/次，撑竿跳高为4分钟/次；只有1人时，跳高时限为5分钟/次，撑竿跳高时限为6分钟/次。

（五）各比赛项目具体规则

1. 跳高

（1）运动员必须用单脚起跳。
（2）运动员可以从任何高度开始试跳，也可以在任何高度上"免跳"，如果在某一高度上"免跳"后，不准在该高度上恢复试跳，除非出现第一名成绩相等的情况。
（3）每一高度，运动员有三次试跳机会，三次试跳失败，即被淘汰。
（4）运动员在试跳时造成横杆掉落，应判为犯规。

2. 跳远与三级跳远

（1）运动员必须在起跳线后起跳。
（2）丈量成绩时，从运动员身体任何部位触及沙坑最近点量至起跳线或起跳线的延长线，测量线应与起跳线或其延长线垂直。
（3）若有下列情况之一，均判为试跳失败
① 助跑或起跳时，触及起跳线前面的地面。
② 落地过程中触及沙坑以外的地面，且触及点比沙坑内的落地点离起跳线近者。
③ 完成试跳后向后走出沙坑者。
④ 三级跳远比赛中，最后一跳必须双脚落入沙坑，否则试跳失败。

3. 铅球

（1）铅球场地为直径 2.135 米的圆圈，称为投掷圈。

（2）比赛时，运动员必须从静止状态开始试掷。

（3）推铅球时，身体的任何部位不得触及抵趾板上沿，否则判为失败。

（4）试掷结束后，运动员必须从投掷圈后半区离开，否则判作失败。

（5）铅球落地点必须在两条限制线之内方为有效。

（6）铅球必须用单手由肩上推出，不得从肩下或肩后抛掷。

4. 判定名次

（1）远度项目，如果参赛人数超过 8 名，比赛先进行预赛，每人试跳或试掷 3 次，按成绩取前 8 名及与第 8 名成绩相等的运动员参加决赛，每人再试跳或试掷 3 次；如果参赛人数只有 8 名或不足 8 名，则直接进行预决赛，每人均有 6 次试跳或试掷机会。取 6 次试跳或试掷中最好成绩排定名次，若出现成绩相等，则以次优成绩为准判定名次，以此类推。

（2）高度项目，以最后试跳高度来判定名次。如成绩相等，则以在最后高度上试跳次数少者名次列前；如成绩仍相等，则以全赛中失败次数少者名次列前；如成绩仍相等，除第一名外，其他名次并列。

（3）第一名的判定，田赛项目正式比赛中，第一名不得并列。如用上述方法不能判定第一名，则进行名次赛。

远度项目：成绩相等的运动员，按原顺序每人试跳或试掷一次，直到决出第一名。

高度项目：成绩相等的运动员，在共同失败的最低高度上各试跳一次，若还不能判定，则升或降一个高度（按原升高计划）再各跳一次，直到决出第一名。

三、田径场地

标准田径场地为半圆式 400 米。纵轴为南北方向，纵轴长为 85.96 米，弯道半径 36 米。一般有 6～8 条跑道，每条跑道宽为 1.22 米或 1.25 米，分道线宽为 5 厘米，跑道右侧分道线属于该道宽度之内，比赛时沿逆时针方向跑进，各个项目的起点位置不同，但终点只有一个，通常设在场地的西南角直弯道分界处。跳高场地一般在田径场北端半圆区，跳远、三级跳远、撑竿跳高的助跑道及沙坑（海绵坑）尽可能设置在东、西跑道以外，铅球场地一般在田径场南端半圆区，铁饼和标枪的投掷方向从南向北或从北向南，比赛交叉进行。

（一）跑道

（1）跑道宽度至少为 7.32 米（6 条跑道），每条跑道宽为 1.22 米或 1.25 米。

（2）跑道分道线、起点线、终点线宽均为 5 厘米，每条跑道宽度包括右侧分道线。

（3）各起、终点标记如图 3-27 所示

（二）铅球场地（如图 3-28 所示）

（1）铅球投掷圈内沿直径为 2.135 米。

（2）铅球落地区角度为 40°，角度线宽为 5 厘米。

写一写、练一练

1. 你喜欢哪个项目，想一想这个项目都有哪些规则，然后写下来，对照课本进行完善。

2. 积极参加运动会的裁判工作，锻炼自己的裁判能力。

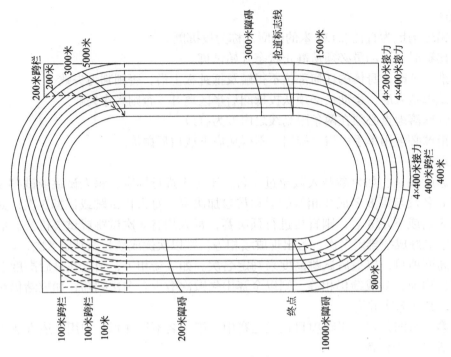

图 3-27 跑道

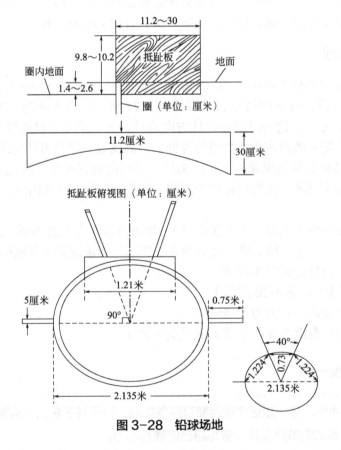

图 3-28 铅球场地

单元检测

1. 短跑技术有哪些？练习方法有哪些？
2. 中长跑技术有哪些？练习方法有哪些？
3. 跳远技术有哪些？练习方法有哪些？
4. 跳高技术有哪些？练习方法有哪些？
5. 推铅球技术有哪些？练习方法有哪些？
6. 田径规则有哪些？

第四单元　球类运动

 学习目标

知识目标：1. 了解球类各项目的运动特点。
　　　　　2. 懂得利用不同球类项目进行锻炼的方法。
能力目标：1. 学会各项球类运动的基本技术。
　　　　　2. 能在比赛中运用简单的战术。
　　　　　3. 掌握各项球类比赛的简单规则，能够担任校内日常学生球类比赛裁判工作。

章节导入

球类运动是高职体育中的必修项目，其活动开展普及，深受大学生热爱。由于各种球类运动的参加者不受年龄、性别的限制，灵巧的技术与多变的战术，吸引了很多人，因此使这类运动很快传遍了各国，成为世界性的运动项目。

球类运动是一项综合性的对抗运动，通过球类运动，能提高人体中枢神经系统的灵活性和动作的协调性，增强血液循环系统、呼吸系统和消化系统的机能，从而提高健康水平，增强身体素质，同时还能培养团结协作、相互配合的集体主义精神和勇敢、果断、机智、顽强、坚毅的意志品质。

项目一　篮球

一、基本技术

篮球技术分进攻与防守两大部分。进攻技术有传接球、投球、运球、持球突破等；防守技术有防守对手、抢、打、断球等。无论进攻与防守技术，都包含脚步移动和抢篮板球技术。

（一）移动

移动技术是通过各种快速、突然的脚步动作，达到进攻时摆脱防守，防守时防住对手，以争取攻守主动的一种手段。移动技术包括走、跑、跳、急停、转身、滑步等动作。

掌握运用好移动技术的关键在于控制好身体重心的平衡和变化，以便及时、快速、突然地改变身体的方向和位置。

1. 基本站立姿势

它是队员在球场上经常保持的一种既稳定又能突然起动的站立姿势。

动作要领：两脚前后或左右开立，距离与肩同宽，膝稍屈，身体支撑点落在两脚前脚掌上，上体稍前倾，抬头、收腹、含胸，两臂稍屈肘，自然置于体侧，目视前方。

2. 跑

跑是队员在场上改变位置，加快速度的重要方法。要经常变换速度，改变方向，并做出急停、起跳、转身或支配球的动作。

（1）侧身跑：这是跑动时为了观察场上情况，并随时准备接侧后方传来的球而经常采用的跑动方法。

动作要领：脚尖朝着跑动方向。头部和上体向球的方向扭转，侧身。上体和两臂放松，随时观察场上情况。

（2）变向跑：这是队员在跑动中突然改变方向的一种脚步动作。

动作要领：以右向左变向跑为例，队员跑动中最后一步用右脚前脚掌制动，同时脚内侧蹬地、屈膝、脚尖稍向内扣、腰部随之左转，重心左移，上体稍前倾，同时左脚向左前方跨出一小步，右脚再迅速向左脚的前方跨出一大步，加速跑动。

（3）变速跑：它是队员在跑动中利用速度变换来完成攻守任务的一种方法。动作要突然、衔接、紧凑、自然。

动作要领：加速时上体稍前倾，前脚掌短促有力地蹬地，前两步短小急速；减速时上体稍直立，步幅稍大，前脚掌用力地抵地，减缓重心前移，从而降低跑速。

跑的练习方法：

① 两组同时听、看信号徒手做全场侧身跑练习；

② 利用篮球场内三个圆圈做侧身跑练习；

③ 两人一组，一攻一守，徒手练习变向跑，防守者积极防守，提高攻守移动技术；

④ 根据教师的手势或其他信号，做变速跑、变向跑；

⑤ 做后退跑→加速跑→侧身跑→变向跑等跑动的综合练习。

3. 急停

急停是队员在跑动中突然制动速度的一种动作方法，是衔接其他技术动作和摆脱对手的有效方法。急停包括跨步急停和跳步急停。

（1）跨步急停。

动作要领：在快速跑动急停时，先向前跨出一大步，用脚跟先着地，并过渡到全脚抵住地面，屈膝，同时身体稍后仰，后移重心。然后跨出第二步，身体稍侧转，屈膝，脚尖稍向内转，用脚前掌内侧着地，上体稍前倾，重心放在两脚之间，两臂屈肘自然张开帮助控制身体平衡。

（2）跳步急停。

动作要领：急停时用单脚或双脚起跳，上体稍后仰，两脚平行或前后同时着地，略比肩宽。屈膝，重心在两脚之间，两臂屈肘同时微张，保持身体平衡。

急停的练习方法：

① 跑或中速跑中做跨步急停和跳步急停；

② 直线快跑中做跨步急停和跳步急停；

③ 快跑中听信号或看信号做跨步急停；

④ 运球中急停后传球、急停急起、急停跳起传球；

⑤ 运用急停跳起投篮。

4. 转身

转身是利用身体的转动来改变站立的位置和方向，以利进攻或防守的方法。转身有前转身和后转身两种。

（1）前转身：移动脚向中枢脚前的方向跨步，使身体改变方向的叫前转身。

动作要领：转身时，身体中心移至中枢脚上，以前脚掌用力碾地，用移动脚的脚前掌内侧蹬地，以肩带腰转动，使身体向中枢脚（脚尖方向）移动，降低重心保持身体平衡。

（2）后转身：移动脚向中枢脚后的方向跨步，使身体改变方向的叫后转身。

动作要领：转身时，身体重心移至中枢脚上，以脚前掌用力辗地，用移动脚的脚前掌内侧蹬地，同时用力向后方向转髋转肩。脚蹬地后，迅速从脚后面跨步落地。

转身的练习方法：

① 持球或不持球做跨步、前后转身练习；

② 跑动中急停或接球急停做转身后继续跑进或运球练习；

③ 跑动中或运球中连续做后转身练习；

④ 助跑起跳落地前、后转身180°起动跑练习；

⑤ 结合侧掩护做抢位后的后转身练习。

（二）传、接球

传、接球是篮球运动的重要技术之一。全面、熟练地掌握传、接球技术，能充分发挥集体力量，是实现战术配合的具体手段。传、接球种类较多，主要介绍下列几种方法。

1. 双手胸前传球（如图4-1所示）

图4-1　双手胸前传球

动作要领：身体成基本站立姿势。两手五指自然分开，拇指相对成"八"字形，手心空出。两肘自然弯曲，将球置于胸前。传球时后脚蹬地，身体重心前移的同时，小臂迅速向传球方向前伸，拇指用力，手腕外翻，用拇指、食指、中指力量将球传出。

接球时，两眼注视来球，两臂伸出迎球，手指自然分开，两拇指成"八"字形，手指向前上方，两手成一个半圆形。当手指触球后，两臂随球后引缓冲来球的力量，两手握球于胸腹之间。保持身体的平衡，做好传球、投篮或突破的准备。

2. 单手肩上传球（如图4-2所示）

图4-2　单手肩上传球

动作要领：以右手传球为例。双手持球于胸前，两脚前后站立，左脚在前，左肩对着传球方向，将球引至右肩，右手持球，肘关节外展，右手腕后仰，右手托球，重心落在右脚上。传球时，右脚蹬地转体，前臂迅速向前挥摆，手腕前屈，通过食指、中指拨球将球传出。球出手后身体重心随之移至左脚。

3. 单手体侧传球

动作要领：以右手传球为例。两脚开立，两腿微屈，双手持球于胸前，传球时，右手持球后引，经体侧向前做弧线摆动，手腕前屈，用食指、中指的力量拨球，将球传出（如图4-3所示）。

图4-3　单手体侧传球

传、接球的练习方法有如下几种。

（1）原地做双手胸前或单手肩上传球模仿练习。

（2）两人一组一球，相距5米，原地对面做双手胸前传、接球练习。

（3）两人一组一球，相距6米，做单手肩上传、接球练习。

（4）对墙做传、接球练习。

（5）两人一组一球，一人持球向另一人前、后、左、右方向传球，另一人移动接球，两人交替进行。

（6）学生站成两路纵队，迎面站立，排头学生做传、接球后，迎面跑动练习，依次进行。

（7）半场或全场三角、四角、五角形做传、接球练习。

（8）两人一组一球做行进间双手胸前接球练习。

（9）全场移动传、接、投练习。

（10）三对三、四对四半场攻防接球练习。

（三）投篮

投篮是进攻队员将球投入对方球篮而采用的各种方法总称，是取得比赛胜利的主要进攻技术。

投篮技术是由多个环节组合而成的，主要包括：持球方法、瞄准点、出手的力量、速度与角度、球的旋转、抛物线。各环节必须正确连贯。其中出手的力量、速度与角度，是投篮技术的关键。

投篮技术动作很多，但按手法可分单手和双手两种，他们可以在原地、行进间和跳起空中完成；也可以按手形手法分为高上手、低手、下手、反手、勾手投篮。无论运用哪种投篮方法，除技术动作正确外，还要善于捕捉投篮时机，并具备良好的心理素质。

1. 双手胸前投篮（如图4-4所示）

图4-4　双手胸前投篮

动作要领：双手持球于胸前，肘关节自然下垂，两脚前后或左右开立，两膝微屈，重心落在两脚上，眼睛注视瞄准点。投篮时，两脚蹬地，两臂随身体向前上方伸展，前臂内旋，手腕前屈，食指、中指用力拨球，通过指端将球投出，脚跟稍提起。

2. 原地单手肩上投篮（如图4-5所示）

动作要领：以右手投篮为例。右手五指自然分开，手腕后翻，用手指指根以上部位持球，手心空出，左手扶球的左侧，右臂屈肘，置球于右肩上。前臂与地面接近垂直，两脚左右或前后开立，两腿微屈，重心落在两脚上。投篮时，下肢蹬地发力，右臂向前上方伸直，手腕前屈，食指、中指用力拨球，通过指端将球投出。球出手时身体随着投篮方向自然伸展，两脚跟微提起。

3. 行进间单手低手投篮（如图4-6所示）

动作要领：以右手投篮为例。右脚跨出一大步的同时，双手接球置于右侧保护，接着左脚跨出一小步用力蹬地起跳，右腿屈膝上抬，双手向前上方举球，当身体接近最高点时，左手离球，右手外旋，掌心向上托球，尽量伸向篮筐，用挺肘压腕的柔韧动作，靠食指、中指用力拨球，通过指端将球投出。

图 4-5　原地单手肩上投篮

图 4-6　行进间单手低手投篮

4. 原地跳起单手肩上投篮

动作要领：以右手投篮为例。两手持球于胸前，两脚前后或左右开立，两腿微屈，重心落在两脚上。起跳时，前脚掌迅速有力地蹬地向上起跳，双手举球于右前上方，右手托球，左手扶球的左侧方，当身体腾空接近最高点时，左手离球，右臂向前上方伸展，手腕前屈，食指、中指拨球，通过指端将球投出，落地时屈膝缓冲。

投篮的练习方法有以下几种。

（1）徒手做投篮模仿练习。体会动作，掌握正确技术动作。

（2）持球练习。两人一组，相距4米，面对面站立，做单手肩上投篮或双手胸前投篮动作练习。可以相互纠正错误动作。

（3）定点投篮练习。学生排成一路纵队，站在罚球线后做原地单、双手投篮练习。

（4）两人一组跳投，自投自抢，抢到篮板球后，将球传给同伴投篮，自己跑到投篮地点。

（5）两人一组，做4～6米不同角度的投篮练习。

（6）运球急停跳投或行进间单手低手投篮练习。

（7）行进间传球跳投或单手低手投篮。

（8）规定次数、时间、距离的运、传、投练习。
（9）多球投篮练习。
（10）利用传切、突破、掩护、策应等配合的投篮练习。

（四）运球

运球是拍球学生在原地或移动中，用手连续拍借助地面反弹起来的球的动作。运球是控制支配球、组织进攻、突破防守、发动战术配合的一项重要技术。运球技术的关键是手对球的控制能力，脚步移动的熟练程度以及手脚的协调配合。运球技术动作方法较多，主要介绍下列几种方法。

1. 高运球

动作要领：运球时，两腿微屈，双目平视，手用力向前下方推按球，把球的落点控制在身体的前方，使球的反弹高度在胸腹之间，手脚要协调配合，使球有节奏地向前运行。

2. 低运球

动作要领：运球中遇到防守时，两腿迅速弯曲，重心降低，上体要前倾，用手短促地按拍球，使球反弹的高度在膝关节以下，用上体和腿保护球，以便更好地控制球和摆脱防守继续前进。

3. 运球急停急起

动作要领：运球急停时，降低重心，运球要低，拍按球的上方，使球垂直反弹，注意保护球。突然起动时，重心前移，运球手同侧脚的前脚掌偏内侧用力蹬地，拍按球的后上方，利用起动速度超越防守。

4. 体前变向换手运球

运球队员从对手右侧突破时，先向对手左侧变向运球，当对手向左侧移动时运球队员突然向他的右侧变向。变向时，右手按拍球的右侧上方，使球从自己身体右侧拍向左侧前方，同时，右脚向左前方跨出，上体左转，用肩挡住对手，然后换左手按拍球的左侧后上方，左脚跨出，从对手的右侧突破。换手时，球要压低，动作要快。

5. 运球转身

动作要领：以右运球为例。当对方靠近自己的右侧时，左脚在前做中枢脚，右手向后拉球转身，将球拍至左侧，同时撤右脚，并贴近防守者，球落地，脚尖指向前进方向，换左手运球继续加速前进。

运球练习方法有以下几种。

（1）一人或两人一球，在原地做高运球或低运球。熟悉球性，体会基本动作。

（2）一人或两人一球，抬头看前方做原地运球；听哨音或看信号交替做高运球、低运球。

（3）原地做前、后、左、右运球练习，增强手对球的感觉和控制能力。

（4）离墙 0.5 米左右，用左、右手对墙做拍球练习。

（5）全场行进间做直线或曲线运球练习。

（6）听、看信号做急停急起运球练习。

（7）场地上画一条 3～5 米的线，快速运球到标志线急停，原地拍球 3 次，突然起动，到下一线再急停急起，依次进行。

（8）两人一组，一运一防，做攻守对抗性练习。

（9）全场设障碍 5～8 个，运球到障碍物时做后转身运球练习。

（10）运球、传球、投篮综合练习。

（五）持球突破

持球突破是持球队员运用脚步动作同运球相结合的快速超越防守人的一项攻击性很强的技术。它由蹬跨、转体探肩、放球、加速几个技术环节组成。篮球比赛中常用的持球突破技术有两种。

1. 交叉步突破

动作要领：以右脚做中枢脚为例。两脚左右开立，两腿弯曲，身体重心降低，持球于胸腹之间。突破前先瞄准球篮或做向左晃的假动作。诱使防守者左移，然后用左脚前掌内侧用力蹬地，并迅速向右前方迈出一大步，上体右转，左肩前探下压，把球置于右侧，中枢脚用力蹬跨，右手运球超越对手。

2. 同侧步突破

动作要领：以左脚做中枢脚为例。突破前的姿势和要求与交叉步相同，突破时右脚向右前方跨出一大步，向右转体探肩，重心前移，右手运球，左脚前掌蹬地，向右前方跨出，突破防守，加速前进。突破的练习方法有以下几种。

（1）原地持球突破练习，掌握交叉步和同侧步突破的动作方法，以及在突破时身体各部位的协调配合。

（2）做向前、侧方抛球，然后跳步接球急停突破练习。

（3）两人一组，做一对一持球突破练习。

（4）做二攻二，做三攻三，运、传、突破综合练习。

（六）防守对手

1. 防无球队员

在一场比赛中，防守队员70%～80%防的是无球队员。因此，防好无球队员，不让或少让其在有效攻击区内接球，破坏阻挠其进攻路线，干扰、抢断传向自己所防队员及传来自己防区的球，是整体防守成功的关键。

动作要领：首先要抢占人球兼顾的位置，站在对手与球篮之间偏向有球一侧的位置上。做到近球者紧，远球者松，松紧结合。防离球近（强侧）的对手，采用面向对手，侧向球的站法。前脚一侧的手臂扬起来封锁接球路线，异侧脚堵截对手摆脱移动的路线。防离球远（弱侧）的对手，采用面向球，侧向对手的平行站立姿势。两臂张开，尽量扩大防守面积，随时准备断球和协防。防移动队员（空切）时，要注意观察进攻者的意图，积极移动，抢占有利位置，堵截其摆脱路线，不让其在有利位置上接球，还要果断协防，破坏对方的战术配合。

2. 防有球队员

防有球队员的任务是干扰、破坏其投篮，堵截运球突破路线，封锁助攻传球路线，抢、打、断球，获得控球权。

动作要领：当对手接到球后，防守位置要立即调整到对手和球篮之间。对手离球篮近防守者离对手也近，反之则远；并根据对手的技术特点和意图，以及防守战术的需要而有所调整。面对善于切入的队员，防守要两脚平行站立，两臂侧伸挥摆。对手若擅长投篮，则要斜前站立，一手向斜上方伸，另一手侧伸。无论防守什么技术特长的有球队员，都要及时抢占持球者与球篮之间一线的位置，善于判断对手的动作和真实意图，绝不要轻易跳动，同时伺机进行抢、打、断球，及时组织反攻。

防守的练习方法有：

（1）防无球队员。

① 半场或全场徒手一防一练习；

② 固定球的位置，进行防无球队员的各种脚步动作练习（防纵切、横切、溜底线、策应）；

③ 一防二练习：两进攻队员互相传球，防守者随球的转移练习防无球队员的位置和距离的选择变化；

④ 半场或全场的二防二练习：防守者随球的转移，练习防无球队员的方法及二人协作的配合；

⑤ 三防三练习：在接近比赛的条件下，练习防无球队员的方法及战术配合，有意识地培养队员的防守能力。

（2）防有球队员。

① 半场或全场的一对一攻防练习：有球队员运用各种进攻动作，防守队员随之前、后、左、右移动，进行选择防守位置和距离练习；

② 一对一防运球和突破练习：防守队员要防住进攻队员的进攻，并合理利用抢、打、断球技术；

③ 一防二练习：主要练习防守有球队员的位置、距离的选择和调整；

④ 二防二、三防三练习：练习防守有球队员时的选位和平步、斜步防守动作；

⑤ 在教学比赛中结合训练，练习防守有球队员的方法，并与防守无球队员的方法结合起来进行。

二、基本战术

篮球技术是比赛中队员个人技术的合理运用，并能根据对方的具体情况，有组织地充分发挥全队智慧和协同配合的特定组织形式。战术的目的是制约对方，力争主动，以己之长攻彼之短，达到获取胜利的方法。篮球技术包括进攻与防守两大部分。

（一）进攻战术

1. 快攻

快攻是由守转攻时，以最快的速度、最短的时间争取人数上造成以多打少的优势，或趁对方立足未稳时，果断地进行进攻的一种速决战术。快攻有长传快攻、短传结合运球推进快攻两种类型。

（1）长传快攻：这种快攻形式通常称为长传偷袭快攻。当队员在后场获球后，有一两个快下突击队员迅速摆脱对手，接同伴的长传球上篮。如图4-7所示，当中锋⑤获球后，用一次长传球给快下的前锋⑥或④。

（2）短传结合运球推进的快攻：这种快攻形式是在队员获球后，通过队员间有组织地快速移动和运用短距离传球、运球，逼近对方篮下进行攻击的一种配合。如图4-8所示，当队员⑦获球后，⑥接着向边线接应第一传，然后传给插上的⑧，⑧从中路运球推进，并传球给快速冲向篮下的④上篮。

2. 进攻战术基础配合

进攻战术配合是两三个进攻队员之间有目的、有组织协调行动的方法，包括传切配合、突分配合、掩护配合、策应配合等形式。

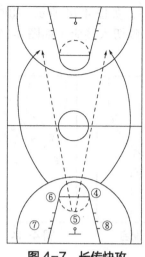
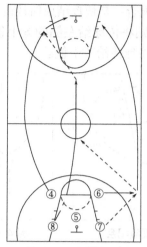

图 4-7　长传快攻　　　　　图 4-8　短传结合

（1）传切配合：是进攻队员之间利用传球和切入技术组成的简单配合。如图 4-9 所示，④传球给⑤后，立即摆脱对手△向篮下切入，接⑤的回传球投篮。

（2）突分配合：是持球队员突破时，利用传球与同伴配合的方法。如图 4-10 所示，⑤从防守者的左侧突破，并吸引对手△上来和对手△"关门"防守，此⑦及时跑到有利的进攻位置上去接⑤传来的球投篮。

（3）掩护组合：指进攻队员选择合理的位置，用自己身体以合理的技术行动，挡住同伴的防守队员的移动路线，使同伴借以摆脱防守而获得进攻机会的一种配合方法。掩护配合由于掩护位置和方向的不同，可分为前、侧和后掩护三种。下面主要介绍侧掩护。

做掩护的队员站在同伴的防守者的侧面（稍偏后一些），用身体挡住他的移动路线，使同伴得以摆脱，叫侧掩护。如图 4-11 所示，⑤传给④后跑到对手△的侧后方做掩护，④利用这一机会，持球突破上篮。⑤掩护后利用转身跟进篮下抢篮板球。

图 4-9　传切配合　　　　图 4-10　突分配合　　　　图 4-11　掩护组合

（4）策应配合：是指处于内线的队员背对或侧对球篮接球，由他做枢纽，与外线队员的空切相配合而形成的一种里应外合的方法。如图 4-12 所示，⑤将球传给④后突然起动摆脱防守切向底线，④接球后做攻击准备，看到⑤摆脱防守后将球迅速传给⑤，由⑤跳投或上篮。

（5）二攻一配合：是快攻推进到前场，最后完成攻击的配合方法之一。如图 4-13 所示，④、⑤利用快传球吸引防守者△，当△向接球队员④身前移动进行阻扰时，④可迅速传球给向篮下切入的⑤投篮。

（6）三攻二配合：是快攻结束阶段配合方法之一。如图4-14所示，⑧中间运球突破时，如△向前堵截，则将传球给左侧的⑤上篮，④从右侧切入接应（如图4-15所示）。如△退回补防⑤，则⑤将球传给④上篮。

图4-12　策应配合　　　　图4-13　二攻一配合　　　　图4-14　三攻二配合

3.进攻区域联防

应根据联防的特点和规律，尽量避免形成一对一阵形，针对其薄弱环节，在局部地区创造以多打少的局面。并结合本队具体情况，确定进攻重点，组织有针对性的进攻技术。常采用"1-3-1""1-2-2""2-1-2""2-3"等进攻队形。

"1-3-1"进攻队形是进攻联防最基本的队形。这种队形队员分布面广，攻击点多，便于内外联系，左右配合，有利于组织抢篮板球和保持攻守平衡。以进攻"2-1-2"区域联防为例，如图4-16所示中的④、⑥、⑤、⑧占据了防守的薄弱区域，在正面或两侧形成以多打少的有利局面。如果组织三角攻势的配合，⑥传球给④，同时中锋⑤移动到右侧内中锋位置。这就与④和⑦形成三角攻势。⑤的移动起着中区策应的作用。要求快速移动攻击，扩大攻击区，球动人动，提高中、远距离投篮命中率，大胆灵活地运用中区策应、传切、突破、掩护或插入等进攻配合进行攻击。

（二）防守战术

1.防快攻

防守快攻的宗旨应该是采用一切手段制约对方的进攻速度，为本队防守争取时间。防守快攻的方法很多，常采用努力提高进攻成功率、拼抢前场篮板球、尽量减少失误等方法来降低对方发动快攻的次数。封第一传，堵接应点，乃是遏制对方发动快攻的关键。退守时，控制对方推进速度，堵截中路运球突破，卡住两边快攻队员，同时注意提高以少防多的能力，破坏对方快攻的成功率。

2.防守战术基础配合

这是两三个防守队员之间利用合理的站位和移动，抢占有利的防守位置，防住对手所采用的协调防守方法。它包括挤过、穿过、绕过、交换、"关门"、夹击防守和补防等配合。

（1）挤过配合：当对方进行掩护时，防守者在掩护队员临近自己的一刹那，积极前跨一步，靠近自己防守的对手，并从两个进攻队员之间侧身挤过，继续防住自己对手的方法。如图4-17所示，当⑤传球给④后去给⑥做掩护时，△应及时提醒△，△在掩护者临近的一刹那，迅速前跨一步靠近⑥，并从⑥和⑤之间侧身挤过去，继续防住⑥。此时△应向后撤，以便△漏人时及时补防。

（2）穿过配合：当进攻队员进行掩护时，防守掩护的队员主动后撤一步，让同伴及时从自己和掩护队员之间穿过去，以便继续防守自己的对手。如图4-18所示，⑤传球给⑥，

④上来给⑤做掩护，△₅发现不便挤过时，应后撤一步并用滑步从④和△₄中间穿过继续防守⑤。此时△₄要主动后撤半步，以增大与④的距离，保证△₅能顺利地穿过。

图 4-15　右侧切入接应

图 4-16　进攻区域联防

图 4-17　挤过配合

（3）绕过配合：当进攻队员进行掩护时，防守掩护者的队员主动贴近对手，让同伴从自己身后绕过，继续防守其对手。如图 4-19 所示，④传给⑥后，去给⑤做掩护，⑤切入。△₅发现不便于挤过与穿过，就暂放松⑤，撤步迅速从△₄身后绕过去防住⑤，当△₅绕过时，△₄应主动贴近对手，给△₅让路，让他更快地通过。

（4）交换防守配合：为了破坏进攻队员的掩护配合，防守队员及时交换自己所防守的对手一种配合方法。如图 4-20 所示，④持球，⑤去给④做掩护，△₄要预示同伴，△₄被挡住时，△₄主动招呼同伴换防，并堵住④运球切向篮下的路线。此时△₅应迅速调整自己的防守位置，防止⑤掩护后向篮下切入。

图 4-18　穿过配合

图 4-19　绕过配合

图 4-20　交换防守配合

（5）"关门"配合：当对方运球突破时，临近的两个防守队员，用合理的移动和站位方法，堵住突破者行动路线的一种协同防守的配合方法。如图 4-21 所示，当④从正面突破时，△₄和△₆进行"关门"配合；如④从边线突破，△₄和△₅则进行"关门"配合。

（6）夹击配合：两个防守队员运用合理的防守技术，积极防守一个进攻队员的配合方法。如图 4-22 所示，④在后场端线外发球，△₄立动放弃发球的④去协助△₅夹击接球的⑤。△₅面向⑤并积极影响他从正面接球，△₄在⑤的身后控制其快下的路线，并准备断④的高吊球。△₄和△₅互相配合，防止⑤接到球。

（7）补防配合：两三个防守队员之间的一种协同防守的配合，当同伴被进攻者突破时，临近的其他防守队员，要主动放弃自己的对手，去防守那个威胁最大的进攻者。如图 4-23 所示，△₇被⑦运球突破后，△₆放弃自己防守的对手⑥，迅速去补防⑦，阻挠其运球前进或投篮，△₇被⑦突破后应积极追跟。当发现△₆补防时，迅速跑向篮下防守⑥。

图 4-21 "关门"配合　　　图 4-22　夹击配合　　　图 4-23　补防配合

3. 区域联防

这是防守队员由攻转守迅速退回半场后，每人负责一定区域，严密防守进入该区的球和进攻队员，并与同伴协同防守而构成的一种集体防守战术。常采用"2-1-2""2-3""3-2""1-3-1"等区域联防队形。

区域联防的形式虽然是多种多样，但基本上是以"2-1-2"队形为主，因为这种站位队形，队员分布均衡，容易联系动作，并且能根据临场比赛时进攻队的特点，改变队员的防守位置和防守区。

图 4-24　区域联防

"2-1-2"区域联防的方法如图 4-24 所示，进攻队员⑦在外线弧顶处持球时，第一线防守队员△和△应根据对方的进攻布局和对方中锋的站位来决定两个人的协作方法。进攻队员部署在左侧时，第一线防守者△应集中力量防守外线的进攻队员⑦，△可适当前移防守在同侧接近边线的⑥和兼顾防守篮下，△和△可控制篮下的活动，△还要负责防守进攻中锋⑧，第一线防守队员△要稍下移帮助防守中锋，和准备堵截⑦的持球突破。

4. 半场人盯人防守

由攻转守时，全队应迅速回后场，防守队员盯住自己对手的同时，进行集体防守的战术。它是篮球运动中各种防守战术的基础。其特点是分工明确、任务具体、针对性强。根据防区大小分为半场松动（缩小）人盯人防守，防区较小（6～8 米）适用于防守外边突破、内线进攻能力强的队和半场紧逼（扩大）人盯人防守；防区较大（9～10 米），适用于对付外围攻击力强而内线攻击力较弱的队。

三、竞赛规则简介

（一）比赛通则

1. 队员

每队由 10～12 名运动员，1～2 名教练员组成。比赛时，每队上场 5 人。比赛开始时，双方各一名队员在中圈跳球。

2. 比赛时间

全场分上、下两个半时。2×20 分钟比赛：每半时为 20 分钟；4×12 分钟比赛：1、2 节为上半时，3、4 节为下半时；中间休息 10 分钟或 15 分钟。4×12 分钟比赛：第 1 节和第 2 节，第 3 节和第 4 节中间的休息时间均为 2 分钟。比赛终场时，如两队得分相等，则须进行决胜期比赛。决胜期时间为 5 分钟。为了决出胜负可以进行几个决胜期比赛，直到分出胜负为止。第一决胜期前，两队应抛挑边器选择球篮。以后每增加一次都应互换球篮。每次决胜期间休息 2 分钟。

3. 得分

球投进篮筐，经裁判确认后被认定为得分，三分线内投进计 2 分；三分线外投进计 3 分；罚球投进计 1 分。

4. 暂停

2×20 分钟比赛，每队在每个半时内允许暂停 2 次；4×12 分钟比赛，每队在每半时（两节）的比赛时间内可以允许暂停 3 次。每一决胜期内允许暂停一次。

5. 换人

每场比赛的换人次数不限，每次换人要在 20 秒内完成。

（二）违例及罚则

违反规则的行为，但未造成犯规称违例。

违例包括持球移动、非法运球、拳击球、脚踢球、球回后场、干扰球、使球出界和时间上的违例等。罚则是违例队失去控制球权，由对方在就近的边线外掷界外球。

1. 持球移动（带球跑）

运球时，在球离手前，中枢脚不准离地；投篮或传球时，中枢脚可以提起，但在脚落地前，球必须离手，否则将判为违例。

2. 非法运球（两次运球）

运球后停球在手，未经投篮或其他队员转手又再次运球，即判违例。

3. 拳击球与脚踢球

凡用拳击球，或用脚故意踢球，或用腿的任何部位阻拦球，均判违例。脚或腿无意中触球不算违例。

4. 球回后场

控制球的队员在前场，不得使球回到后场（以中线为界），球回后场后，被同队队员触及时，判为违例。

5. 违反时间规则上的违例

有 3 秒、5 秒、8 秒、24 秒 4 种。

（1）3 秒违例。某队控制球时，持球队员或其队友在对方限制区内停留超过 3 秒。

（2）5 秒违例。以下三种情况均判 5 秒违例：

① 掷界外球时 5 秒内未将球传给场内队员。

② 持球队员被严密防守时，在 5 秒内没有传、投、滚或运球。

③ 罚球队员得球后，5 秒内未将球出手。

④ 罚则：判对方就近掷界外球，在罚球时判一次罚球失败，如果是最末一次，判对方就近掷界外球。

（3）8 秒违例：一个队从后场控制球开始，必须在 8 秒之内使球进入前场，否则判为违例。

（4）24 秒违例：一个队在场上控制球时，必须在 24 秒之内投篮出手，否则判违例。

（三）犯规

犯规是对规则的违犯，含有与对方队员非法的身体接触或违反体育精神的行为。比赛中可以对一个球队判以任何数量的犯规。不论罚则怎样，每一个犯规都应登记在记录表中该犯规队员名下，并进行相应的处罚。

1. 侵人犯规

双方队员发生不合理的身体接触，以下几种情况之一的，都应判为犯规：阻碍无球的对方队员行进而发生的身体接触；妨碍对方行动自由而发生的身体接触；从背后防守而发生的身体接触；队员通过伸展手臂、肩、髋、膝或过分地弯曲身体成不正常姿势，以拉、推、撞、绊来阻碍对手行进或使用粗野动作；用手触及对方；运球队员冲撞行进路线上的对方队员；队员掩护位置和距离选择不当发生的冲撞等。

2. 技术犯规

故意地或连续地发生不遵守比赛规则，不服从裁判，做出不符合体育道德的行为，均视为技术犯规。技术犯规不仅包括场内和场上比赛队员的犯规，还包括场外替补队员、教练员、随从人员的犯规以及比赛中间休息期间的犯规。

3. 故意犯规

队员不是为了抢球，而是故意地去和对方队员发生身体接触，为故意犯规。

4. 取消比赛资格的犯规

队员由于动作恶劣或对他人有伤害而被判罚的犯规。

练一练

1. 投篮游戏。由几个同学在篮球场地罚球区设定的不同点，依次做原地投篮练习，看看谁最先投进几个位置的球，最后象征性地罚做俯卧撑或原地蹲跳起等。

2. 过杆运球练习。设置 5 个锥形标志，锥与锥相距 3 米，可做往返运球。

3. 组织半篮比赛。以"三打三或四打四"的形式进行半场对抗比赛。

4. 学校篮球比赛时，学生在教师指导下，担任比赛裁判员，更好地熟练比赛规则，提高裁判水平。

项目二 排球

一、基本技术

（一）准备姿势与移动

准备姿势和移动是排球运动中各项技术的基础。排球的基本技术、战术的运用都离不开准备姿势和移动。准备姿势正确、充分，才能及时、快速地向各个方向移动，同时也便于起跳和击球。

（1）准备姿势（如图 4-25 所示）。两脚左右开立略比肩宽，一脚稍前，两脚适当内收，脚跟稍提起。两膝自然弯曲，上体前倾，重心稍靠前，膝部的垂线应在脚尖前面，两臂放松，自然弯曲，两手置于胸腹前，全身肌肉适当放松，两眼注视来球，两脚始终保持微动状态，随时可向任何方向出动。

（2）移动。主要表现起动与制动的步法，其步法包括并步、滑步、交叉步、跨步、跑步等。

① 滑步：当来球距离身体较近、弧线较高时，可采用滑步。右滑时，右脚先向右迈出一步，左脚迅速并上，落在右脚的左面。连续做即为滑步。

② 交叉步：当来球距离身体2米左右时，可以使用交叉步。以向右为例，上体稍向右转，左脚从右脚

图 4-25　准备姿势

前面向右迈出一步，右脚再迅速向右迈出一步落在左脚的右边，同时身体向来球方向转动，做好击球前的准备姿势。

③ 跨步：当来球较低且距身体较近时，可采用跨步。首先向移动方向跨出一大步，同时屈膝，身体前倾，身体重心移至跨出腿上。

④ 跑步：采用跑步移动时，两臂要配合摆动，应根据来球的方向，边跑边转身。

（二）传球

传球是排球比赛中防守和反攻的衔接技术，它的好坏直接影响着战术配合质量，关系到扣球效果。它是排球基本技术之一，是利用手指手腕的弹击动作将球传至一定目标的击球动作。

1. 正面双手传球（如图 4-26 所示）

（1）准备姿势：看清来球，迅速移动到球的落点，对正来球，两脚左右开立，约同肩宽，左脚稍前，右脚脚跟稍提起，两膝微屈，上体稍前倾，两臂弯曲置于胸前，两肘自然下垂，两手成传球形，眼睛注视来球方向。

（2）击球点：击球点在前额上方约一球距离处。

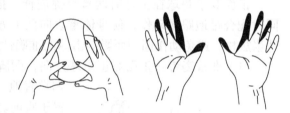

图 4-26　正面双手传球手形

（3）传球手形：当手触球时，手腕稍后仰，两手自然张开，手指微屈成半球状。两拇指相对成"一"字形或"八"字形。两拇指间的距离不能过大，以防漏球。

（4）击球用力（如图 4-27 所示）：球来时，两手微张迎球，用拇指内侧，食指全部，中指的二三指节触球的后下部，无名指和小指触球两端，用手指的弹力、手臂和身体协调的力量将球传出。

图 4-27　击球用力

2. 背传

传球前背对传球目标，上体保持正直或稍后仰，击球点比正面传球要高，迎球时，微仰头挺胸，在下肢蹬地的同时，上体向后上方伸展。击球时，手腕适当后仰，掌心向后上方击球的底部，利用抬臂、送肘的动作和手指手腕主动向后上方传出。

3. 传球训练方法

（1）全体同学分两排对面站立，徒手模仿传球动作。

（2）两人一组，一人将传球手形置于额前另一人用手压住球，传球人体会传球手形、击球点和传球用力。

（3）一人一球，向上做自抛自传，每人一球对墙做自抛自传。

（4）两人一组，一抛一传，逐步过渡到两人近距离对传球。

（5）三人三角传球，四人三角跑动传球，传球方向可随时变换。

（6）两人一组，同向站立，自己抛球背传给对方。

（7）三人一组，一人抛球给中间人，中间人背传给第三人。三人相互轮换练习。

（8）两人一组，做横向移动和前后移动传球练习，从场地一端传至另一端。

（三）垫球

垫球是排球的基本技术之一。通过手臂或身体其他部位的迎击动作，使来球从垫击面上反弹出去的击球动作，称为垫球。

1. 正面双手垫球

正面双手垫球在击球时两臂靠拢前伸，插到球下，靠手臂上抬力量增加球的反弹力，同时配合蹬地跟腰动作，使身体重心向前上方移动。击球过程中，两臂要摆平，肩关节要适当放松，避免动作僵硬而影响击球的准确性和控球的能力。

（1）准备姿势：正面对正来球方向，两脚开立稍宽于肩，一脚在前，两脚跟提起，前脚掌着地，两膝弯曲微内收，重心在前，双臂自然弯曲置于腹前。

（2）手形、击球点、触球部位：当球接近腹前时，两手重叠，掌根靠拢，合掌互握，两拇指平行朝前，手臂伸直，手腕下压，用前臂外旋形成的平面靠近手腕的部分击球的后下方，击球点在腹前一臂左右距离，便于控制用力大小并可根据垫球的方向，调整手臂的角度，如图4-28所示。

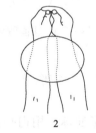

图4-28 击球手形及姿势

（3）击球用力：垫球时，两臂靠拢前伸插入球下，靠手臂上抬力量增加球的反弹力，同时配合蹬地跟腰动作，使身体重心向前上方移动；击球时，两臂要形成一个平面，身体和两臂要有自然的随球伴送动作，以便控制球的方向和落点，如图4-29所示。

2. 体侧双手垫球（如图4-30所示）

体侧垫球是球飞来时，来不及移动去正对来球时所采用的方法。这里主要强调，使两臂击球面去截住球飞行的路线。如球向左侧飞来，右脚掌内侧蹬地，左脚向左跨出一步，重心移至左脚上，右臂弯曲夹紧向左侧伸出，右肩微向下倾斜，用向后转腰收腹的动作，配合两臂自左后方向前截住飞行的路线，用两前臂垫击来球的后下部，切忌随球向左侧摆臂击球，这样会造成球飞向侧方。

图 4-29　正面双手垫球

3. 垫球技术训练方法

（1）按教师的口令做原地双手垫球动作，再看教师手势做向前、后、左、右移动的垫球动作。

（2）两人一组，一人双手持球于腹前，另一人做垫球动作。体会用力、击球点和触球部位。

图 4-30　体侧双手垫球

（3）两人用一球，一抛一垫，距离由近到远。体会抬臂动作和用力。宜先做原地垫，再过渡到移动垫。

（4）一人一球，对墙垫或自己连续向上垫球。

（5）从场地的端线，自垫球到网前再返回。

（6）两人一组，一抛一侧垫。抛球时，先固定向一边抛，后不定向地往两边抛。

（7）两人一组，相距6～7米，快速向左右抛球练习，快速向两侧移动垫球。

（8）单手或双手交替连续自垫球。

（四）发球

发球标志着比赛的开始，是一种直接得分的进攻方法。其目的在于破坏对方进攻和力争直接得分。

1. 侧面下手发球（如图4-31所示）

图 4-31　侧面下手发球

这种发球动作简单，准确性和把握性较大。发球时可借助转体力量带动手臂挥动击球，比较省力。一般适用于初学者。

（1）准备姿势（以右手击球为例）：左肩对球网，两脚左右开立，与肩同宽，两膝微屈，上体略前倾，身体重心落在两脚间稍右侧处，左手持球于腹前。

（2）抛球：左手平稳地将球由腹前垂直上抛在身体的正前方，离手高度约30厘米，离身体一臂之远。同时右臂伸直摆至身体的右侧后下方。

（3）击球：抛球引臂后，借右脚蹬地和向左转体的力量，带动右臂迅速向前上方摆动，在腹前用全掌、虎口或掌根击球的后下部，击球后身体面向球网，顺势入场比赛。

2. 正面上手发球（如图4-32所示）

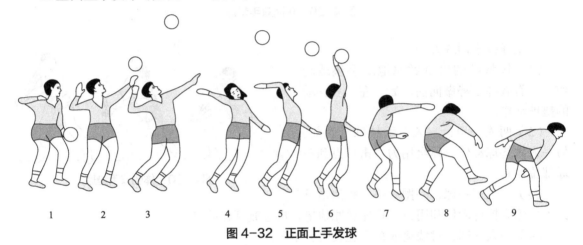

图4-32　正面上手发球

其优点是面对球网，便于观察对方，击球点在击球手臂的前上方，更能增加准确性、把握性和攻击性。

（1）准备姿势：面对球网站立，左脚在前右脚在后，两膝微屈，重心在后脚上。左手持球于胸前。

（2）抛球：左手将球平稳地向右肩的前上方抛起，高度适中，同时右臂屈肘上抬，肘平于肩，手高于肘，上体稍右转，抬头、挺胸、展腹。

（3）击球：击球时，以收胸、收腹的力量带动右臂向前上方挥摆。前臂要迅速前挥，像鞭打动作一样，在右肩前上方约一臂的高度，用全掌击球的中下部。随着击球时手腕的快速推压，使击出的球呈上旋飞行。击球后，迅速入场比赛。

3. 发球技术训练方法

（1）徒手模仿发球的完整动作，体会协调用力和挥臂击球动作要领。

（2）抛球练习。几种发球都应反复练习抛球，使抛球平稳准确固定。

（3）对墙做发球练习或两人一组都站在边线外，相距9米左右，体会击球用力和动作的连贯性。

（4）两人在场内，近距离隔网发球，逐渐加长距离至端线外发球。体会击球力量和发球的弧度。

（5）练习发不同线路和区域的球，提高发球的准确性。

（6）在发球区轮流发球，计算成功率。

（7）结合接发球进行发球练习。

（五）扣球

1. 正面扣球（如图4-33所示）

图4-33　正面扣球

扣球是排球比赛中最积极、最有效的进攻手段，是得分的主要方法，扣球的成败，是完成全队战术配合，决定胜负的关键技术。

（1）准备姿势。准备扣球时身体放松略前倾，两臂自然下垂于体侧，成稍蹲姿势，站在离球网3米左右处。这样便于观察二传的动作，判断来球的方向、角度和速度，及时做好向各个方向助跑起跳的准备。

（2）助跑。助跑时，根据人与球距离的远近和扣球队员个人的习惯，采用一步、两步、三步和多步助跑。

（3）起跳。一般在助跑要出最后一步的同时，两臂绕经体侧向后下方引，左脚在落地过程中制动，两臂由后下方积极向前上方摆动，随着双腿蹬地向上起跳动作，做快速及时而有力的上摆，帮助起跳。

（4）挥臂击球。起跳后，顺势抬起右臂，挺胸展腹，使身体形成反弓形。与此同时，击球手臂后引，使肘部自然弯曲，略高于肩，接着上体迅速收胸，并依次带动肩、肘、腕等关节成鞭打动作向前上方挥动，使身体协调一致的力量汇集于手上，以加大击球的力量。击球时，手指稍前屈，约成勺形，以全掌包满球，触球的后中上部，手腕跟着用力前推下甩，使击出的球急速上旋。

（5）落地。为了控制身体平衡，避免在落地时前冲触网和过中线，应力求双脚尽快同时着地，双脚落地时要含胸收腹，以前脚掌先着地，然后过渡到全掌着地，接着顺势屈膝，以缓冲下落的冲力。落地后，应迅速做好准备姿势。

2. 扣球技术训练方法

（1）采用分解法练习：做原地挥臂动作；做助跑起跳动作；做起跳空中击球动作。

（2）学生自己向体前上方高抛球，利用两步助跑起跳，在空中最高点两臂伸直双手接球。

（3）两人一组，一人单手举球，另一人原地扣球。体会挥臂动作和击球点。

（4）两人相距9米，对地自抛自扣练习。

（5）两步助跑起跳，在网前扣固定球。体会正确的起跳位置和击球点。

图4-34 拦网

（六）拦网

拦网（如图4-34所示）是队员在网上利用自己跳起的高度和掌握的时机，用双手阻击对方扣击过来的球。所以拦网是防守的第一道防线，反攻的重要环节，得分的重要手段，还可以直接破坏对方的进攻战术。拦网技术是根据对方扣球的位置、技术特征来决定拦网起跳时机。起跳时双手从额前向网前上方伸出，两臂伸直，提肩，手指自然分开，触击球时，手指紧张，迅速压腕。拦网技术的训练方法如下。

（1）全体同学分两排面对站立，原地模仿拦网动作。

（2）两人在网前，面对隔网练习拦网，起跳后在网上沿相互推掌。还可以做一方主动移动起跳，另一方被动跟随的拦网练习，可以提高判断意识和移动取位能力。

（3）两人一组隔网站立，一人抛球到网沿上，另一人跳起将球拦回。

二、基本战术

1. 阵容配备

阵容配备是合理地使用本队队员的一种组织手段，其目的在于把全队的力量有效地组织起来，最大限度地发挥每一个队员的特长和作用。

阵容配备主要有"四二"和"五一"两种配备。

（1）"四二"配备（如图4-35所示）。即安排4个进攻队员和2个二传队员。4个进攻队员中分为2个主攻、2个副攻，他们都站在对角位置上。这样前后排都能保持1个二传队员和2个进攻队员，便于组织多种进攻战术，这种配备在一般水平的球队中采用较多。

（2）"五一"配备（如图4-36所示）。即安排5个进攻队员和1个二传队员。其目的是为了加强拦网和进攻力量，如全队队员扣球、传球和防反技术较全面时，这种配备采用较多。

图4-35 "四二"配备

图4-36 "五一"配备

2. 进攻战术

（1）"中一二"进攻战术（如图4-37所示）。"中一二"战术是由3号队员做二传，将球传给2、4号位队员扣球的进攻战术。其特点是形式简单，战术变化少，容易掌握，适合于一般水平的队员和初学者。

（2）"边一二"进攻战术（如图4-38所示）。"边一二"进攻战术是由2号位队员做二传，将球传给3、4号位队员扣球的进攻形式。其特点是两个扣球队员可以相互配合，起一定的掩护作用。

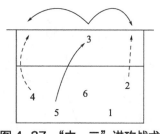

图 4-37 "中一二"进攻战术

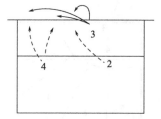

图 4-38 "边一二"进攻战术

3. 防守战术

防守战术是反击进攻的必要条件和基础，因此要抓好拦网、保护、后排防守和分工明确、合理布局的集体配合以及二传手调整能力的基本防守环节的训练。防守战术形式有无人拦网防守、单人拦网防守、集体拦网防守三种。

（1）无人拦网下的防守阵形。这是初学排球者在不会扣球和拦网时，或者是扣球力量较强时，所采用的防守阵形。其防守布局有以下两种。

① 采用"中一二"进攻战术时，二传队员留在3号位网前，2、4号位队员后撤至进攻线后面，参加后排防守，如图4-39所示。

② 采用"边一二"进攻战术时，二传队员留在2号位网前，3、4号位队员后撤参加防守，如图4-40所示。

（2）单人拦网下的防守阵形。这种阵形一般是在对方扣球威力不大，且线路变化不多时采用。其防守布局有两种。

① 由前排2号位（3号）位二传手拦网，4、3号（4、2号）位队员后撤参与防守，如图4-41所示。

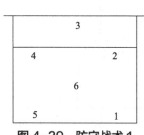

图 4-39 防守战术1

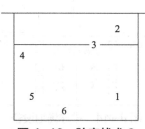

图 4-40 防守战术2

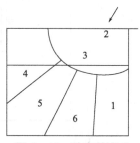

图 4-41 防守战术3

② 由前排3号位或4号位进攻队员拦网，2号位队员后撤参与防守，或3号位队员内切保护。

（3）双人拦网下的防守阵形。当对方进攻的威力较大，路线变化较多时，采用此种防守阵形。它可以分为"心跟近"防守阵形和"边跟近"防守阵形两种。

① 双人拦网的"心跟进"防守阵形：是由后排6号位队员"跟近"保护，防吊球的防守阵形，如图4-42所示。

② 双人拦网的后排"边跟进"防守阵形：由后排1号位或5号位队员跟近保护防吊球或接扣球的一种防守阵形，如图4-43所示。

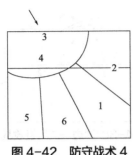
图 4-42　防守战术 4

图 4-43　防守战术 5

三、竞赛规则简介

1. 场地设备

排球的球场如图 4-44 所示，场地长 18m、宽 9m，场地中间有中线和球网，将场地平分为两边 9m×9m 的正方形，两边各边有一条与中线平行的进攻限制线，距中线 3m，进攻限制线又将各边场地划为前区和后区。成人网高，男子为 2.43m，女子为 2.24m，网两端有长 1m、宽 5cm 的白色标志带垂直边线，两端白色标志带外沿分别设有长 86cm 的标志杆。球场四周线宽为 5cm，在场区内。

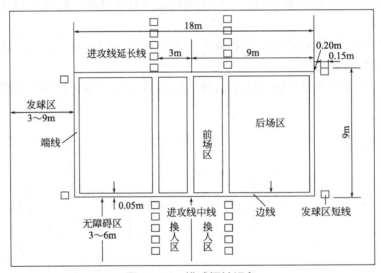
图 4-44　排球场地设备

2. 得分与轮转

排球比赛按每球得分制计算，当比赛开始无论哪方球落在本场内、四次触球、持球、连击、过中线、位置错误、将球击出界外等失误为失分。得分方发球。如果发球方失误，对方除得分外还要取得发球权。此时发球方应按顺时针方向依次轮转一个位置发球，使比赛继续进行。

3. 位置错误与触球

（1）准备发球时，场上队员站位不能出现前后、左右位置错位，一旦发球后或击球瞬间场上队员不受位置限制，可以随意移动。

（2）球在某方场区内，该队最多轮流触及三次（拦网除外），球落地为死球。

4.持球与连击

(1)场上队员可以用身体的任何部位击球,但击球时球停留时间较长(如携带、捞捧、推)应判为持球。

(2)如一队员连续两次击球(拦网除外)为连击。

5.网前、网上犯规

(1)比赛中队员触及网、标志带(杆)为触网。

(2)单脚或双脚超越中线为过中线。

(3)在对方场区空间内击球为过网击球。

6.后排犯规

后排队员在前区将高于网沿的球跳起直接击入对方或参加拦网,叫后排犯规。

7.暂停与换人

(1)每场比赛的前四局分别有三次暂停。在领先队的8、16分时共计二次技术暂停是自动执行,时间为1min。另外还有一次普通暂停,时间为30s。决胜局无技术暂停,但有两次普通暂停,时间为30s。

(2)每队每局只能换人6次,开局的场上队员被替补换下后再次上场,必须回到原来的轮次位置,替补队员每局只能替补上场一次,并且必须是被替补下场的队员来替换下场。自由人可在比赛中断到裁判鸣哨发球前,从进攻线到端线之间的边线处自由进出,任意替换后排一队员,不计入正常换人次数。

练一练

1.传、垫、扣球练习:2人或3~5人一组。

2.发球线外进行各种发球练习。

3.教学比赛,在老师指导下进行裁判工作。

项目三 足球运动

足球运动具有参加比赛人数多,场地大,比赛时间长,技术、战术灵活多变,对抗性强,争夺激烈等特点,深受广大学生的热爱。经常参加足球运动,能有效地提高速度、力量、灵敏度和耐久力等身体素质,增强内脏器官的工作能力,增进健康。足球运动能培养人的勇敢顽强、机智果断、坚韧不拔、勇于克服困难的优秀品质和团结互助的集体主义精神。

一、足球基本技术

足球基本技术包括:颠球、踢球、停球、运球、顶球、抢截球、假动作、掷界外球和守门员技术。

（一）颠球技术

1. 常见技术动作

（1）挑球

动作要点：支撑脚踏在球的侧后方 25～30 厘米的位置，膝关节微曲，牢固支撑身体，挑球脚前掌轻轻放在球顶部位，屈小腿（大腿微伸）将球轻轻拉向身体，当球被拉动之后，前脚掌要迅速着地并伸向往回滚动的球，当球滚至趾背的同时，脚趾伸，小腿微屈，大腿屈，并向前上方轻轻用力把球挑起。

（2）脚内侧、外侧颠球

动作要点：屈膝抬腿，用脚的内侧或外侧向上进行摆动，击球下部，双脚内侧或外侧可交替击球，还可以单脚连续击球，和踢毽子的动作相类似，如图 4-45、图 4-46 所示。

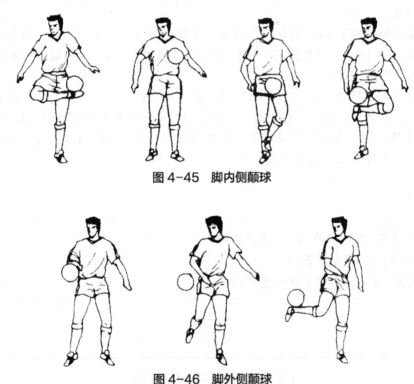

图 4-45　脚内侧颠球

图 4-46　脚外侧颠球

（3）正脚背颠球

动作要点：双脚要交替向前上方摆踢，用正脚背击球，击球瞬间踝关节紧张，击球的下部，由于摆腿的原因，击球后球产生一定的向内旋转是正常的。颠球时两脚可以交替击球，还可以单脚连续击球。击球时用力应均匀，让球始终控制在身体的周围。

（4）头部颠球

动作要点：两脚应开立，膝部微屈，用前额部位连续顶球的下部。顶球时颈部紧张，两眼要注视来球，两臂要自然张开，这样来维持身体平衡。

（5）大腿颠球

动作要点：抬腿屈膝，要用大腿的前三分之一部位向上击球的下部。抬腿不宜过高，与髋关节高度平行或稍高于髋关节即可。两腿可以交替来击球，还可以单腿连续击球。

2. 易犯的错误
（1）击球时踝关节会出现软绵无力的情况。
（2）脚背颠球，出现脚尖上勾或向下的情况。
（3）球触脚背上升时没有产生内旋。
（4）头颠球时，出现前额部位没有朝上，只靠颈部用力的情况。
（5）球触到大腿后，出现运行方向没有朝正上方的情况。

（二）踢球技术

踢球是足球技术中的重点技术，踢球的方法主要有脚内侧踢球、脚背正面踢球、脚背内侧踢球、脚背外侧踢球，以及脚尖踢球和脚跟踢球。但是，不管哪种踢球都是由下列几种因素组成。

助跑：根据踢球方法的不同分为直线助跑和斜线助跑。助跑的作用在于调节人与球之间的关系（包括方向、距离等关系）使之适合于踢球，并且获得一定的加速度，以增加速度和踢球的力量。助跑的最后一步要大些，以避免前冲并为踢球腿的后摆创造条件。

支撑脚的位置：以能使踢球脚最便于准确触球和发挥踢球腿的最大速度为原则。一般都踏在球的侧方或侧后方。支撑脚的关节应微屈，以便稳固地支撑身体重心，起到踢球时的固定支点作用。

踢球脚的摆动：它是踢球力量的主要来源。球的运行速度取决于踢球腿的摆幅与摆速。摆幅大、摆速快、踢球力量较大，球的运行就快。踢球腿的摆动是以髋关节为轴，大腿带动小腿，小腿加速前摆。

脚与球的接触部位：踢球时，脚与球的接触部位应符合动作的要求并保持紧张。脚与球的接触部位正确，能保证踢球的力量通过球的中心，使球成直线运行。另外，膝盖应在球的上方或侧上方，以利于保持脚触球部位的正确和控制出球的高度。

踢球后的随摆动作：在于协调整个动作，维持身体平衡。在这诸多因素中，支撑脚的位置，踢球腿的摆动和脚与球的接触部位是重要的因素，而脚与球的接触部位又是决定踢球动作质量的主要因素。

1. 脚内侧踢球

脚内侧踢球又称脚弓踢球或传球，是脚内侧部位（跖趾关节、舟骨、跟骨等所形成的平面）踢球的一种方法。其主要特点是脚与球接触面积大，出球准确平稳，且容易掌握。但由于踢球时要求大腿前摆到一定程度时需要外展且屈膝，因此大腿与小腿的摆动都会受到限制，导致出球力量相对较小。

（1）脚内侧踢定位球（如图4-47所示）。直线助跑，支撑前的最后一步要稍大些，支撑脚站在球的侧面约15厘米的位置，脚尖要正对出球方向，支撑腿膝关节微屈。在支撑脚着地时，踢球腿大腿带动小腿由后向前进行摆动，在前摆的过程中大腿外展，当膝关节的摆动接近足球的正上方时小腿做爆发式摆动，在触球前将脚跟送出使得脚内侧部位所形成的平面与出球方向垂直，踢球脚的脚底与地面平行，脚尖稍微翘起，踝关节功能性地紧张使脚形固定，触（击）球后身体要跟随移动，髋关节向前送。

（2）脚内侧踢空中球（如图4-48所示）。根据来球的具体速度和运行轨迹及时移动到位，踢球腿大腿抬起（屈）并外展，小腿屈并绕冠状轴后摆，利用小腿绕冠状轴由后向前摆动，当摆至冠状面时与球进行接触，击球的中部。

图 4-47　脚内侧踢定位球

图 4-48　脚内侧踢空中球

（3）脚内侧踢反弹球。根据来球落点快速地移动到位，支撑脚的站位与球的落点应保持踢定位球时的相对位置。踢球腿摆动与踢定位球时一样。在球着地后刚弹离地面的瞬间用脚内侧击球的中部。

易犯错误：踢球脚的膝盖外转不够，脚尖没跷起，脚太放松，未能用脚内侧的正确部位触球；动作太紧张，直腿扫球，未能用小腿加速前摆踢球。

2. 脚背正面踢球

脚背正面踢球又称正脚背踢球，正脚背踢球因腿的摆动与髋、膝关节的结构相适应，便于加大摆幅和加快摆速，且脚与球的接触面积也大，踢出的球准确有力。常用于中、远距离传球，踢任意球、角球和射门。

动作要领：正确助跑，支撑脚踏在球侧 10～15 厘米处，踢球腿后摆要放松，前摆时大腿带动小腿，脚面绷直，脚趾扣紧，当大腿前摆至垂直地面位置时，小腿加速前摆，稍收腹，以正脚背部位触球的后中部，踢球后，腿随球前摆。

（1）脚背正面踢定位球（如图 4-49 所示）。直线助跑，最后一步要稍大些，支撑脚积极着地支撑，在球的侧面 10～12 厘米的位置，脚尖正对出球方向，膝关节要微屈，踢球腿随跑动向后摆动，小腿屈曲，支撑的同时踢球腿以髋关节为轴，大腿带动小腿由后向前摆动。当膝关节摆至接近球的正上方时，小腿要做爆发式的摆动，脚趾屈，用脚背正面部位击球的后中部。击球后身体及踢球腿随球快速前移。

（2）脚背正面踢侧面半高球（如图 4-50 所示）。根据来球速度及运行轨迹，选好击球点，身体要侧对出球方向，身体向支撑脚一侧倾斜展腹，踢球腿抬起，大腿伸、小腿屈，大腿要带动小腿由后向前急速进行摆动，用脚背正面击球的中部，同时身体要向出球方向扭转，击球后踢球脚随球前摆着地来维持身体的平衡。

图 4-49　脚背正面踢定位球

图 4-50　脚背正面踢侧面半高球

（3）脚背正面踢倒勾球（如图 4-51 所示）。根据来球的速度、运行轨迹，及时移动到位。选择支撑位置时要考虑将击球点放在身体的前上方，支撑腿膝关节要微屈，上体后仰，踢球腿以髋关节为轴向上方摆动，当球落到身体前上方适当高度时，以脚背正面击球后部，把球向身后踢出。

易犯错误：踢球前摆时，小腿过早加速用力，容易造成脚尖踢地；踢球时脚背没有绷直，膝盖不在球上方，上体后仰，将球踢高；摆腿方向不正，将球踢偏。

3. 脚背外侧踢球（如图 4-52 所示）

图 4-51　脚背正面踢倒勾球　　　　图 4-52　脚背外侧踢球

脚背外侧踢球又称外脚背踢球，它能充分利用脚腕的动作和力量，隐蔽性强，对方不易判断出球方向。常用于中、近距离传球，射门要和二过一战术紧密结合。

动作要领：基本上与正脚背踢球相同，只是踢球脚的膝关节和脚尖向内转，脚面绷直，脚趾扣紧，以外脚背部位触球。

踢弧线球时，支撑脚踏在球侧 20 厘米左右处，身体稍向支撑脚一侧倾斜，踢球的侧后方（偏支撑脚一侧）部位，同时脚腕用力切削球，踢球后，腿向侧前方（偏支撑脚一侧）摆出，以加大球的旋转力量。

易犯错误：与正脚背踢球时易犯错误基本相同，且容易踢成弧线球（除非有意踢，一般不应踢成弧线球）。

4. 脚背内侧踢球（如图 4-53 所示）

脚背内侧踢球又称内脚背踢球，脚的摆幅大，出球有力。常用于中、远距离传球，发球门球、角球、边线传中和射门。

动作要领：与球成 45°角斜线助跑，支撑脚踏在球侧 25～30 厘米处，以脚掌外侧着地支撑身体重心，上体稍向支撑脚一侧倾斜，踢球腿自然后摆，腿稍向外转，脚面绷直，脚趾扣紧，脚尖斜指前下方。踢球时大腿带动小腿，小腿加速前摆，在传过顶球时，支撑脚可踏在球侧后方，踢球脚不必过于绷直，踢球的后下部，有下切动作，踢球后脚不随球前摆，使球向后旋转，以控制球速，便于接球。

转身踢球时，最后一步略带跳动动作，支撑脚的脚尖要尽可能转向传球方向，利用腰的扭转，摆腿踢球。

易犯错误：在射门或传低平球时支撑太靠后，上体后仰，把球踢高；支撑脚膝关节过于弯曲，踢球脚前摆时划弧，成横扫球；转身踢球时支撑脚没转向出球方向，或重心靠后像坐踢。

图 4-53 脚背内侧踢球

5. 脚尖踢球（如图 4-54 所示）

这是一种用脚尖部位接触球的方法，由于脚尖踢球时出球会异常迅速，脚尖踢球使用较少，一般只是在场地泥泞、球过重，或身体离球过远又有对方争夺时使用。

动作要领：与正脚背踢球大致相同，只是支撑脚踏在球的侧后方，踢球时，脚尖翘起，踝关节要紧张用力，踢球的正后方略微偏下一点。在支撑脚离球过远时，踢球腿屈膝，前跨、髋关节往前送，在足球落地前用脚尖踢球后中部。

6. 脚跟踢球（如图 4-55 所示）

这是用脚跟（跟骨的后面）接触球的一种踢球方法，只在短传配合时偶尔采用。

动作要领：支撑脚踏在脚的一侧，踢球腿自然前摆，然后用脚跟把球向后踢出。

（三）停球技术

停球是指运动员有意识地把球停接下来，控制在自己的活动范围内，以便更好地处理它。停球是为下一个传球、射门、运球动作服务的，停球的好坏直接影响着下一个动作能否顺利完成。

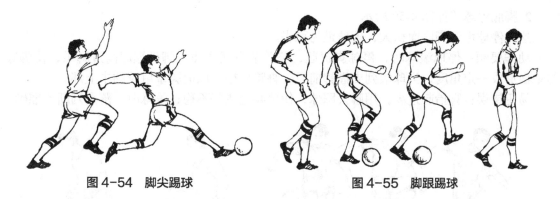

图 4-54　脚尖踢球　　　　　图 4-55　脚跟踢球

无论采用哪一种停球方法，要把球停好应做到准确判断来球的落点与速度，恰当地确定支撑脚的位置。

动作要领：停球时肌肉要放松，并在接触球的刹那间做后撤动作，以缓冲来球的力量，或做轻微下压的动作，变换球的前进方向，抵消球的前进力量。同时，为衔接下一个动作，停球后身体重心要迅速跟上。

一般常用的停球方法有：脚内侧停球、脚底停球、胸部停球、脚外侧停球、脚背停球、大腿停球等。

1. 脚内侧停球（如图 4-56 所示）

它较容易掌握，球与脚的接触面积大，易停稳，并且便于改变方向和结合下一个动作。

动作要领：停地滚球时，支撑脚膝关节微屈，停球脚用脚内侧对正来球，小腿放松，当球滚到身体下方时，接触球的中部。

图 4-56　脚内侧停球

停反弹球（如图 4-57 所示）时，支撑脚在球落点的侧前方。接触球时，停球脚的小腿与地面约成 45°角，小腿放松，当球刚落地反弹离地时，用脚内侧触球的中上部。

图 4-57　停反弹球

停空中球（如图 4-58 所示）时，先提大腿，脚内侧对正来球，接触球时，小腿放松下撤。球稍高时，则在球停脚上的同时，支撑脚可加一向上跳跃动作。

易犯错误：停球脚肌肉过于紧张；停地滚球或反弹球时，脚离地过高，使球漏过；停空中球时因判断不好而抬腿过早。

2. 脚底停球（如图 4-59 所示）

这种停球由于脚底面积大，停球最为稳当。

动作要领：停地滚球时，停球脚提起，膝关节自然弯曲，脚尖翘起高过脚跟，使脚底与地面形成一定角度，当球滚到支撑脚前时，脚腕放松，以前脚掌触球的中上部。

易犯错误：脚抬起过高，用脚去踩球，使球漏过或停不稳；停球时，落点判断不准确。

图 4-58　停空中球　　　　　　　图 4-59　脚底停球

3. 胸部停球

由于胸部面积大、位置高，所以是停高球的有效部位。胸部停球有两种方法：缩胸停球（如图 4-60 所示）和挺胸停球（如图 4-61 所示）。

图 4-60　缩胸停球

动作要领：自然站立，用胸大肌部位接触球。缩胸停球在接球时，迅速缩胸收腹，缓冲来球力量，使球落于身前。挺胸停球在接触球时，往前送髋，上体和胸部稍向上挺，使球微微弹起，再落于身前。如要把球停向左（右）侧时，则在接触球的同时，身体左（右）转体，并用另一侧胸大肌部位触球。

易犯错误：球的落点判断不准，未能用正确部位接触球；缩胸停球时，缩胸收腹过早或过晚，未能缓和来球的力量；挺胸停球时，上体没有稍向上挺的动作。

4. 脚外侧停球

脚外侧停球与假动作结合起来做，具有隐蔽性，但其重心移动较大，较难掌握。

动作要领：停正面来的地滚球时，停球脚稍提起，膝关节和脚内转，以脚背外侧对正来球，在支撑脚的前侧接触球的侧后方（偏支撑脚一侧）部位，接触球时向停球脚一侧轻拨，把球停在侧方或侧后方，如图 4-62 所示。

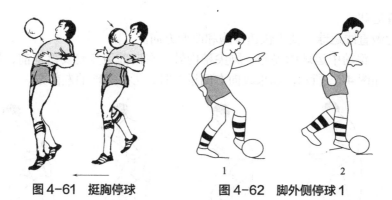

图 4-61　挺胸停球　　　　图 4-62　脚外侧停球 1

停反弹球时，身体侧对来球，支撑脚膝关节稍弯曲支撑身体重心。停球脚支撑，脚前方稍提起，脚内翻，使停球脚的小腿与地面成一定角度，小腿放松，当球刚反弹离地时，用脚外侧触球的侧上部，把球停在体侧，如图 4-63 所示。

图 4-63　脚外侧停球 2

5. 脚背停球（如图 4-64 所示）

用脚背停空中下落球很方便。

动作要领：身体正对来球，停球腿屈膝提起，以脚背对正来球，当球与脚接触的一刹那，小腿和脚腕放松缓和来球力量，使球落在身前。

易犯错误：脚背太紧张或接触球部位太靠脚踝处。

图 4-64　脚背停球

（四）运球技术

运球又称带球，是指队员带球跑动。一般常用的有外脚背运球和脚内侧运球两种方法。

1. 外脚背运球

用外脚背做直线运球,便于快速奔跑和改变方向。

动作要领:跑动中运球脚提起,脚尖稍内转,在向前迈步将要落地前,用外脚背推拨球的后中部,如图 4-65 所示。如果改向右侧运球时,可推拨球的左前方。

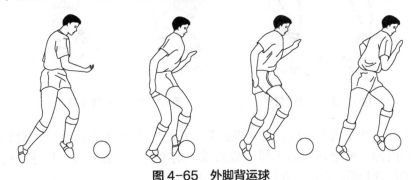

图 4-65 外脚背运球

2. 脚内侧运球(如图 4-66 所示)

当接近对方队员要用身体掩护球时,多采用脚内侧运球。

动作要领:(以右脚运球为例)要求在运球前进时支撑脚要始终领先于球,位于球的侧前方,肩部要指向运球方向,支撑腿膝关节微屈,重心下降,另一只腿要提起屈膝,用脚内侧推球前进,然后运球脚顺势着地。

图 4-66 脚内侧运球

(五)头顶球技术

头顶球的方法非常多,按顶球的部位可分成额头正面顶球和额头侧面顶球两种。

1. 前额侧面顶球(如图 4-67 所示)

(1)原地顶球时,要选择好击球的方向,身体稍侧对来球,两脚要自然前后站立,击球一侧的支撑腿在前,身体稍向侧后微屈,重心要落在后腿上,两臂自然张开,眼睛要注视来球。顶击球时,后脚向击球方向猛力蹬伸,身体随之向出球方向转动侧摆,同时颈部要侧甩发力,用额侧部把球击出。

(2)跳起顶球时,与下面要讲述的额正面的跳顶相似,只是在起跳上升阶段,上体要向出球的相反方向侧屈转体。跳至最高点时,上体要向出球一侧加速转动,摆体侧甩,可利用脚的侧下方蹬地,加快侧摆速度,用额侧部把球顶出。

2. 额正面顶球

(1)原地顶球(如图 4-68 所示)时,身体要正对来球,两脚前后站立或平行站立,膝关节微屈，两眼要注视来球，上体要稍后仰，两臂要自然张开，挺胸展腹，下颌收紧，顶球时，蹬地、收腹、摆体、顶送发力，当头摆至身体垂直部位时，用前额正面顶击球的后中部，顶击球一刹那，颈部肌肉要保持紧张，顶球后继续前送，以便于能控制出球的方向。

图 4-67　前额侧面顶球

（2）跳起顶球（如图 4-69 所示）时，要选好起跳位置，两脚应前后站立，维持身体平衡，掌握好起跳的时机，起跳脚要积极蹬跳发力，手臂协调向上提摆，以加强跳起力量。起跳之后，挺胸展腹，形成背弓，两眼要始终注视来球。跳至最高点时，迅速收腹摆体，下颌收紧，前额积极迎球顶送发力，顶球后屈膝缓冲落地时，看清球的飞行路线，以便能快速地进行下一步动作。

图 4-68　原地顶球　　　　　　　　图 4-69　跳起顶球

（3）鱼跃顶球时，要准确判断来球，掌握好起跳时机和击球点，利用积极后蹬让身体向前水平跃出，两臂要微屈前伸，眼睛注视来球。利用身体的水平冲力将球顶出。击球之后，两臂屈肘伸手撑地。

（4）转身顶球时，身体要稍侧对来球，出球方向一侧的支撑脚靠前站立，以便转体发力。击球瞬间，后脚用力向出球方向蹬转带动身体转动，当身体转向出球方向时加速摆体，用前额部顶去击球。

（六）抢截球技术

抢截技术包括正面跨步堵抢、合理冲撞抢球、正面铲球、同侧脚铲球、异侧脚铲球。

1. 正面跨步堵抢（如图 4-70 所示）

防守队员要两脚前后开立，迎着运球队员站立，两膝要微屈，身体重心下降并置于两脚间，当运球队员与防守队员间的距离缩小到一定范围（即防守队员上前跨一大步可触及球），运球队员脚触球后即将落地或刚刚落地时，防守队员后脚要用力蹬地并跨步向前，用脚内侧去堵截球，当已堵住球时，另一只脚要迅速上步做支撑。如果运球队员也堵住球时，防守队员的抢球脚在不脱离球的情况下迅速向上提拉，让球从运球队员脚面滚过，身体重心也迅速跟上并把球控制好。

2. 合理冲撞抢球（如图4-71所示）

图4-70　正面跨步堵抢　　　　　图4-71　合理冲撞抢球

当出现防守队员并肩与运球队员跑动追球时，防守队员重心要稍下降，靠近运球队员一侧的手臂紧贴身体，利用运球队员同侧脚离地的过程，用肘关节以上部位适当冲撞运球队员相同的部位，使运球队员身体失去平衡，趁机把球控制住。

3. 正面铲球（如图4-72所示）

要移动接近控球队员，膝关节微屈，重心要下降，当运球队员触球脚触球后并没有落地时，防守队员双脚沿地面向球滑铲，随即用手扶地做向一侧的翻滚，并要尽快起身。

图4-72　正面铲球

4. 同侧脚铲球

防守者在跑动中要根据双方离球的距离做出判断，当对手不可以立即触球时，用异侧脚用力蹬地，让身体向前方跃出，同侧脚沿地面向前滑出的同时向外摆踢（脚踝应有向外的动作），用脚背外侧将球踢出。还可以用脚尖将球捅出，接着向对手一侧翻转，手撑地快速恢复到下一个动作所需的位置上。

5. 异侧脚铲球

当双方都不能用正常的动作触球时（指跑动中），防守队员要根据与球的距离，同侧脚用力蹬地让身体跃出，异侧脚向前沿地面滑出，用脚底将球铲出，然后小腿外侧、大腿外侧、手要依此着地或铲出球后身体要向铲球腿一侧翻转，手撑地之后立即起身，让身体恢复到与下一动作衔接的状态和位置。

铲球时易犯错误：铲球脚离地面超过球的高度，很容易伤害对手造成犯规；由于时机选择不恰当或时机与实施的动作配合不当，没有触及球而铲到对手造成犯规；动作不协调导致失误或影响下一个动作的衔接；着地动作不正确容易让防守队员受伤。

（七）掷界外球技术

掷界外球的方法有原地和助跑两种。

1. 原地掷界外球（如图4-73所示）

动作要领：两手自然张开，虎口相对，持球的侧后方。面向场内两脚平行或前后开立，两膝弯曲，把球举过头后，身体尽量后仰。掷球时两腿蹬地，收腹屈体，同时两臂急速前摆，当球在头上最高点时，加上扣腕力量将球掷出。

图4-73 原地掷界外球

2. 助跑掷界外球

动作要领：与原地掷界外球相同，只是加3～5米的助跑，助跑时可将球持于胸前，在迈出最后一步时（两脚前后站立），将球上举至头后，然后掷球，同时后脚从地面向前滑进，但不得离地。

易犯错误：掷球时未将球举至头后，掷球动作不连贯或脚离地过早，违反规则规定；没用上腰腹和扣腕的力量。

（八）守门技术

守门员技术包括：准备姿势和移动、选位、扑球、托击球、发球等。

1. 接球前的准备姿势和脚步移动、选位

两脚自然开立与同肩同宽，两腿屈膝，重心前移，两臂微屈，置于胸前，手指自然张开，掌心向内，双目注视来球，如图4-74所示。

守门员移动主要采用滑步、交叉步以及跑动。选位是守门员的基础，应在球与两门柱所形成的分角线上。守门员站位以能及时回防的距离为宜。

2. 接球

从手形上可分为下手接球和上手接球。

（1）下手接球

动作要点：基本手形呈现"簸箕"状，手指张开，掌心向上，小

图4-74 守门技术

拇指要靠拢适用于接地滚球、低平球、低弧度的反弹球和高弧度的落降球。接球的基本姿势有跪式、俯背式和站立式这三种。完整的动作是身体要正对来球，当球临近时，根据来球的高度做好相应的接球姿势。接球时，两臂要伸出迎球，手形相对稳定，角度合理，当手指触球瞬间，屈臂夹肘收球缓冲，并顺势屈腕、压胸把球抱在胸前。

（2）上手接球

动作要点：基本手形呈现"球窝"状，掌心要向前稍内倾，手指向上，拇指靠拢。适合接胸部以上的各种高球。上手接球的基本姿势有原地站立接球和单、双脚跳起接球。

① 原地接球时，身体要正对来球，当球临近时，两臂要举起迎球，控制好接球手形。触球瞬间，掌心要空，手腕手指用力接球，手臂要顺势下引缓冲收球，手腕扣紧，前臂旋外夹肘，两手贴紧球体表面翻转滑动，把球牢牢抱在胸前。

② 跳起接球时，首先要观察来球的路线，判断来球的旋转方式和落点，然后选定起跳点，掌握好起跳时机，保持身体在空中的平衡，跳至最高点时，伸臂展体把球接住或一腿提膝内扣做自我保护，并顺势收在胸前。落地时，要注意屈膝缓冲。

3. 扑球

守门员来不及移动正对来球时，常采用扑球动作接球。常用的有倒地扑侧面低球、鱼跃扑球等。

4. 托击球

在守门员没有把握接住球或有对方猛烈冲门情况下，为了避免接球脱手造成被动，常采用拳击或用手将球托出界的方法，以避免球入球门。拳击球有单拳或双拳击球，托球也有单掌或双掌托球。

5. 发球

发球是守门员接球后组织进攻的手段。常用的方法有手抛球和脚踢球两种。无论采用哪种，都要及时、准确、明确战术目的。守门员技术的教学与练习方法有以下几种。

（1）封堵移动练习：按教师手势做左、右、前、后的移动练习。

（2）接球练习：对墙抛球然后接反弹回球，注意检查接球手形。

（3）原地接球：接教师抛、踢不同高度的来球。

（4）站立扑接同伴向两侧抛来的地滚球。

（5）站立扑接同伴向两侧抛来的平球、高球：倒地的动作开始最好在沙坑里或垫子上进行，以免因姿势不正确而摔伤。

二、足球实用战术介绍

主要包括进攻战术、防守战术、定位球战术、比赛阵形等。

（一）进攻战术

进攻战术由个人战术、局部战术和整体战术组成。

1. 个人进攻战术

个人进攻战术主要是队员在比赛中为能战胜对手，完成整体进攻任务而采取的个人行动。个人进攻战术主要包括传球、跑位、接应、运球突破和射门。

（1）传球。传球是组织进攻、变换战术和创造射门机会的有效战术的方式。选择传球目标，准确把握传球时机，控制传球力量、落点与旋转是传球的主要战术内容。

① 在战术上的要求

a. 明确的目的。进攻队员在控球时首先要观察场上情况，根据同伴和防守者的位置选择传球的目的。比赛中传球的目的主要有两个：一是传向同伴的脚下，二是向有利于同伴的空当传球。向空当传球威胁很大，但有时为能调整比赛的节奏，更好地组织进攻，同伴之间也进行一些横传或回传，两者需要有机结合，灵活运用，才能收到预期的效果。控球队员应善于观察并发现能给予对方较大威胁的同伴可以抢占的空当。

b. 恰当的时机。传球时机直接影响到传球效果和战术配合的质量。比赛中通常有两种情况，一是传球在前，跑位接应在后，用传球指挥跑位；二是跑位在前，传球在后，用跑位促使传球。无论何种情况的传球，都需要同伴之间瞬间默契的配合，传球者应当尽快了解同伴的进攻意图，及时观察，准确判断传球的时机，才能快速地传出有威胁的球。

c. 有适当的力量、落点、旋转度。传球力量应根据传球目标的距离，接球队员的速度以及防守人紧逼的情况来决定。传球落点准确，控制好各种弧线，才有利于接球人控制和处理球。

② 传球时应注意的问题

a. 传球前应隐蔽自己的意图，向运球的反方向传球可以取得较好的效果。

b. 力争向前传球。只有向前传球，才可以快速越过对方防线。

c. 争取直接传球。尤其是在对手盯逼很紧的时候，运用准确的直接传球，能迅速改变进攻点，让对手来不及调整防守位置。

d. 注意转移传球。当攻守队员集中在一侧，进攻受阻时，要及时转移传球方向。

e. 为能保持领先的优势，可以采用短传控制球。为了挽回败局或争取胜利，可以采用长传急攻，增加射门机会。

f. 风雨天比赛时，顺风少直传、长传和高传，传球力量比平时小些；逆风多传低平球，力量要大些；下雨地滑，多向脚下传球；场地泥泞，少传地滚球等。

（2）射门。射门是一切进攻战术配合的最终目的，也是进攻得分的唯一手段，是比赛中攻防争夺的焦点。如果想在对方严密防守和紧逼拼抢的情况下保证有效的射门，必须要有强烈的射门欲望，善于抓住瞬间的射门时机，选择合理的射门方式。

① 在战术上的要求

a. 射门要准确、突然、有力。准确是射门的前提，也是能否破门得分的关键。在准确的基础上，要射得突然、有力，让对方守门员猝不及防，特别是远射更要强调力量。

b. 尽量射低平球。通常来讲，守门员扑接球时地滚球比接平球、高球难，特别是射向球门两侧的低球更为难接，因为守门员要降低身体重心或倒地扑球需要更多时间。此外，射低球或地滚球不但球速快，而且随时可能由于某种原因在运行过程中使球改变方向，守门员往往会由于始料不及而导致动作失误。

c. 选择最佳射门角度。射门前应观察守门员所处的位置和移动情况，选择好射门角度，这会直接影响射门的效果。通常情况下，当守门员站在球门中间时，要将球射向球门的两个下角；当守门员移动时，要将球射向他移动的反方向；从侧面射门时应尽量射远角，一旦射门出现不进，同伴还能包抄补射；当守门员站位太靠前时，应注意吊射。

d. 把握射门时机，选择合理的射门方法。一旦出现射门机会，要果断地、快速地起脚射门，任何犹豫都会造成动作迟缓而丧失射门良机。要力争抢点直接射门。现代足球比赛中出现的射门时机稍纵即逝。因此，在罚球区内要力争抢在对手行动之前抢点直接射门，这不仅可及时把握射门机会，还可让对方守门员猝不及防。

②注意的事项

a.选择合理的射门方法是获胜的保证。抢点和凌空射门有利于取得空间与时间的优势，而且快速突然，射门成功率很高。突破射门通常成功率较高，而且在快速突破过程中易获得任意球、点球机会。运球中突然射门往往会使守门员措手不及。为了突破密集防守，要加强远射，并及时跟进补射。各种弧线射门，容易让守门员判断失误，导致失球。

b.强烈的射门欲望是把握更多射门机会的前提，要加强培养和训练。敏锐的观察是抓住射门时机的基础。比赛中射门时机稍纵即逝，要是能抓住宝贵时机，就要在射门前养成观察的习惯。

（3）运球突破。运球突破是具有很大威胁的个人战术，是突破密集防守，在局部地区形成以多打少，打乱对方防守部署，创造传球射门机会的锐利武器。

①运球突破在战术上的要求

a.要与被突破者保持适当的距离。通常以抢球者可以触到球，但稍远于运球者的距离为宜。

b.随着防守技、战术的提高，运球突破技术运用难度加大，而其战术作用也随之相应加大。特别是在对方罚球区附近，要鼓励队员使用快速而娴熟的运球突破技术，可以有效地摆脱对手贴身紧逼或凶狠抢截，创造空当和射门的机会。

c.掌握恰当的运球突破时机。比赛时应依据防守者的具体站位情况，采取主动或后发制人的战术思想，借以调动防守者身体重心暂时失去的一刹那，能突然快速突破对手。

②注意的问题

a.既要鼓励队员在前场敢于逼近对手运球突破，又要让队员掌握几种过硬的运球突破方法和技巧。

b.要根据对手的不同特点采用不同的运球突破方法。如对手速度较慢可采取变速突破，对手喜欢封堵路线，可以利用变换运球方向与动作突破等。

c.运球突破时应控制好球，一旦出现突破，要不失时机地传球、射门。

（4）跑位。跑位是在比赛中无球进攻队员有目的、有意义的跑动方法。

①跑位的分类

根据跑位的目的和开始跑位的状态可以分为：摆脱跑位，在防守队员紧逼的情况下跑到空当位置的办法；切入跑位，在摆脱对手的情况下切入到有利位置的方法；牵制跑位，有意识地拉开防守位置距离，制造空当的跑位方法。

②跑位的战术要求

a.明确的目的：跑位的目的主要是为自己或同伴创造获得球的时间和空间，跑位有高度整体配合意识的多名队员协同行动。只有能相互理解默契，保持合理的进攻队形，才能取得最佳效果。正确的跑位可以达到摆脱、接应、拉开、切入、插上、包抄、扯动和牵制等目的。

b.敏锐的观察：当本方由守转攻时，首先其他同伴要观察控球同伴所处的场区位置、控球情况、出球路线和方向，其次是观察其他无球同伴的活动及对方的布防情况等。在此基础上，队员才可能根据本队的战术打法特点和自己的比赛职责进行合理跑位。只有用最短的时间进行敏锐全面的观察与判断，才能够迅速采取最佳的行动选择，取得理想的技、战术效果。

c.合理的时机：跑位要求及时、合理。场上出现的空当往往是稍纵即逝，跑早了或跑晚了都会失去机会。合理的跑位时机，涉及跑位队员、传球队员控球的情况和传球时间、空间的情况以及防守队员的位置、行动意图等。需要传球跑位队员要有高度的战术意识与默契的配合能力。

d. 多变的动作和方向：守方失球后，常常是朝球门退守，以收缩防区控制要害区域。跑位队员为能创造更多的进攻机会，要采取灵活多变的跑位，以造成对方防线的混乱，使其不能相互靠拢和保护。因此跑位时应注意：一个人假动作迷惑对方，为自己创造有利的进攻机会；对方收缩防区时应特别注意回撤及横拉制造瞬间的进攻空当；罚球区是攻防争夺的焦点，因此也是跑位的主要方向，要求通过突然的变速和变向来摆脱防守。

2. 局部战术

局部战术主要是指在比赛中两个或几个队员之间的默契配合行动。

（1）传切配合。传切配合是控球队员向防守队员身后空隙传球时，另一同队队员要越过防守队员，切入得球的行动。切入的进攻者要善于掌握时机，动作应快速突然。传球者要做到及时、准确，传球方式要准确合理。传切配合通常有两种：一传一切和长传转移切入。

① 一传一切（如图 4-75 所示）。⑧向黑圈四身后传球，⑦快速切入得球。

② 长传转移切入（如图 4-76 所示）。⑧把球斜穿到黑圈四背后，另一边的进攻队员切入得球。

图 4-75　一传一切　　　　　图 4-76　长传转移切入

（2）二过一战术配合。二过一战术配合主要是指两个进攻队员在局部地区通过两次或两次以上的连续传球配合，越过一个防守队员的战术行动。控球队员要求用运球或其他动作诱使对手上前堵截，为传球创造有利条件。最后一传是关键，要准确把握传球的时机、力量和方向。当同伴离自己较近，对手又紧逼，周围防守队员又多时，通常要直接传球。二过一战术配合的主要形式如下。

① 踢墙式二过一（如图 4-77 所示）。③向⑨脚下传球，⑨像一面墙一样将球弹向防守者背后的空当，③切入接球。

② 回传反切二过一（如图 4-78 所示）。⑦先回扯接③的传球，当防守者向前盯逼时，可以回传给③，再前插到防守者背后空当，③斜传给前插的⑦。另一侧的配合是相同的。

（3）三过二战术配合。三过二战术配合是 3 个进攻队员在局部地区通过两次或两次以上连续传球配合，越过防守队员的战术行动。持球者要尽可能运用快速多变的直接传球，力争向空当传球，传球后应立即跑动、积极前插。无球者应多方位跑位接应。一般的三打二战术配合如下。

① ②传球给⑦，⑦回传给③后快速切入，③斜传给快速插上的②，如图 4-79 所示。

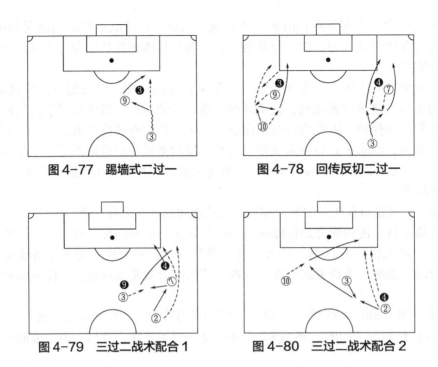

图 4-77　踢墙式二过一　　　　图 4-78　回传反切二过一

图 4-79　三过二战术配合 1　　　图 4-80　三过二战术配合 2

②②把球传给③，③斜传给从背后插上的⑩，⑩传给插上的②，如图 4-80 所示。

3. 整体进攻战术

整体进攻战术是为完成进攻战术任务所采用的全局性的进攻配合手段。整体进攻战术依据进攻发展的场区可以分为边路进攻和中路进攻。一次完整的进攻是由发动、发展和结束三个阶段组成的。

（1）边路进攻。边路进攻是指在对方半场两侧地区发展的进攻。边路进攻通常是围绕边锋进行的配合方法，因此边锋的速度要快，个人突破能力要强，传中技术要突出。其方法是由守转攻时，获球队员把球传给边锋或其他边路上的队员，从边路发起进攻，经过局部配合突破后，通常采用下底和回扣传中方式，把球传到中央，由其他队员包抄射门。通过各种战术配合和运球突破对方防线，创造传中或切入射门的机会。一般采用的配合方法有以下几种：

① 边锋或跑到边路接应的队员运球突破下底传中：③传球给⑦或⑩，⑦或⑩运球突破防守队员传中，如图 4-81 所示。

② 边锋与中锋或前卫配合突破传中：⑦接⑧传球后与⑩进行二过一配合突破防守传中，如图 4-82 所示。

图 4-81　边路进攻 1

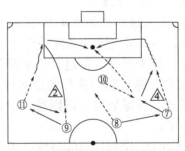

图 4-82　边路进攻 2

（2）中路进攻。中路进攻是在对方半场中间区域发展与结束的进攻。中路进攻时，要求边锋拉开，借以牵制对方的后卫，诱使对方中间区域出现较大的空隙，可以为中路进攻创造条件。前场和中场队员应机动灵活地跑位，来有效地调动来拉开对方的防线。进攻的推进要有层次和梯队。传球准确，技术动作要在跑动中准确简练地完成。中路进攻一般采用的配合方法有以下几种。

① 运球推进远射。当进攻队员在中前场得球，对方守门员离球门较远时，可以立即起脚远射。

② 长传反击配合突破。当守方全队压上进攻，后防空虚，暴露较大空隙时。攻方一旦得球就会立即长传给突在前面的队员进行快速反击。进攻者抢得球，立即长传到防守队员背后，另一进攻者快速切入接球射门。

③ 快速传球配合创造射门机会：⑩回撤接⑥传球，当对方上来盯抢时，立即回传并迅速反切，同时⑨也要迅速切入对方身后空当，⑥传球给⑨或⑩，如图 4-83 所示。

图 4-83　中路进攻

（二）防守战术

1. 区域防守

根据场上位置的分布，每个队员防守一个区域，对方队员跑入本区域就进行积极防守，限制对方的进攻活动。这种防守方法的优点是分工明确、便于相互补位，可防守住门前危险地区，并节省体力。

2. 人盯人防守

这是一种积极的防守战术。在防守时一个防守队员盯住一个进攻队员，封锁限制他的进攻活动，使传球和接应发生困难，以减弱对方攻势。

3. 综合防守

它是以人盯人为主，结合区域防守的防守方法。它吸取了两者的长处，弥补了各自的不足，在现代足球技术不断发展、个人突破能力不断加强的情况下，采用这种防守方法较为有效。

（三）定位球战术

定位球是在比赛中成死球时所采用的攻守战术手段，主要包括球门球、中圈开球、界外球、角球、任意球、点球时的配合方法。

1. 任意球进攻战术

在罚球区附近的任意球进攻威胁很大，虽然比赛中这种任意球机会很少，但是一旦出现，如果能把握好经常能进球。在比赛中，罚球弧两侧和罚球区两侧的任意球较多，要充分利用。教练员和运动员要牢记：能直接射门就不打配合，即使配合也要简练，越简练的配合，成功的可能性越大。配合的变化虽然重要，但变化要以效果为前提。前场任意球的进攻区域主要有：罚球弧区域、罚球区角及两侧区域、罚球区内。

（1）罚球弧区域的任意球进攻。在此区域获得直接或间接任意球时，守方一定会安排"人墙"封住部分球门。罚球弧区域罚任意球的进攻方法主要有直接射门、一拨一射等。

① 直接射门。选用一名擅长左脚或一名擅长右脚的队员进行直接射门。要根据赛场情况确定进攻方法和主罚者。掩护者先跑，为主罚者做好掩护。

② 攻方排墙，一拨一射。队员不可以直接射门时，攻方可以采用排墙后一拨一射的方

法达到避开人墙的封挡,增大射门角度的目的。

（2）罚球区角及两侧区域的任意球进攻

① 直接射门。在罚球区角获得任意球时,大多数的进攻目标是近门柱。用绕过人墙的内侧弧线球或越过人墙后下落的弧线球射向守门员近门柱一侧的空当,这种球成功的可能性很大。很多的实践证明,射向近门柱的成功率远高于射向远门柱的成功率。

② 传球配合射门。除了可直接射门外,大多会采用长传前,由同伴头顶射门或先短传后中长传配合射门。攻门者插上应及时,摆脱突然,相互要掩护。

（3）罚球区内的间接任意球进攻。攻方在罚球区内罚任意球机会很少,但要做好准备,一旦出现机会,守方一名队员会退到罚球区全力防守。如果在球门区附近,守方所有队员要在球门线上排墙,球射出的瞬间,守方会全部向前封堵。因此,罚球时要做好以下两点。

① 如果射门角度小,第一次触球可以向侧后方轻传,增大同伴的射门角度。

② 观察守门员的站位,一拨一射连接要紧凑,把球传向离守门员远的防守队员的头顶上空。

（4）任意球防守技术

罚球区附近设置人墙时应注意以下几点。

① 干扰对手罚球,争取时间,快速组织人墙。

② 根据罚球地点、角度确定排墙的人数。通常为2~5人。人墙封球门近角,守门员要选择最佳位置,既能看清球和罚球者的动作,又能兼顾整个球门的防守。

③ 离罚球地点9米左右的位置排墙,不宜再近,否则当裁判员要求人墙后退至规定距离时,会影响封堵的角度而导致危险。

④ 由守门员指挥,还可由人墙最外侧第二位队员进行指挥,该队员离球9米,让近门柱、自己、球成一条直线,以防从外侧绕过人墙的弧线球。

⑤ 排人墙时最高的人墙排在外侧,依次向内;队员间应紧靠,双手交叉于裆部。

⑥ 在球罚出后,人墙要迅速压上,有效地封堵和缩小射门角度。切忌出现过早散开人墙。

2. 角球攻守技术

（1）角球进攻战术。角球是破门得分的主要手段之一,角球进攻有短传配合和长传配合两种。大多数都会采用弧线球将球传至门前区域。

① 短传角球:其主要优点是快,在角球弧处能形成人数优势,缩短传中距离,提高传球的准确性和增大传球角度,丰富战术打法。队员身材不高、争夺空中球能力较弱的队用采用此种方法较多。

② 长传角球:大多数长传角球是把球传至门前区域,由同伴头顶或配合射门。通常落点有前点、中间、后点三个区域。

a. 传前点球。把球传至近门柱的前点区,一队员抢点射门或向后蹭传,异侧队员包抄抢点攻门。

b. 传中后点球。传球至球门区与罚球点之间的区域,包抄队员分层次跑动抢点射门。注意传球和跑动时机要默契。

（2）角球防守战术

① 一名队员位于离角球区9.15米的位置,一方面干扰传至近门柱球的低平球,另一方面干扰对方罚短传配合的战术角球。

② 两个边后卫分别防近、远门柱区域的射门和高球，守门员出击时，他俩要快速补门。

③ 守门员选位要在球门中后部，斜向站立。既看到罚球者，又看到罚球区内的攻方队员，保护球门及控制球门区。

④ 在球门区线的附近，防守前、中、后三个危险点和控制球门区外至罚球点间的区域。

⑤ 在罚球点两侧区域，控制罚球点至罚球区的区域。

⑥ 在罚球区线的附近，控制罚球区前沿区域以防再次进攻和远射，并作伺机反击的准备。

3. 界外球攻守战术

在足球比赛中，界外球非常频繁，不能低估它的作用，尤其在罚球区两侧的界外球，其效果已接近角球。界外球通常由2～4人配合进行，距离在5～10米较多。

（1）掷界外球进攻战术

① 3人或3人以上配合：由于在中前场进攻时，守方采用紧逼盯人，两人配合很难成功，需要3人或更多队员的配合。可采用一拉一接、一接一插等配合方法拉出空当。

② 掷长距离界外球配合方法：现在有许多队员都能掷出20米以上的界外球，来增强威慑力。

注意事项：

a. 掷球要快，掷给没有人盯防者。

b. 掷球要准，有利于接球、控球和直接处理球。

c. 接球者的摆脱要突然、及时，还可以用假动作诱骗对手。接球时不可以离球太近，否则易造成掷球违例。

d. 掷球者掷出球后要立即进场接应，有利于形成人数优势。

（2）掷界外球防守战术。当对方掷界外球时，全队应注意力集中，对可能接球的队员应紧逼盯人。同时还应相互保护，防止对方切入空当。尤其要严防后场掷向门前的界外球，全队要及时回防到位，干扰队员要站在掷球队员附近，限制其掷出低、平弧度的界外球。

三、竞赛规则简介

（一）足球比赛场地

标准的足球比赛的球场长90～120米，宽45～50米，如图4-84所示。

（二）比赛用球

正式比赛球应为圆形，它的外壳应用皮革或其他许可的材料制成。球的圆周长为68～71厘米，在比赛开始时的重量为396～453克，充气后的压力为0.6～1.1个大气压。未经裁判员许可不得更换比赛球。

（三）队员人数、位置互换、换人、比赛时间和比赛开始

1. 队员人数：足球比赛上场队员不得多于11人或少于7人，其中必须有一名守门员。

2. 位置互换：场上其他队员可以与守门员互换位置，但必须事先报告裁判员，并在成死球时互换。

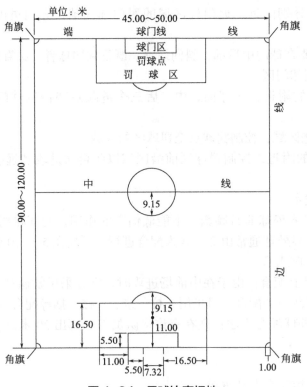

图 4-84　足球比赛场地

3. 换人：正式比赛每队只能有 2 名替补队员。被替补下场的队员，不得再次上场参加该场比赛。

4. 比赛时间和比赛开始：正式比赛时间为 90 分钟，分上、下两半场（每半场各 45 分钟），中间休息 15 分钟，每半场意外损失的时间应补足，时间多少由裁判员根据比赛实际情况确定。比赛由攻方在中圈开球。

（四）死球和恢复比赛

球的整体全部越过边线或端线（包括在空中），以及裁判鸣哨停止比赛均为死球，这时分别以掷界外球、踢球门球、角球、任意球及坠球等，重新恢复比赛。

（五）计胜方法

凡球的整体从门柱间及横木下越过门球线，而并非攻方队员用手掷入、带入，均为攻方胜一球。胜球较多的一方为得胜队；如双方均未胜球或胜球数相等，则为平局。

（六）越位

1. 越位位置

构成越位位置的条件：

（1）进攻队员在对方半场内。

（2）攻方队员在球的前边。

（3）在他与对方端线之间对方队员不足二人时。站平行时不算越位。

三者缺一不可。

2. 判罚越位

判罚越位的条件：

（1）当同队队员踢或触及球的一瞬间。
（2）队员处于越位位置。
（3）正在干扰比赛或干扰对方，并试图从越位位置上获得利益。
三个条件必须同时存在方可判罚越位。
3. 不应判罚越位的情况
（1）队员仅仅处在越位位置。
（2）队员直接接得球门球、角球、掷界外球。

（七）犯规与不正当行为

1. 直接任意球

队员故意违反下列9项中的任何一项者，都应判罚由对方队员在犯规地点踢直接任意球。
（1）踢或试图踢对方队员。
（2）绊摔对方队员，即在对方身前身后，伸腿或屈体绊摔或试图绊摔对方。
（3）跳向对方队员。
（4）带有暴力和危险性冲撞对方队员。
（5）除对方正在阻挡外，从背后冲撞对方队员。
（6）打或企图打对方队员，或向他吐唾沫。
（7）拉扯对方队员。
（8）推对方队员。
（9）用手或臂部携带、推击球。

2. 间接任意球

队员犯有下列5项犯规中的任何一项者，都应由对方队员在犯规地点踢间接任意球。
（1）裁判员认为其动作有危险者，如企图去踢已被守门员接住的球。
（2）当球并不在有关队员控制的范围之内时，目的不是争球而用肩部去做所谓的合理冲撞。
（3）队员不去踢球而故意阻挡对方者。如在球与对方之间跑动或将身体插在中间阻挡者。
（4）冲撞守门员：对球门区内手中无球，又无阻挡行为的守门员进行冲撞。
（5）守门员违例：守门员接稳球后，行走四步以上，未使球进入比赛状态；守门员接稳球后未经攻方队员触及而再次用手拿球；守门员用手接同队队员用脚故意踢的回传球。

3. 警告（黄牌）

队员有下列情况之一者，应被警告，并由对方队员在犯规地点罚间接任意球恢复比赛。如遇第一种情况应在暂停比赛时球所在的位置上由对方罚间接任意球。
（1）比赛开始后，队员进场或重新进场，或比赛进行中离场，事先未经裁判员示意允许者。
（2）队员连续违反规则者。
（3）用言语或行动对裁判员的判罚表示不满者。
（4）有不正当行为者。

4. 罚令出场（红牌）

裁判员认为队员有下列情况之一者，应罚令出场。

（1）犯有暴力行为。
（2）严重犯规。
（3）使用污言秽语或进行辱骂。
（4）经黄牌警告后因犯规又被给予第二次黄牌警告。

5. 两种任意球

（1）直接任意球，可以直接射入犯规队球门得分。

（2）间接任意球，踢球队员不能直接射门得分，除非球在进入球门前曾被其他队员踢或触及。

队员在罚任意球时，防守队员必须退至距球 9.15 米处。除非他已经站在了球门线上，这个距离指的是球的前后、左右。

练一练

1. 射门练习。设定不同的射门距离进行无守门员、有守门员的射门练习。
2. 过障碍运球练习。设置 5~10 个标志桶，相距 3~5 米，做 "S" 形运球练习。
3. 组织小型足球比赛。以 "5 对 5 或 6 对 6" 进行比赛。
4. 参加校园内足球比赛，在教师指导下，担任裁判工作，更好地熟练比赛规则，提高裁判水平。

项目四　乒乓球

乒乓球运动是一项球小，速度快，变化多，趣味性强，设备比较简单，不受年龄、性别和身体条件限制，具有广泛的适应性和较高的锻炼价值，容易开展和普及的一项运动，深受广大群众喜爱，在我国被誉为"国球"。

经常参加乒乓球运动，对人体神经系统的灵活性、敏锐性、判断性有很强的锻炼作用，还能改善心血管系统的机能，提高动作速度和反应能力，培养机智果敢、沉着冷静、积极进取、敢于拼搏的优良品质，促进身体的全面发展。

一、基本技术

（一）握拍

1. 直拍握法

（1）快攻型握拍法（如图 4-85 所示）：拍前食指第二指节和拇指第一指节在球拍前面呈钳形，两指间距 1~2 厘米，拍柄贴住虎口，另外三指自然弯曲贴于球拍后面的 1/3 上端。

（2）弧圈型握拍法（如图 4-86 所示）：拍前拇指紧贴拍柄左侧，食指扣住拍柄成环状；拍后，三指自然弯曲顶住球拍中部。

（3）削球型握拍法（如图 4-87 所示）：拇指在球拍前，拍柄左侧用力下压，其余四指自然分开托于拍后。

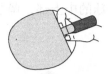  

图 4-85　快攻型握拍法　　　　　　　图 4-86　弧圈型握拍法

2.横拍握法（如图 4-88 所示）

虎口贴住拍柄，拇指在球拍正面，食指在球拍反面。

图 4-87　削球型握拍法　　　　　　　图 4-88　横拍握法

（二）基本步伐

1.单步

击球时以一脚的前脚掌为轴，另一脚向前、向后或左右移动一步，身体重心随之落在移动脚上。

2.跨步

击球时，一脚蹬地，另一脚向移动方向跨一大步，蹬地脚随后跟上半步或一小步，身体重心即移到跨步脚上。

3.跳步

以来球异侧脚用力蹬地，两脚同时离地向来球方向跳进。

4.交叉步

击球时，与来球异侧的脚向来球一侧移动，并超过另一脚，接着另一脚再向来球一侧移动（来球角度大时运用）。

（三）发球、接发球

1.发球

（1）正手发急球：抛球后，待球下落时前臂迅速由后向前挥动，拍面稍前倾，击球中上部。

（2）反手发急球：左脚稍后，抛球后，持拍手向左侧后方引拍，拍稍前倾，用前臂和手腕发力，击球中上部，击球后前臂和手腕随势向前挥动，击球点比网稍低，第一落点应靠近球台端线。

（3）正手发奔球（如图 4-89）：身体稍向右转，球向上抛起后，执拍手随即向后上方引拍，击球时前臂由后方向左前方挥动，拇指压拍，拍面稍前倾并向左方偏斜，球拍沿球的右侧中部向上部摩擦；击球后前臂和手腕随势向前挥动。

（4）正（反）手发转与不转球：拍面后仰，用前臂挥动和手腕转动，摩擦球的中下部，拍与球接触瞬间，用球拍撞击球减少摩擦力，球则不转；增大摩擦力，球则转。

2.接发球

接发球的关键在于判断来球旋转方向和落点，及时移动到位，正确回击。接发球技术的具体运用：

（1）接上旋球可采用正反手攻球或推挡回接，拍面适当前倾，击球的中上部，调节好向前的力量。

图4-89　正手发奔球

（2）接下旋长球用搓球、削球、提拉球回接，搓或削时多向前用力。

（3）接左侧上、下旋球可采用攻球和推挡回接，拍面稍前倾并略向左偏斜，击球偏右中上（中下）部位，以抵消来球的左侧上（下）旋力。

（4）接右侧上、下球可采用攻球或推挡回击，拍面稍前倾并（后仰）向右偏斜，击球偏中上（中下）部位，回接要点和方法与接左侧上、下旋球相同。

（四）挡推球

1. 快推

击球前，上臂、前臂适当后撤引拍，击球时，前臂迅速迎前，触球的一刹那，前臂外旋，手臂向前，在上升期击球的中上部。

2. 减力挡

击球前稍微屈臂使拍略为提高，拍面前倾。击球时手臂向前移动，同时身体重心略升高，整个动作（用力很小）在上升期击球，在击球的瞬间，手臂和手腕稍向后撤。

（五）削球

削球是通过球的旋转和落点变化调动对方，伺机反攻。

正（反）手近削球：击球时，身体离台稍近，拍面稍后仰，前臂用力向左（右）前下方切削，手腕配合下压。一般在高点期，球拍摩擦球的中下部。

正（反）手远削球：当来球时拍面稍后仰，球拍摩擦球的中下部为快削球；当球下降时，击球为慢削。用拍面摩擦球，则旋转，把球托出，则不旋转。

（六）攻球

1. 正手近台快攻（如图4-90）

图4-90　正手近台快攻

站位近台，击球前，引拍至身体右侧，上臂与身体成 35° 夹角，与前臂约成 120° 夹角。球从台面弹起，手臂由右侧向左侧前方迅速挥动，以前臂发力为主。常用于还击正手位的发球、推挡球、一般的上旋球等，使对方措手不及，在对攻中以线路、落点、变化相结合，调动对方，伺机扣杀。

2. 反手攻球

右脚稍前，身体离球台约 40 厘米。持拍手臂自然弯曲，将球拍移到腋前偏左的位置。击球时，前臂和手腕向右前上方挥动，同时配合外旋转腕动作，使球拍面前倾，在上升时，球拍击球的中上部。

二、基本战术

（一）对攻战术

对攻战术主要用正手攻球和反手推球的速度和力量，是进攻型打法互相对垒时常用的战术。主要运用紧压反手，综合变线；连续压中路及正手，调右压左；轻重力量变化等方法控制调动对手，伺机攻击对方。

（二）发球抢攻战术

发球抢攻是快攻类打法，是利用发球力争主动、先发制人的一项主要战术，是得分的重要手段。常用反手右侧上（下）旋球后抢攻；反手发急上（下）旋球后抢攻；侧身正手发高（低）抛左侧上（下）旋球后抢攻等战术。

（三）接发球战术

这是与发球抢攻相抗衡的一项战术，目的在于破坏对方发球抢攻。常用拉球、快拨或推挡回接球、快搓短球和接发球抢攻。

（四）搓攻战术

搓攻战术主要运用"转、低、快、变"的搓球控制对方，以寻找战机，然后采用低突、快攻或快拉等技术展开攻势；在搓球中遇到机会球时进行扣杀，常带有突然性，往往直接得分。搓攻战术是快攻类打法对付攻球和削球打法的辅助战术。

（五）削中反攻战术

这一战术由削球和攻球结合而成，常以逼角加转削球为主，伺机反攻；或以转、低、稳、变的削球使对手在走动中拉攻，以从中寻找机会，进行反攻的主要技战术。

三、竞赛规则简介

（一）场地

球台：球台的上表面叫作比赛台面，为与水平面平行的长方形，长 274 厘米，宽 152.5 厘米，高 76 厘米。

球网：球网装置包括球网、悬网绳、网柱及将网固定在球台的夹钳部分，球网应悬挂在一根绳子上，绳子两端系在高 15.25 厘米的直立网柱上。

乒乓球：圆球体，直径 40 毫米，重 2.7 克。

（二）主要规则

1. 选择发球权及场地的权利应通过抽签来决定。中签者可以选择先发球或先接发球，或者选择先在某一方。

2. 计分

每局比赛以先得 11 分者为胜方。如打到 11 平后，则以先多得 2 分者为胜方。赛制单打的淘汰赛采用七局四胜制，双打淘汰赛和团体赛采用五局三胜制。每局比赛结束后，双方应交换方位。决胜局当一方先得 5 分时，也应交换方位。各局间休息时间不得超过 2 分钟。

3. 发球

（1）发球时，球应放在不执拍的手上，持球手掌张开和伸平。

（2）发球时，持球的手应在比赛台面水平面以上。

（3）发球时，只能用不执拍的手将球向上抛起，不得偏离垂直线 45°，不得使球旋转。

（4）发出的球必须首先触及发球员的台区，然后绕过球网触及接发球台区。

双打发球时，球与比赛台面的接触点应先在发球员台区的右半区内或中线上，然后落在接发球员台区的右半区内或中线上。

每方运动员连续发 2 个球后换发球，打到 11 平后，每得一分就换发球，直到此局结束。第一局先发球的一方，第二局应换发球，以此类推。

4. 合法还击

对方发球或还击后，本方运动员必须击球，使球直接越过或绕过球网装置，或触及球网装置后，再触及对方台区。

5. 重发球

发球员发出的球，越过或绕过球网时触及球网后落到对方的比赛台面，应重发球；接发球队员未准备好而发球，也应重发球；发球秩序错误，也要重发球。

6. 判失一分

未能合法发球；未能合法还击；对方阻挡；运动员在发球或还击后，对方运动员在击球前，球触及了除球网装置以外的任何东西；对方运动员不执拍手触及比赛台面；双打时，对方运动员击球次序错误等。

想一想

你在乒乓球比赛中，都运用了哪些乒乓球的技战术组合，赢得了胜利？

项目五　羽毛球

羽毛球运动诞生于英国，由网球派生而来。它设备简单、老少皆宜、充满乐趣而又能强身健体，既是一项竞争激烈的竞技运动，又是一项娱乐性较强的群众性体育运动。

一、基本技术

（一）握拍方法

正确的握拍方法是打好羽毛球的第一步。握拍技术包括正手握拍和反手握拍。

1. 正手握拍法（如图 4-91 所示）

先用左手握住拍的腰杆，使拍面与地面垂直，右手虎口对准拍柄侧面内沿，小指、无名指和中指并握，食指稍分开，大拇指和食指相对。握住后，拍柄后端应稍露出。

2. 反手握拍法（如图 4-92 所示）

在正手握拍的基础上，拍柄稍外转，食指收回，拇指第一关节的内侧贴在拍柄内侧宽面上，柄端紧靠小指根部，使手心留有空隙。

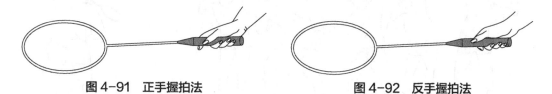

图 4-91　正手握拍法　　　　　　　　图 4-92　反手握拍法

（二）发球

按发出球在空中飞行的弧线可分为高远球、平高球、平快球、网前球等。

（1）发高远球（如图 4-93 所示）：左脚在前，右脚在后，左手将球举在身体的右前方，右手向前摆动，腕部保持后屈，待球落到适当高度时，向前摆臂击球。当球与球拍接触的一刹那，要把拍子握紧，闪电式击球。击球时，身体重心由右脚移到左脚。

图 4-93　发高远球

（2）发平高球：平高球的飞行弧度较高远球低，多用前臂带动手腕发力，拍面稍微向前推进，仰角小于 45°。

（3）发平快球：站位稍靠后，击球的瞬间拍面的仰角小于 30°，击球点在腰部以下最高处，挥拍时要利用前臂带动手腕，闪击式击球。

（4）发网前球：发网前球与发高远球的站立姿势一样，但挥拍幅度要小，当球与球拍接触的一刹那，利用小臂摆动和手腕力量由右向左横切推送，把球击出。

（三）接发球

单打时站位离前发球线约 1.5 米处，在右发球区则站在靠近中线处，在左发球区则站在中间位置，以防对方直线进攻反手部位。双打场地较短，发高球易被杀死，因此多发网前球，接发球可站在离前发球线较近处。

对方发来高远球或平高球时可用平高球、吊球或杀球还击。对方发来网前球时可用平高球、放网前球、平推球还击。

（四）击球

1. 高手击球

高手击球具有击球点高、力量大、主动性强、进攻威力大等优点。

2. 正手击高远球（如图 4-94 所示）

左脚在前（脚尖朝网），右脚在后（脚尖朝右侧），身体重心在右脚前脚掌，屈臂举拍于肩上，球落到击球点高度时，握拍前臂后引，肘关节向后抬起，使球拍引到头后，自然伸腕，前臂上挥，肘关节迅速上升，前臂前"甩"，触球时手臂伸直，"闪动"手腕。

击反手高远球（如图 4-95 所示）时，改为反手握拍，右脚前交叉跨到左侧底线，背向网，身体重心放在右脚上，球拍举至胸前，拍面向上，双膝微屈，当球在右侧下落时，大臂带动前臂，肘部上抬与肩平行时，在右侧上方伸直手臂向后击球。

图 4-94　正手击高远球

图 4-95　击反手高远球

3. 杀球（如图 4-96 所示）

正手杀球与正手击高远球技术基本相同。不同处在于杀球时击球点更靠前一些，击球应全力，手腕迅速下压。

4. 吊球

把对方击来的球轻巧地还击到对方网前区域叫吊球。高手吊球分为劈吊和拦截吊。

5. 击网前球

网前球的技术变化多，包括搓、推、扑、勾、挑等多种技术。击网前球时腕关节和手指有较强的控制能力，步法灵活，击球点高，动作隐蔽性强。

（1）搓球：击球时，手腕和手指发力，利用搓、切、挑的动作摩擦球底部，改变球在空中飞行的轨道，搓球的击球点要高。

图 4-96　杀球

（2）推球：将对方的网前球轻推过网，使球沿网坠落。

（3）扑球：当对方放网前球或回击网前时，及时作出判断，对弧线较高的球迅速上步在网前扑杀。

（4）勾球：回击网前球时用"勾"的动作将球击入对方网前。

（5）挑高球：把对方的吊球或网前球回击到对方的后场。如来球离网较远，可挥拍向前上方击球；如来球离网较近，击球时拍面近于水平，并且要带点向上的"提拉"动作。

6. 步法

快速、灵活、正确的步法是打好羽毛球的基础。许多初学者注重手法练习，却忽视了步法练习。

要使步法快速、灵活、正确，应当做好正确的准备姿势。正确的准备姿势是面对球网站立，两脚左右分立与肩同宽，两膝微变屈，身体重心稍向前移，以两脚前脚掌着地，并保持在原地不停地轻轻移动，以便随时起动，手臂前屈举拍于体前，拍头向上。

（1）起动。对来球一定要有准确的判断，从个人中心位置上准备接球姿势转为向击球位置出发，称为起动。要做到起动快，必须反应敏捷、判断准确。

（2）移动。主要指从中心位置起动后到击球位置的移动方法。移动的基本步法有垫步、交叉步、碎步、并步、蹬转步等。下面将各种移动的基本步法介绍一下，希望能掌握步法的运用。

① 垫步：当右（左）脚向前（后）迈出一步后，后脚跟进，紧接着以同一脚向同一方向再跟一步，为垫步。垫步一般作为调整步距用。

② 交叉步：左右脚交替向前、向侧或向后移动为交叉步。另一脚向前面的为前交叉步，而另一脚后面的为后交叉步。交叉步一般在后退打后场球时后退得较多。

③ 小碎步：以小的交叉步移动的称为小碎步。由于步幅小，步频快，一般在起动或回动起始时用。

④ 并步：右脚向前（或向后）移动一步时，左脚即刻向右脚跟并一步，紧接着右脚再向前（向后）移动步，称为并步。

⑤ 蹬转步：以一脚为轴，另一脚做向后或向前蹬转步。

（3）到位配合击球。移动本身是为击球服务的，所谓"步法到位"，即指根据不同的击球方式，运动员应站到最适合击球的最有利的位置上，如果没有占据最理想的位置，最后（击球前）需要做小步调整，使击球动作能协调发力。

（4）回动（回中心位置）。击球后，应尽力保持（或尽快恢复）身体平衡，并立刻向各中心位置移动，以便在中心位置上做好迎击下一个来球的准备，称为回动。初学者往往缺乏"回中心"的意识，当然，并非每击一次球都必须回中心，而应根据比赛当时的实际情况，根据双方技战术的特点，选择最合理回击对方来球的回动路线和回动位置。

二、基本战术和打法

（一）羽毛球的几种打法

1. 压后场底线

通过高远球或进攻性平高球压对方后场底线，迫使对方后退，然后配合大力杀球或吊网前争取得分。

2. 快拉、快吊

以平高球压对方后场两底角，配合快吊网前两角，引对手上网，当对方被动回网前时，迅速上网控制网前，以网前搓、勾球结合推后场底角，迫使对手疲于奔跑，被动回球。

3. 后场下压，上网搓、推

在后场扣杀、劈杀和吊球等进攻技术，迫使对方放网前球，这时主动上网，利用搓、推等技术控制网前，迫使对方挑高球，然后再起跳大力杀球。

4. 守中反攻

这种技术是利用拉、吊、打四方球及防守中的球路变化调动对方，伺机反攻。

（二）基本战术

1. 发球抢攻

从发球开始控制对方，攻杀得分。发球抢攻一般发网前低球，结合平快球、平高球，争取第三拍主动进攻。

2. 急攻前场

对基本功较差的对手，可以攻前场的两角，乘机取胜。

3. 杀吊上网

当对方打来后场高球时，先以杀球配合吊球把球下压，落点要选择在场区的两条边线附近，使对方被动回球。若对方还击网前球时，迅速上网搓球、勾球或推球，创造中后场大力扣杀的机会。

4. 守中有攻

先以高远球诱使对方进攻，在对方强攻不下疏于防守时，即可突击进攻或在对手体力下降，进攻速度缓慢时，再发动进攻。

三、羽毛球竞赛规则简介

（一）场地级比赛项目

（1）羽毛球场：呈长方形，单打场地长13.40米，宽5.18米。双打场地长13.40米，宽6.10米。

（2）网柱：网柱高1.55米。

（3）球网：网上下宽0.76米，球场网中央高1.524米，边线处网高1.55米。

（4）羽毛球：应有14～16根羽毛。羽毛长64～70毫米，每个羽毛球尖应平齐。羽毛顶端围成圆形，直径58～68毫米。球重4.74～5.50克。

（5）羽毛球比赛设有男子团体、女子团体、男子单打、女子单打、男子双打、女子双打、男女混合双打7个项目。

（二）计分

除非另有规定，羽毛球一场比赛应以三局两胜确定胜负，率先取得21分的一方赢得当局比赛，如果双方比分打成20比20，获胜一方需超过对手2分才算取胜，如果双方比分打成29比29，则率先得到第30分的一方取胜。首局获胜一方在接下来的一局比赛中率先发球。对方"违例"或球触及对方场区的地面成死球，则该方胜这一回合并得1分。

（三）合法发球

（1）一旦发球员和接发球员做好准备，任何一方都不得延误发球。发球时发球员球拍的拍头做完后摆，任何迟滞都是延误发球。

（2）发球员和接发球员，应站在斜对角的发球区内，脚不得触及发球区和接发球区的界线。

（3）从发球开始至发球结束前，发球员和接发球员的两脚，都必须有一部分与场地的地面接触，不得移动。

（4）发球员的球拍，应首先击中球托。

（5）发球员的球拍击中球的瞬间，整个球应低于发球员的腰部。腰指的是发球员最低肋骨下缘的水平切线。

（6）发球开始后，发球员必须连续向前挥拍，直至将球发出。

（7）发出的球向上飞过网，如果未被拦截，球应落在规定的接发球区内。

（8）发球员发球时，应击中球。

（四）违例

（1）不合法发球。

（2）发球时：球挂在网上或停在网顶；球过网后挂在网上；接发球员的同伴接到球或被球触及。

（3）比赛进行中，球落在场地界限外；从网孔或网下穿过；触及天花板或四周墙壁；触及运动员的身体或衣服；触及场地外其他物体或人；被同一运动员两次挥拍连续两次击中；被同方两名运动员连续击中；触及运动员球拍，而未飞向对方场区。

（4）比赛进行中，运动员球拍、身体或衣服，触及球网或球网的支撑物；球拍或身体，从网上侵入对方场区；球拍或身体，从网下侵入对方场区，导致妨碍对方或分散对方的注意力；妨碍对方，即阻挡对方紧靠球网的合法击球；故意分散对方注意力的任何举动，如喊叫、故作姿态等。

练一练

课下练习羽毛球的基本发球、接发球和步伐移动。

项目六　网球

网球因场地器材简单，便于开展活动，所以深受大学生的热爱。从事网球运动可以有效地发展学生身体的灵活性、柔韧性和协调性，从而增进身体健康。

一、基本技术

（一）握拍

握拍是学打网球的第一步，也是十分重要的一步。正确的握拍会使打球者感到球拍是手臂的延伸，而拍面和弦则是打球者手掌的扩大，会令你击球的位置和角度合适，击出的球有力旋转。因此，根据个人的情况确定自己的握拍方式，对打好网球是非常重要的。

传统的握拍方式有三种：东方式、大陆式和西方式。为了打好网球，必须先了解球拍及手掌各个部位的名称。

1. 东方式握拍法

动作要领：由拇指和食指形成的"V"字形虎口放在球拍把手的上平面上，手掌根部贴住拍把手的右上斜面，与拍底平面对齐，食指与其余三个手指稍分开，从拍下平面绕过来，食指下关节压在右垂直面上，拇指要自然弯曲，握住左垂直面。击球时由手掌根部与食指下关节控制球拍。

东方式反手握拍法是在正手握拍法的基础上，手沿逆时针方向旋转一个平面。采用这种握拍法时应注意：在击低的地面球时，拇指要垫压在左下斜面，以免拍头低垂，无法正确完成动作。

2. 大陆式握拍法

大陆式握拍法介于东方式握拍法的正手与反手握拍法之间。要点是由拇指与食指形成的"V"字形虎口放在拍把手的上平面与左上斜面的交界上，手掌根部贴住上平面，与拍底平面对齐，食指与其余三个手指稍分开，食指下关节紧贴在右上斜面上。在正、反手击球时均采用同样握法。

3. 西方式握拍法

由于较复杂，只有极少数人采用。西方式握拍法最形象的说法是"一把抓"，其要点是拇指与食指几乎成直角，拇指伸直压住拍上平面，食指下关节握住右上斜面，手掌根贴住右下斜面，与拍底平面对齐。

西方式反手握拍法是在正手握拍法的基础上，手腕按顺时针方向转动，拇指伸直紧压在左垂直面，食指下关节压住上平面，手掌根部贴住左上斜面，与拍底平面对齐。

无论采用哪一种握拍法，都应注意拇指与食指必须钳紧拍，手掌根部贴紧把手，由食指下关节与手掌根部控制球拍。另外，要注意手臂与拍形成"L"形，拍顶始终保持比拍底稍高些。

（二）网球的弹跳与旋转

网球在空中的飞行轨迹为抛物线，抛物线分为上升、峰、下落三部分。由于挥拍方式不同，球是可以上旋、下旋或侧旋的。不同的旋转飞行速度，弹跳高度均有不同。下面介绍上旋、下旋、平击球的运用与击法。

1. 上旋球

上旋球是比赛中运用最多的一种击球方式。其安全系数高，可以在各种情况下运用。上旋球触地后的速度比触地前的速度更快，只有用上旋球才能进行进攻性比赛。

上旋球来自由下向上的挥拍，与拍面在击球时保持垂直。

2. 下旋球

下旋球在上网截击及削球时运用较多。下旋球的运动方式使球下方的气压大于上方的气压。因此，下旋球又慢又飘，球的弹跳高度较小。球与地面产生摩擦力与球运动的方向相反。

击下旋球是自上而下挥拍，当来球速度不太快，需要击下旋球时可采用削球，让拍面向前下方做托盘状运动。

3. 平击球

绝对不旋转的平击球实际上是不存在的。球在空中飞行，与空气摩擦就会产生旋转，是稍带上旋。一般在发球、上网或扣杀时为了有效地把全身力量击在球上，球拍挥动的轨迹应与球飞行的轨迹基本一致。此外，还有侧旋球，它是在水平面上旋转。

（三）打好网球的基本要求

1. 球感

击球的位置，并不是我们看见球在哪里，而是意识到球会飞到哪里。当我们了解了球的旋转与弹跳的性质后，就可以预测球在何处落地，落地后向何处弹跳，以及以什么样的方式弹跳，这就是所谓的球感。球感的好坏取决于运动员的水平。球感的培养除了需要学习基本理论知识之外，还必须多观察、多实践。

2. 手腕

手腕在击球瞬间保持不动是至关重要的。手腕的松动会使击球动作变形，使球失去控制。

3. 移动

网球场上运动员大部分时间都得跑动。要学会跑动，要掌握跑得快、停得住的技术，以及如何在适当的位置上击球。离球太远或太近都难以完成击球的动作。

在准备击球及跑动的整个过程中，运动员都应尽量使自己的重心降低，以保持身体平衡有弹性，没有握拍的手臂在训练或比赛中会起到维持身体平衡的作用。

（四）正手击落地球

落地球，是指回击对方，在对方场内落地弹起的球。这里介绍的是一般的低落地球，落点在底线附近。

1. 握拍与准备动作（以右手为例）

运动员准备击球前，应身体面向球网、膝弯曲、重心降低、上体前倾、以前脚掌着地。击球的手握拍在身体前方、另一只手的拇指与食指、中指轻轻夹住球拍的拍柄。当球飞来时，运动员应迅速启动奔跑，不能迎着球的落地点直线跑。适当的位置是球的飞行轨迹在自己的右前方，当身体重心从后脚移至前脚时，球正好接近球拍。

2. 身体重心的变化

当球迎面而来时，运动员应迅速后退一步或侧让，使身体与球的落地轨迹保持一定距离，然后再重新跨步上前击球，击球前运动员侧身站立，面朝边线，侧对着网的方向，在击球过程中，面部与身体方向一致朝着边线。完成击球动作后面部和身体才转向球网的方向。

3. 击球前的收拍

击球前，手臂应做好收摆球拍的准备，球拍要收得早。当确定来球将奔向你的正手或反手时，就开始收拍。收拍弧度及动作不宜太大。拍应收在来球的线路上，根据来球的弹跳高度来确定收拍的高度。收拍到击球的整个过程中，球拍的挥动是以手臂带动的，而不是靠手腕的转动。

4. 挥拍的节奏

击球时，手臂带动球拍在转动中进入击球空间，球拍在回拉准备击球时动作较慢，进入击球轨道时突然加快，动作过程连续协调。完成击球动作后，球拍向前再送一段，不得立刻收起。

5. 击球

击球必须"迎上去"提前挥拍，沿着来球的轨迹挥上去，使拍与球在身体前方相碰。这是完成击球动作的关键。通过手柄可以控制击球部位。

在击球中手臂应做两种运动：一是向前运动，即整个手臂沿着来球方向挥去；二是手臂在向前运动的同时，通过以肘为轴心的转动调整拍头的位置，使其在球的下方击球。要将这两种运动形式有机地结合起来。

6. 跟进

跟进可以提供击球的力量和控制球的飞行方向。击球时不能使人感到球与拍是在"碰撞"，而是使人感到球拍把球"推送"出去。较小的收拍动作及较长的跟进动作将使击出的球方向更准确，力量更强劲。击球后要让球拍连贯地再向前运动，直至手臂拉紧，拍头无法再向前运动为止。

（五）反手击落地球

反手击落地球分为落地高球与落地低球。由于他们的打法不同，因此，反手击球时应注意以下几点：

（1）在挥拍击球时，拍头要低于手臂。

（2）重心前移，击球时重心由后脚移至前脚。

（3）屈膝使身体重心降低。

（4）拍面向上，从收拍到击球，拍面应该始终保持向上，击球的瞬间仍保持拍面的稍微向上，击中球下方。

（5）应该在前脚的前方击球，手腕要固定，不要耸肩。

（六）发球技术

网球比赛中发球运动员有两次发球机会。第一次发球失误后，可以进行第二次发球，再次失误，才算失分。发球的技术结构包括握拍持球、发球站位、抛球、挥拍击球及跟进动作。

1. 握拍持球

一般采用大陆式握拍法。正确的握拍法便于头顶上方各个位置有力地击球，给手腕更大的自由去控制拍面与球的接触角度。

2. 发球站位

在单打比赛中，运动员发球一般站立在端线后离中点1米以内的地段。中点向后假想延长线与边线假想延长线之间的区域内，越出这个区域就是脚误犯规。发球时在拍与球接触前，后脚不能提前进入场区。发球的基本类型有三种：侧旋球、平击球、强烈旋转球。其中最常用的是侧旋球。

3. 抛球

抛球对发球的成功至关重要。抛球时，抛球的左手用食、拇指和中指指尖把球夹住。发球时，随着右手的收拍，左手向上抛球，当球拍抬至高于头顶时，三手指自然松开，让球垂直上升。

抛球时机要掌握好，不能太快或抛得太低。球抛得过低或过快，则收拍的动作来不及完成，造成击球易下网或出界，若抛得过高或过迟，则会破坏整个动作的节奏，击球点不易掌握，抛球应抛入固定的空间点，抛入挥拍的轨迹中。

4. 挥拍击球

持球的左手抬高的同时，握拍的右手向右运动，身体及腰部向右后扭转，两膝自然弯曲如同压紧的弹簧。

当抛出的球快进入击球点时，右臂迅速向前上方挥动，上体随之向上运动、腰伸直、两腿绷直、三关节充分伸展开。拍头运动成圆弧状，在最高点击球。拍头划的圆弧越大，挥拍的动作完成得越好，则击球越有力。

整个击球动作节奏分明。收拍时身体应放松、自然，拍头稍下垂，动作较慢。击球时动作迅速，手腕固定，身体重心从后脚移至前脚，不要终止挥拍的轨迹，直至挥至身体的左下方，完成跟进动作，然后再进入下一个击球动作。

（七）上网截击技术

截击，是指对方来球未着地之前就加以反击。上网截击动作的基本要求有以下两点。

1. 击球时手腕是固定的

来球快、力量大时，只有手腕固定才能控制好拍面击球角度，控制回球方向。收拍时肘关节应稍离开身体，可以避免用手腕的扭转收拍。击球时右肩要对着网，拍头与地面约成45°角，拍面与地面垂直，固定手腕，用手臂和身体的力量使拍挡住来球的冲击。

2. 上网截击"碰"与"推"的成分多于"击"

上网截击主要是借助于来球的回弹，不同于底线击球。收拍的动作小、线路也短、碰击后跟进动作也小、身体重心低。对速度慢的来球只要稍加用力碰击即可，对速度快的来球，则需使拍面稍向上，作托盘动作，以减慢回球的速度，让对手赶不上击球。

上网截击需要判断准确，动作敏捷，必须思想高度集中，身体重心要低，保持前倾，前脚掌着地，使眼睛、球面、来球和拍头保持同一水平面，这对判断来球的方向及高度更有利。

（八）反弹球技术

反弹球是在来球落地后刚刚弹起上升的瞬间，立刻击球。击球点有时离地面仅仅15厘米。这种击球法是网球所有击球法中最困难的一种。击反弹球的动作要领有如下几点。

（1）做反弹球的动作与正反手击落地球是一样的。但身体重心要更低些，膝关节弯曲，后摆收拍动作要小，挥拍时拍柄与地面基本上平行，由身体的下蹲程度来确定击球点的高低。

（2）击球时手腕要固定，拍面由下而上垂直提起，当来球速度很快，力量很大时，可以采用推击弹球的方法——拍面稍微向下倾斜，球拍顺着回球轨迹推挡，利用反弹力把球击向对方空场区域。

（3）跑动中击反弹球时拍头要低于手腕。击球时让拍面向上"铲球"，击球后不能突然使球拍挥得太高，以免失去控制。

（九）高压球技术

高压球是对放高球的有力回击，是从头上方将球扣入对方区域，高压球主要以速度取胜，击球点又远高于网，故一般采用平击球。

高压球的击球和击球点都类似发球，但由于对方击过来的球下落的速度要比自己发球抛出的球速度快，所以，击球时要以较小的身体动作，较短而直接的后摆收拍，完成击球动作。高压球的动作要领有如下两点。

（1）击高压球必须有信心、不手软、有力、有深度、有角度，不能把球"推"过网。一旦确定对手在挑高球时，应马上侧身向右，抬头注视来球，作跳跃式垫步后退，重心放在前脚掌上。

（2）在移动同时，右手应举起球拍，左手自然上举，双目盯住来球，击球时整个身体要转过来朝着球网的方向，手腕用力下压，拍面稍朝下。身体在击球前尽力作好弹性背弓，击球时伸直，击球后向前弯曲，右脚及时向前迈步保持身体平衡。

（十）挑高球技术

挑高球就是使球高高飞越球网，落入对方后场区域。挑高球是比赛中常用的重要战术，挑高球的打法与正反手击落地球没有什么区别，仅是拍面稍向上，力度稍加控制而已。采用东方式握拍法。挑高球分为防御性与进攻性两种。

1. 防御性挑高球

一般来说，挑高球是防御性的。当对方进攻击出的球迫使自己跑到离场地很远的地方接球时，就应采用挑高球的办法，让球高高飞越正在上网截击的对手，迫使他跑回后场击球，为自己赢得跑回场中有利位置的时间。需注意的是，击球时动作要柔和，但绝不能放松手腕。跟进动作长，手臂要高抬。

2. 进攻性挑高球

进攻性挑高球的飞行弧度一般比防御性挑高球大，高度也较低。它带有强烈上旋，落地回弹高度低于防御性高球。

进攻性挑高球的动作起始与防御性挑高球没有区别。进攻性挑高球时要有"甩手"的动作，跟进动作要大，对拍的控制要十分恰当。

（十一）放小球技术

放小球就是把球轻轻击到对方网前。当对方在底线以外的地方时，实施放小球，很容易得分，至少也会使对方疲于奔跑，消耗体力。放小球极具隐蔽性，因为它只有在对方没有思想准备的情况下才起作用。它的后摆收拍动作与普通击球没有多大区别，击球时拍面成托盘状，以柔和的力前推和上托，使球轻轻飘过网。

放小球时手腕不能放松，但可以利用手臂和腕力使球作小斜线飞越过网。球过网高度一般要高于网30厘米，球落在对方发球区内，一般离网不超过1.5米。放小球在比赛中具有很大的威胁性，能给对手造成极大的心理压力。

二、基本战术

战术，是指在比赛中经常运用的手段，是对战略思想的具体实施办法。在临场比赛时，根据对手的情况灵活运用一定的战术，会取得一定成效。这里仅从一般情况对战术的运用作介绍。

（一）发球战术

1. 右区发球

站在右区发球时，第一发球一般采用平击大力发球。站位靠近中点，发向对方右发球区中线附近，迫使对方用反手接发球。第一发球若失误，则第二发球一般采用侧旋球，发向对方右发球区边线附近，利用侧旋球迫使对方离开场区接球，自己则可以占据场中有利位置等待回击。

2. 左区发球

站在左区发球时，第一发球有90%的概率可以发到对方边线附近，即对方的反手边。左区发球的第二个目标是对方场区的中心线附近，当对方为了接反手球而离中点较远时，可以突然采用平击大力发球，逼对手必须跑回场区中间用正手接球，这种发球突然性强，可以直接得分。

（二）接发球技术

1. 右区接发球

当对方在右区发球后仍留在端线附近时，则回球可以把球击向对方端线的两底角之一处。

2. 左区接发球

当对方在左区发球后仍留在端线附近时，则回球时与对方右发球的办法一样，把球击到对方两底角之一。一般是击向对方场区左底角。

（三）"对角线"战术

为了最大限度地调动对方，消耗其体力，应该设法让对方作对角线跑动。对方球员在来回前后跑动中，很难进行有效的反击。跑动次数多，身后的场区就容易露出空当，这时就会有争取得分的机会。

（四）集中攻击对方反手战术

这种战术是针对反手较弱的对手时采用。它是集中力量攻击对方反手，迫使其逐步离开场区的位置。

在攻击反手时，击球落地要深，力量及旋转性要适当加大，不能冒险把球击向离边线

60 厘米以内的地段。

（五）调动对手战术

在比赛中，双方在许多时间里都处在相持阶段，都在底线击球寻找进攻机会。这时使用大角度调动对手的战术，即轮流改变击球的方向，使对手左右跑动，可有效地消耗其体力。有时在对方已经上网的情况下，为了最大限度地调动对方，应加强球的上旋，把球击向前场的两条边线附近，可使对手措手不及。

（六）击向相反方向

在比赛中可利用对手判断错误或正在跑动，把球击向他跑动的相反方向，从而为获取比赛的主动权创造良好的条件。

 练一练

拿起球拍运动去，每天练习 30~60 分钟，你的球技一定会提高很快的。

单元检测

1. 篮球技术有哪些？各项技术要领是什么？
2. 篮球规则有哪些？
3. 排球技术有哪些？各项技术要领是什么？
4. 排球规则有哪些？
5. 足球技术有哪些？各项技术要领是什么？
6. 足球规则有哪些？
7. 乒乓球技术有哪些？各项技术要领是什么？
8. 羽毛球技术有哪些？各项技术要领是什么？

第五单元　体操运动

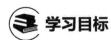

知识目标：1. 了解体操运动锻炼身体的意义。
　　　　　2. 掌握运用体操练习锻炼身体的原理。
能力目标：1. 掌握器械练习的练习方法。
　　　　　2. 掌握技巧练习的练习方法。

章节导入

　　体操是一项重要的体育运动项目，在我国有悠久的历史，是劳动人民长期实践中创造出来的一种健身手段。据文献记载和出土文物考古证明，体操分为两类：一类是强健筋骨预防疾病的体操，其中最有代表性的是"引导养身术"，年代早且内容丰富，有呼吸运动、肢体运动、器械运动等。另一类是反映我国古代歌舞、戏剧、杂技和流传于民间的技巧动作，与现代体操中的一些技巧动作类似，如倒立、后手翻、空翻等。新中国成立后，体操运动得到了迅速发展，群众性体操活动广泛普及，经过艰苦努力，我国体操运动的水平已居世界前列。

项目一　技巧运动

　　技巧运动是体操运动中一个独立的基础项目，其内容丰富多样，不受场地器械的限制。根据其技术结构，可分为翻腾动作、平衡动作和抛接动作三大类。这些动作可以单个做，也可以编成套路动作进行练习。
　　经常从事技巧练习，可以促进身体素质全面发展，提高大脑前庭器官的机能，训练肌肉放松和紧张的协调能力,增强关节韧带的力量和骨骼系统的机能,并能培养高职学生勇敢、顽强、果断、坚毅、机智等良好的意志品质。

一、前滚翻

(一)动作要领

如图 5-1 所示,由蹲姿开始,两手向前撑地,两脚蹬地(腿充分伸直),同时提臀前移、屈臂低头,使头后部、背、腰和臀部依次着地,当背部着地时,屈膝团身,两手抱小腿,上体迅速紧跟上大腿,向前翻滚成蹲的姿势。

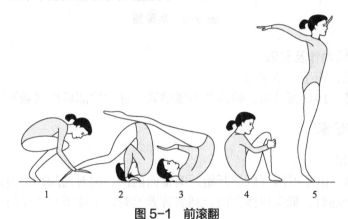

图 5-1 前滚翻

(二)练习方法

(1)抱膝团坐,在垫子上做滚动动作。
(2)在斜面上,由高向低处做前滚翻。

(三)保护与帮助

保护者跪立在练习者的侧前面,当练习者的头部将要着地时,一手托颈,当滚翻至臀部着地时,两手顺势推他的背部前送成蹲姿。

(四)常见错误动作及原因

(1)方向不正,两手用力不均匀,头偏。
(2)滚动不圆滑,团身不紧,蹬地无力。

二、后滚翻

(一)动作要领

如图 5-2 所示,由蹲撑开始,两手推地,使身体迅速向后移动,接着低头团身向后滚动,同时两手放在肩上,手指向后,掌心向上,使臀部、腰和背部依次着地。当向后滚动至肩和头部着地时,两手迅速用力推地、抬头,两脚着地成蹲撑姿势。

(二)练习方法

(1)两手放在肩上做团身前后滚动。
(2)利用斜面,由高至低做后滚翻。

(三)保护与帮助

保护者单腿跪立或蹲在练习者侧后方,一手托肩,一手推臀帮助他翻转。

图 5-2　后滚翻

（四）常见错误动作及原因
（1）方向不正，两手推地无力。
（2）团身不够，向后滚动时，臀部和小腿贴紧，形成臀部后坐滚翻不圆滑。

三、鱼跃前滚翻

（一）动作要领
　　如图 5-3 所示，由半蹲两臂后举开始，两臂向前摆，同时两脚用力蹬地向前上方跃起。当手撑地后，缓冲屈臂，低头屈体前滚，到肩背着地时，迅速团身，经蹲成直立姿势。

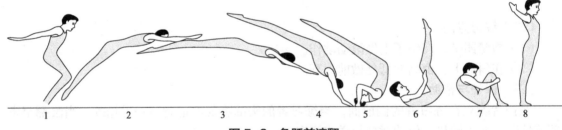

图 5-3　鱼跃前滚翻

（二）练习方法
（1）由蹲立开始，两腿蹬地，两手向前方远处撑地做前滚翻。
（2）做越过一定高度障碍物的前滚翻。
（3）采用助跑或助跳板做鱼跃前滚翻。

（三）保护与帮助
　　保护者站在练习者腾空时的一侧，一手托腹，另一手托大腿，顺势前送帮助缓冲屈臂和向前翻滚。

（四）常见错误动作及原因
（1）跃起高度不够，蹬地无力，髋角小，手撑地点过近。
（2）滚动不圆滑，屈臂缓冲不及时。

四、侧手翻

（一）动作要领
　　如图 5-4 所示，由侧立开始，两臂侧举，上体向左侧倒，左脚落地后右腿向侧上方摆起,左手撑地(手指稍向左后方),左脚用力蹬地。然后右手撑地经分腿倒立姿势,左手推离地面,右脚落地,接着右手推离地面,左脚落地成分腿站立姿势。整个动作应使身体沿垂直面,手脚落在一条直线上,节奏要均匀。

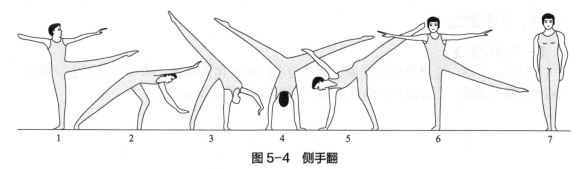

图 5-4　侧手翻

(二)练习方法

(1)在地上划一条直线作为标记,要求手脚落在线上。在帮助下做侧起成分腿手倒立和由分腿倒立做侧翻成站立。

(2)做正对前进方向的侧手翻。

(三)保护与帮助

保护者站在练习者的背后,两手交叉扶其腰部,维持其身体平衡并帮助前移。

(四)常见的错误动作及原因

(1)方向偏,两手不在一条直线上,摆腿不正。

(2)重心后倒,收腹、低头,身体没有打开。

五、肩肘倒立

(一)动作要领

如图 5-5 所示,由直角坐姿势开始,向后滚动,收腹举腿翻臀立腰,两臂用力撑地,接着向上伸展两腿,同时两手撑于腰背的两侧(两肘内夹),成头、肩、肘支撑的倒立姿势。

图 5-5　肩肘倒立

(二)练习方法

(1)屈体仰卧举腿,做髋的屈伸练习,两臂用力撑垫。

(2)倒立姿势不正确,身体不能充分伸展,可用手提拉小腿同时用膝盖顶其背部。

(三)保护与帮助

保护者站在练习者的侧面,两手握住练习者的小腿向上提拉。用膝顶其腰臀部。

（四）常见错误动作及原因

（1）屈髋，体不直，两手支撑力量差，部位不对。
（2）向后滚动力量过大，伸髋过晚。

六、头手倒立

（一）动作要领

如图 5-6 所示，由蹲撑姿势开始，两手与肩同宽在体前撑地，头和手成等边三角形。然后提臀两腿蹬地，当臀部在支撑点垂面时，伸直髋关节成倒立姿势。

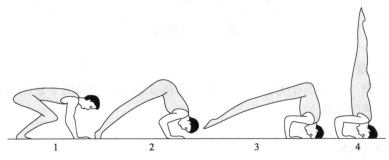

图 5-6　头手倒立

（二）练习方法

（1）先做一脚蹬地，另一腿后摆成头手倒立动作。
（2）为了提高控制身体能力，可做分腿慢起倒立。

（三）保护与帮助

保护者站在练习者前侧面，两手扶其腰部，当成头手倒立后扶其小腿。

（四）常见错误动作及原因

（1）前倒，头和两手位置不成等边三角形；髋部没有打开，脚没有并拢、绷直。
（2）摆不起腿，没提臀，重心前移不够。

七、俯平衡

图 5-7　俯平衡

（一）动作要领

如图 5-7 所示，由站立姿势开始，向前迈出一步，同时上体前倾，另一腿尽量后举，抬头挺胸，两臂侧举成俯平衡姿势。

（二）练习方法

（1）练习者手扶器械做平衡动作。
（2）练习者在同伴的帮助下做俯平衡动作。

（三）保护与帮助

站在练习者的侧面，一手扶肩，一手扶大腿向上。

（四）常见错误动作及原因

重心不稳，上体前倾过大，头、胸没有抬起。

 **练一练**

熟练掌握各个技巧动作的动作要领，在保证安全的情况下课下练习前后滚翻。

项目二　器械体操

一、单杠

单杠是男子竞技体操项目之一，它的动作都是动力性动作，包括摆动、屈伸、回转、转体、腾跃、换握、空翻等动作。单杠多以身体绕杠旋转的形式完成，动作要协调连贯。经常从事单杠练习，可增强上肢、肩带、躯干、肌肉的力量和柔韧性；提高身体的协调性以及身体平衡能力；并能培养学生勇敢、顽强的精神和克服困难的能力。

（一）支撑上单腿摆越成骑撑

1.动作要领

如图5-8所示，支撑开始，直臂顶肩，重心左移，左手用力撑杠，右手推离杠面，两眼平视，同时右腿迅速经侧向前上方摆越过杠。右手立刻换握并撑直，挺身成骑撑，保持身体平衡。

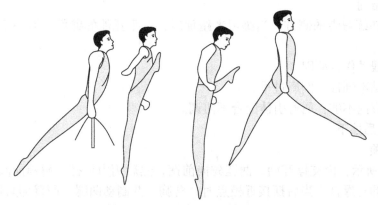

图5-8　支撑上单腿摆越成骑撑

2.练习方法

（1）徒手做移重心和摆腿动作练习。
（2）两人一组手拉手臂体会移重心动作。
（3）在低单杠上做移重心和摆腿练习。
（4）在同伴保护下做完整套路动作练习。
在低杠上练习，由教师保护进行练习，使学生消除害怕心理，牢记动作要领。

3.保护与帮助

保护者站在左侧杠后，左手握其上臂，右手托其左腿。

4.常见错误动作及原因

腿碰杠，害怕心理，不敢移重心，移重心时肘关节弯曲，屈腿摆越。

（二）蹬地翻身上成支撑

1.动作要领

如图 5-9 所示，由直臂正握杠站立开始，接着屈臂，左腿迅速经前向后上方摆起，右脚蹬地后与左脚并拢，同时屈臂用力引体，倒肩、收腹靠杠。当身体翻转两腿至杠后水平部位时，制动两腿，抬上体，翻腕撑杠，两臂伸直成支撑。

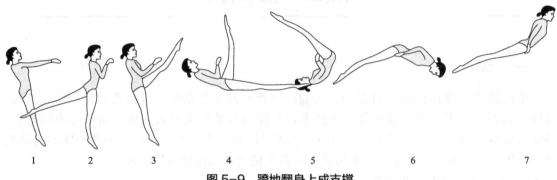

图 5-9　蹬地翻身上成支撑

2.练习方法

（1）在杠前放一厚垫子，右腿蹬垫子后翻身上。

（2）手握单杠做屈臂练习。

3.保护与帮助

保护者站在练习者的侧方，当练习者蹬地时，一手托他的臀部，另一手托其肩部帮其翻转。

4.常见错误动作及原因

（1）腹部贴不到杠，倒肩过早。

（2）摆腿方向不够，屈臂引体配合不协调。

（三）支撑后摆下

1.动作要领

如图 5-10 所示，由支撑开始，两腿先向前摆，然后用力后摆。肩稍前倾，双腿向后上方摆腿，两臂伸直撑杠。当后摆接近极点时，含胸，并制动两腿，两臂伸直用力顶肩推杠，挺身落下。

图 5-10　支撑后摆下

2. 练习方法

（1）低杠支撑后摆下，手不离杠。

（2）高杠做小幅度后摆下。

（3）在同伴帮助下做完成动作练习。

3. 保护与帮助

保护者站在杠后侧方，一手托腹部，另一手托腿部帮助后摆，然后扶持身体落下。

4. 常见错误动作及原因

后摆时挺胸塌腰，推手不及时，无挺身。

（四）骑撑前回环

1. 动作要领

如图 5-11 所示，右腿骑撑开始两手反握，两臂伸直撑杠，身体重心前移提臀。左大腿上部靠杠，右腿举起向前骑出，同时上体挺直迅速前倒。当上体回环至杠后水平面时，右腿压杠，展髋，左腿继续后摆，同时向上挺胸，两臂伸直压杠，翻腕成骑撑。

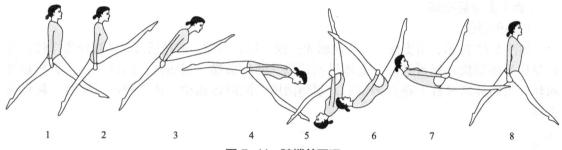

图 5-11　骑撑前回环

2. 练习方法

（1）在杠前侧方托其右腿，让其体会右腿前跨，上体前倒动作。

（2）在杠前设一标志物，让练习者脚触标志物做前回环。

3. 保护与帮助

保护者站在杠后侧方，一手从杠下翻握练习者手腕，另一手当回环至杠后时，托其背部帮助上杠成骑撑。

4. 常见错误动作及原因

（1）重心未前移，右腿不敢举起前跨或前跨不够。

（2）后半周挺身翻腕不够，髋关节角度太小。

（五）支撑前回环（腹回环）

1. 动作要领

如图 5-12 所示，由支撑开始，两臂伸直撑杠，稍提臀、屈髋，以大腿上部靠杠，接着上体挺胸前倒。当身体过杠前水平位后，上体加速前屈，加快身体回环速度，当身体回环至杠后水平位时，两手向前翻腕、压杠，同时迅速向前上方"起肩"，两腿后摆成支撑。

2. 练习方法

支撑后前倒体，在同伴保护下完成技术动作。

3. 保护与帮助

保护者站在杠后侧方，当练习者前倒后，一手托臀部，另一手顺势托背部，帮助腹部靠杠和身体回环成支撑。

4. 常见错误动作及原因

身体掉下杠，身体前屈，回环速度不够。

图 5-12　支撑前回环

（六）支撑后回环

1. 动作要领

如图 5-13 所示，由支撑开始，两腿先前摆，接着后摆。肩稍前倾，两臂伸直撑杠，然后身体下落到腹部接近杠时，上体迅速后倒，两腿前摆，稍屈髋。两臂压杠，腹部靠杠回环。当回环肩过杠下垂直部位后，制动两腿，同时迅速抬上体，挺胸、伸髋、翻腕成支撑。

图 5-13　支撑后回环

2. 练习方法

（1）支撑后摆落地成支撑。

（2）在同伴保护帮助下做回环动作练习。

3. 保护与帮助

保护者站在杠前侧方，一手从杠下翻握练习者手腕，另一手当他后倒时托臀部，使腹部靠杠。在回环的后半部时，一手托他的腿部帮助制动，另一手托其肩部帮助抬上体。

4. 常见错误动作原因

（1）支撑后摆不够。

（2）上体后倒过早，使腹部贴不住杠。

（3）回环至肩过杠时，两腿没制动，挺胸、伸髋不够，造成支撑不稳或掉下杠。

(七)左腿向前摆越同时转体 90°下

1. 动作要领

如图 5-14 所示,由右腿骑撑右手反握开始,上体向右侧倒,左手推离杠,身体重心移在右臂上,同时右腿压杠。两腿向左侧摆起,以右臂为轴用头和肩带动身体向右转体 90°和左腿摆越,接着右腿向左腿并拢挺身落下。

图 5-14　左腿向前摆越同时转体 90°下

2. 练习方法

在低杠上或徒手做模仿练习。

3. 保护与帮助

保护者站在杠前右侧方,防止练习者转身后倒下。

4. 常见错误动作及原因

上体右倒不够,右腿没压杠,两腿没摆起,过早落地。

二、双杠

双杠是竞技体操男子 6 项之一。双杠动作主要以摆动、摆越、屈伸、回环、空翻和静止用力等动作,移动范围大,变化复杂,可由支撑做,也可悬垂做。以支撑为主,可侧撑做,也可正撑做,以侧撑为主;可在两杠上做,也可在一杠上做,以两杠为主。

通过练习双杠,对发展学生上肢、腹背肌肉和胸部肌肉肩带力量以及协调性、柔韧性,提高身体的控制能力,培养坚韧不拔、克服困难的勇气都有积极的作用。

(一)支撑摆动

1. 动作要领

如图 5-15 所示,支撑摆动开始,以肩为轴,身体保持直体自然下摆,脚尖向后远伸,肩稍前移,当身体摆至支撑点时,仍保持自然摆动,两臂撑直含胸顶肩。摆过支撑点腿开始往前运动时,用力向前上方踢腿,同时两臂向后用力顶肩、脖子挺直,拉开肩角,尽量把腿和臀部向前上方送出。

从前摆的最高点开始后摆,身体保持伸直,在身体自然下摆过程中,要固定肩,两臂用力支撑。当身体下摆接近垂直部位前,髋关节稍屈,摆过垂直部位后,加快腿的后摆速度,含胸顶肩。后摆超过 45°之后,顶臂拉开肩角,紧腰伸腿,即至最高点。

2. 练习方法

(1)学习支撑姿势。在低双杠上做支撑两臂向前依次移行。

(2)支撑摆,幅度由小到大,可放一标志物让同学们练习时脚尖走最大的半径。

3. 保护与帮助

保护者站在练习者的左侧,左手握住左上臂固定肩部。当前摆时用右手托背部帮助把上体向前上方送出，后摆时右手托练习者腹部，帮助上摆，拉开肩角。

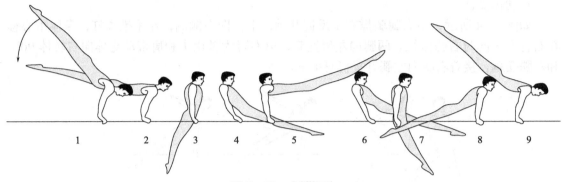

图 5-15 支撑摆动

4.常见错误动作及原因

（1）收腹过大，摆动时不是以肩为轴，而是以髋为轴。

（2）手臂无力，前后摆动幅度小。

（二）支撑前摆屈伸

1.动作要领

如图 5-16 所示，由支撑摆动开始，身体由后向前摆时，双臂随之屈肘，身体下降，摆至垂直部位时，稍屈髋，利用双腿前摆的力量，顺势伸双臂，转入支撑前的最高点，然后摆至后方高点时，在身体再次前摆时，进行第二次臂屈伸。

图 5-16 支撑前摆屈伸

2.练习方法

（1）支撑臂屈伸和小摆动的臂屈伸。

（2）在教师或同伴的保护帮助下练习完整动作。

3.保护与帮助

保护者站在练习者侧面，一手扶其上臂，一手在杠下托其臀部。

4.常见错误动作及原因

（1）臂力差，屈臂不够。

（2）摆动幅度小，脚尖没走最远路线。

（三）分腿坐前滚翻成分腿坐

1. 动作要领

如图 5-17 所示，分腿骑坐，两手靠近大腿内侧握杠，上体前倾，顺势提臀、屈体，同时两肘分开屈臂，两肩以三角肌处撑杠。当臀部前移过肩上方时，并腿前滚，两手迅速向前换握杠，臀部接近杠面时，两腿分开并下压，两臂压杠撑起成分腿坐。

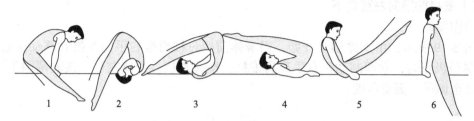

图 5-17　分腿坐前滚翻成分腿坐

2. 练习方法

（1）在垫子上做前滚翻成分腿坐。
（2）在双杠上做提臀、撑肩动作。

3. 保护与帮助

保护者站在练习者侧方，一手托其腿，另一手杠下托肩，帮助提臀、屈体、前滚、换手时托其背和臀部。

4. 常见错误动作及原因

（1）臀部提不起来，提臀和倒体配合不协调。
（2）不会分肘和撑肩。

（四）分腿骑坐前进

1. 动作要领

如图 5-18 所示，由支撑前摆开始，当前摆两腿过杠面时，立即向上两侧分腿，并以大腿内侧沿杠稍后向后滑动成两手后撑的分腿坐，身体挺直，两腿内侧夹杠，然后上体前倒，两手顺势于体前稍远处撑杠，同时两腿伸直保持紧张，用大腿压单杠，后摆进杠并腿，自然支撑前摆。

图 5-18　分腿骑坐前进

2. 练习方法

（1）练习支撑摆动，前摆成分腿坐。
（2）在同伴帮助下，体会推手伸髋、挺身前倒撑杠和两腿向后压单杠的动作。

3. 保护与帮助

保护者站于杠侧,一手扶练习者肩部,一手杠下托其腹部,帮助后腿摆进杠。在两腿前摆时,再托其臀部帮助成分腿坐。

4. 常见错误动作及原因

(1)两手后撑分腿坐时,身体没有挺直,造成臀部后坐杠。
(2)两腿没夹杠,上体没前倒,造成后摆过杠动作不连贯。

(五)支撑前摆向左直角下

1. 动作要领

如图 5-19 所示,由支撑摆动开始,当身体前摆过杠面推右手向左推并移动重心向左,脚部位摆至极点时,立即制动,右手顶肩推杠、换撑左杠,身体左移。接着两腿下压,左臂推开杠至侧举,挺身落地。

图 5-19 支撑前摆向左直角下

2. 练习方法

(1)支撑摆动成左外侧坐,体会移动重心。
(2)在低杠上做完整动作练习。
(3)支撑摆动时可用标志物,标明摆腿高度,提高动作质量。

3. 保护与帮助

保护者站在练习者左侧后方,左手握练习者左上臂,右手托其臀部,帮助练习者摆体出杠。

4. 常见错误动作及原因

(1)支撑摆动幅度小,没挺身,屈膝过杠。
(2)移重心晚,推换握杠不及时,手臂无力,造成碰杠。

三、支撑跳跃

支撑跳跃一般是指跳马、跳箱、山羊三种器械练习。

经常进行跳跃练习,能培养高职学生勇敢顽强的精神,掌握跨越障碍的技能,能使身体得到全面发展,对整个机体有良好的影响,特别对增强下肢,肩带肌肉和韧带的力量有良好的作用。

支撑跳跃的技术可分为助跑、上板、踏跳、第一腾空、推手、第二腾空和落地 7 个阶段。它们之间都是相互联系、相互制约的,各有不同的作用,它是一个完整的整体动作。

（一）分腿腾越横山羊

1. 动作要领

如图 5-20 所示，快速助跑上板积极踏跳，领臂含胸，使上体稍前倾，髋稍屈，向前上方腾起。两臂主动前伸手，空中紧腰，固定髋关节，然后用力向前下方顶肩推手，提臀，腿向两侧前方分开。推手时，肩不超过支撑点，制动腿，上体急振，抬上体挺身并腿挺身落地。

图 5-20　分腿腾越横山羊

2. 练习方法

（1）助跑 3～5 步做踏跳练习。

（2）俯卧推手跳成分腿站立。

3. 保护与帮助

（1）保护者站在练习者落点的侧面，必要时扶其腰部和腹部。

（2）保护者站在山羊前面，当练习者推手太晚或推手无力时，用两手顶住其两肩，使其越过器械。

4. 常见错误动作及原因

（1）第一腾空没有高度，踏跳前最后一步太大，使重心起不来。全脚掌踏跳，急于撑山羊。

（2）上体前倒，推手无力或过晚，第二腾空无挺身动作。

（二）纵向分腿腾越

1. 动作要领

如图 5-21 所示，快速助跑，两腿积极上板踏跳，领臂含胸，上体稍前倾，向前上方腾起。两臂主动前伸，同时积极向后上方摆腿。向前下方猛力推手顶肩，同时左右分腿，并制动，肩胸向前上伸，脚向后下方伸。两臂有力地经过体后绕至侧上方，挺身，并腿落地。

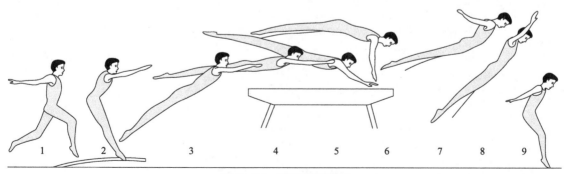

图 5-21　纵向分腿腾越

2. 练习方法

（1）助跑5～7步做踏跳练习。

（2）在同伴保护与帮助下做第一腾空和后摆腿动作。站在踏板侧面，练习者腾空时，两手托腹部或腿部帮助摆腿和撑马动作。

（3）在同伴保护下做完整动作练习。

3. 保护与帮助

与分腿腾越横山羊相同。

4. 常见错误动作及原因

（1）心理因素，害怕，助跑没节奏，步点不对，踏板无力。

（2）坐箱，第一腾空低，两臂没主动前伸，踏跳无力。

（3）第二腾空低，无挺身，前冲下栽。

 练一练

喜欢器械运动吗？在保证安全的情况下，在双杠上做做臂屈伸，在单杠上做做引体向上或悬挂。

单元检测

1. 体操技巧练习有哪些？技术要领是什么？
2. 体操器械练习有哪些？技术要领是什么？

第六单元 瑜伽运动

 学习目标

知识目标：1. 了解瑜伽运动的相关知识。
　　　　　2. 掌握瑜伽运动的健身特点。
能力目标：1. 懂得运用瑜伽进行科学健身。
　　　　　2. 学会瑜伽练习的方法。

章节导入

　　瑜伽起源于古印度，是古印度六大哲学派别中的一系，在全世界流行。从印度传至欧美、亚太、非洲等等，因为它对心理的减压以及对生理的保健等有明显作用而备受推崇。现代大家习练较多的主要有热瑜伽、哈他瑜伽、高温瑜伽、养生瑜伽等等。瑜伽发展到今天，已经成为世界广泛传播的一项身心修炼法。在我国从 20 世纪 80 年代开始流行，这得益于一位瑜伽修炼者——张蕙兰女士的广泛传播。不可否认，悠久的瑜伽将会更加受到各界人士的喜爱。
　　那么如何才能练好瑜伽？练瑜伽又有哪些具体好处呢？下面让我们一起走进瑜伽课堂。

项目一　瑜伽的特点及其注意事项

一、瑜伽的功效

　　瑜伽已是被公认的一种具有预防疾病和治疗效果的体育活动，属于最自然和有效的物理治疗方法之一。经常练习瑜伽可以保持人体良好的生物状态，增强体质，预防疾病，促进康复期患病机能的恢复。通过长期的学习和练习，可以达到如下效果：

（1）增强力量，提高柔韧性和平衡能力，改善心肺功能，保持青春的活力。
（2）有效地减脂、塑体，达到美化体形的效果。
（3）有效地释放压力，缓解紧张感，提高身体能量和精神力量。
（4）有效地排毒，达到美容养颜，强身健体的效果。
（5）有效的预防和医疗作用，增强活力和生命力，延长寿命。
（6）有效地开发思维和创造力、增强集中和记忆力。
（7）瑜伽法让人洁净身心，心态柔和，使人能从容地面对周围事物。

二、瑜伽的作用机理

练习瑜伽为什么会带来这么多的好处呢？

1. 瑜伽作用的全方位性

瑜伽练习是身心双修过程。整个身体从皮肤到骨骼，从肌肉到内脏，各个系统都会受益。

（1）瑜伽的体式充分锻炼了人体的脊柱，不仅能使神经系统保持健康，还能对神经系统进行恢复。

（2）瑜伽很多呼吸练习和体位对内脏腺体产生很好的影响。瑜伽练习可以帮助调整内分泌腺体的活动，从而防止内分泌系统工作失调。

（3）瑜伽的调息练习有安神、减压的作用。

2. 瑜伽作用的哲学性

瑜伽练习步骤分明，具有极强的逻辑性和可控性，受环境影响，人的思维方式也会变得积极向上。

3. 瑜伽作用的机能性

瑜伽练习可以有针对性的设计适合不同年龄、性别、身体状况等人群的课程。通过针对性的练习，可使已衰退的身体机能得到增强，使有缺陷的器官机能得到补偿和恢复。某些情况下是药物治疗所不能代替的。

4. 瑜伽作用的主动性

人们练习瑜伽都是自觉参与的，这样更能充分发挥机体潜力，使人们尽快摆脱消极情绪，促进身体康复，保持乐观向上的生活态度。

三、瑜伽同其他体育运动的区别

（1）练习瑜伽体位是为了身体健康，体位都是根据运动医学理论设计的，所以练习瑜伽更安全。而一些表演类项目娱乐性比较强，高难度的美观动作较多，伤害身体等现象很容易出现。

（2）瑜伽是健身养生活动，根据自己的身体状况量力而行，没有竞技性。

（3）瑜伽的呼吸轻柔缓慢，不会产生粗重的呼吸。

（4）瑜伽练习步骤分明，可控性较强。

（5）瑜伽练习呼吸必须与动作密切配合，注意力专注于练习的部位上。

（6）从养生学角度来讲瑜伽练习是养气的，而很多体育类运动的极限活动，消耗身体能量很大，是耗气的。

四、瑜伽练习的注意事项

（1）保持空腹练习瑜伽。一般饭后 3～4 小时开始练习，饮用流体食物半小时后练习为宜，特殊情况下例外。

（2）练习应量力而为，适可而止。只要在个人极限的范围边界温和地伸展肢体即可，切记与他人攀比。

（3）练习过程中出现体力不支或身体过分颤抖，应立即收工还原，不要过于坚持。给予时间，会慢慢提高。

（4）练习后可能出现迟发性的肌肉酸痛，属于正常现象。如在练习后出现肌肉绷紧、酸痛，请给予适当的按摩放松，身体适应以后症状会逐渐消失。

（5）瑜伽练习过程中，要把精力集中在动作使身体产生的感觉上，并在每个姿势上保持一定时间。

（6）练习过程中始终鼻吸鼻呼，除非另有说明。

（7）练习要保持对身体的可控制性，缓慢而步骤分明，不要做身体失控的惯性动作。

（8）年龄很大或者身体有问题的人，应该先征询医生或者教练的意见后，再决定是否开始瑜伽姿势的练习。

（9）做体式练习时，身体某一部位发生疼痛，请立即停下来，在教练指导下再进行练习，如疼痛继续，短时间内不要再做这个练习。

（10）瑜伽练习穿着要宽松舒适，身体不要有束缚，在专用垫子上进行练习，赤脚最好，地面不要滑动。

（11）瑜伽练习前请先如厕，练习前或练习结束 30 分钟后再进行洗浴为佳。

（12）瑜伽练习结束一个小时后方可进食，练习后不宜马上开始进餐。

（13）练习瑜伽场所宜安静优雅，空气流通，且有足够伸展肢体的空间。

 想一想

1. 瑜伽的功效有哪些？
2. 练习瑜伽有哪些注意事项？

项目二　瑜伽的初级练习

一、瑜伽呼吸

瑜伽的呼吸深长而缓慢，呼吸方法通常有腹式呼吸，胸式呼吸、锁骨呼吸和完全呼吸。

1.腹式呼吸（横膈呼吸）

方法：山式站立、瑜伽坐姿或仰卧，将双手轻放于肚脐处，吸气时气沉肺底，横膈下沉，小腹隆起，双手被小腹抬起，呼气时横膈渐渐复位，小腹回落，当将气呼尽时，双手轻轻向下按压，感觉肚脐内收并上提，用力将肺部残留气体呼出。

优点：它是呼吸的基础，安全有效。可调节压力系统，从而为身心减压，有助于调节循环和呼吸系统的紊乱，按摩腹部器官，促使各内脏腺体以正常的方式分泌激素。

2. 胸式呼吸

方法：山式站立、瑜伽坐姿或仰卧，将双手轻放于第十二肋骨两侧，吸气时腹部内收，胸廓下部升高并向两侧扩张，呼气时胸廓回收。

优点，加强腹肌肌力，镇静心脏，净化血液，改善循环。

3. 锁骨呼吸

方法：瑜伽坐姿或仰卧，将手轻放于锁骨两侧，慢慢吸气，腹部和胸部始终保持收缩，手被锁骨推起，慢慢呼气，腹部和胸腔始终保持收缩，手和锁骨回落。

优点：彻底净化和增强肺上部，有利于形成全肺呼吸。

4. 完全呼吸

完全呼吸是将腹式、胸式和锁骨三种呼吸法结合起来的呼吸方法，也称全肺呼吸。

方法：山式站立、瑜伽坐姿或仰卧，慢慢吸气，小腹隆起，继续吸气至肋骨扩张，放松肺上部吸气，锁骨上推微耸肩，慢慢呼气，肩放平，锁骨下移，肋骨回缩，小腹内收上提。

优点：血液含氧量增大，身体活力增强，使身心充满平静与安详，心境变得清澈而警醒。

二、瑜伽体式的学习及练习

1. 初级瑜伽体式

（1）简易坐（如图6-1所示）。

方法：坐于垫子上，两腿向前伸直，挺直腰背，屈左膝，左脚放在右膝或右大腿下，屈右膝，将右脚放在左膝或左大腿下，尽量脚心向上，双手拇指和食指轻轻相触，其他三指自然伸展，掌心向上轻放于双膝上，自然呼吸保持。感觉累了请交换体位练习。

功效：加强两髋、两膝和两踝，补养和加强神经系统，减轻和消除风湿及关节炎，同时平衡我们整个身体的气息，增强安眠和健康的感觉。

图6-1 简易坐

（2）斜板式（如图6-2所示）。

方法：俯卧，下巴落于垫子上，屈双肘，双手掌心向下，指尖朝前置于胸部两侧，两脚尖跷起，呼气，收紧腹肌，将整个身体同时向上抬高，伸直双臂双腿，身体在同一平面上，收紧全身肌肉，自然呼吸保持，呼气，身体有控制地还原到垫子上，放平脚背，双臂还原体侧。

功效：塑造上肢肌肉线条，收缩腹部，旺盛腹内脏器，提高身体的稳定性和协调性。

图6-2　斜板式

（3）婴儿式（如图6-3所示）。

方法：跪于垫子上大脚趾相触，臀部坐于脚跟上，呼气，以腰为轴，上身平直向前伸展，使额头轻触前侧垫子，手臂向前延伸，掌心向下，自然呼吸保持，吸气，微抬头，上身缓缓抬起，双臂还原体侧。

功效：舒缓全身的紧张，使身体尽快得到调整和修复，易于修复身体。

图6-3　婴儿式

（4）眼镜蛇式（如图6-4所示）。

禁忌：腰椎间盘突出、甲亢、胃肠溃疡、结核及疝气者不可练习。

图6-4　眼镜蛇式

方法：俯卧，双手掌心向下，指尖朝前，置于胸的两侧，下巴或额头触垫子，双膝并拢，吸气，上身缓缓抬起至极限处，双臂伸直，打开双肩，耻骨压在垫子上，肚脐下压，抬头，眼睛看向天花板的方向，自然呼吸保持，呼气，屈双肘，将身体一节一节有控制地落于垫子上，还原双臂于体侧。

功效：恢复脊柱弹性，收紧腰背部松弛的肌肉，刺激肾上腺，按摩腹部内脏，增强活力，对消化系统及生殖系统起到保健效果。

（5）三角式（如图6-5所示）。

方法：山式站姿，双脚分开一肩半到两肩宽，双臂侧平举，掌心向下，左脚左转90°，右脚稍向左转，向右推髋，眼睛看向右手指尖的延长线，呼气，左臂带动上身向左推送至极限处时，以腰为轴，上身向左向下弯曲，同时翻转掌心向前，眼睛看向右手指尖的延长线，左臂放松，双肩双臂成一条直线，与地面垂直，身体在同一平面上，骨盆朝前，自然呼吸保持，吸气，双臂带动上身缓缓回正中，翻转掌心向下，还原身体两侧。反方向练习。

功效：减少腰围线脂肪，平衡左右气脉，提高骨盆的稳定性，提升体态。

（6）树式（如图6-6所示）。

方法：山式站姿，重心移向左脚，屈右膝脚心向上，置于左大腿根处，右膝朝下，双手于胸前合十，小臂端平，吸气，双臂向上伸展，高举过头顶，引领脊柱向上挺拔，眼看前方，自然呼吸保持，呼气，屈双肘，双手落于胸前，打开双手，还原体侧，收回右腿，还原山式站姿，交换体位练习。

功效：提高身体平衡、协调、集中注意力的能力，加强腿部、胸部及背部的肌力、肌耐力，使髋关节、膝关节、踝关节得到灵活与放松，使能量能集中于心轮区域，增强身体的稳定性。

图6-5 三角式

图6-6 树式

（7）四柱支撑（如图6-7所示）。

方法：俯卧，下巴落于垫子上，屈双肘，双手掌心向下，指尖朝前置于胸部两侧，两脚尖踮起，呼气，将整个身体向上抬高，保持双膝伸直，肘关节屈曲90°，两大臂平行于垫子，身体在同一平面上，收紧全身肌肉，自然呼吸保持，呼气，身体有控制地落于垫子上，放平脚背，双臂还原体侧。

功效：塑造上臂肌肉线条，收缩腹部，旺盛腹内脏器，提高身体的稳定性和协调性。

图6-7　四柱支撑

（8）坐姿扭转（如图6-8所示）。

方法：直角坐姿，屈右膝，右脚踩于左膝外侧，吸气，背部向上挺拔，抬左臂，左肘关节抵住右膝外侧，左小臂贴于右大腿外侧，抬右臂，前平举，呼气，眼随手动，右臂带动上身水平向右向后扭转，至极限处时，右手掌心向下置于右臀后侧，眼睛看向右肩胛骨延长线。每次呼气时，加强向右的扭转强度，背部挺拔，自然呼吸保持，吸气，抬右臂，带动上身转回正中，呼气，双臂还原体侧，伸直右腿，交换体位练习。

功效：增强背部的肌肉弹性，滋养脊神经，灵活髋关节和肩关节，缓解腰部胀痛，改善消化系统。

图6-8　坐姿扭转

（9）桥式（如图6-9所示）。

禁忌：颈椎不好、高血压、心脏病、耳或鼻窦感染者不可练习。

方法：仰卧，屈双膝，双脚距离与髋同宽，脚后跟拉向臀部，双手自体下十指相交，掌心相握，双臂伸直贴于垫子上。吸气，髋部向上推送，使身体呈现长方形，自然呼吸保持，打开双手，呼气，将背部有控制地还原于垫子上，双臂还原体侧，伸直双腿，还原仰卧。

功效：提高腰背部、骨盆区域的血液循环，强化腰、腹、背、臀的肌肉，打开双肩，扩展胸腔，伸展脊柱，增强流向心脏的血液量，有助于消化，控制血压，调理甲状腺、甲状旁腺。

图 6-9 桥式

（10）仰卧放松功（如图 6-10 所示）。

方法：仰卧，头颅和身体成一条直线，双脚分开约 30 厘米，脚尖稍朝外，双手掌心向上，自然摊放于体侧，合拢双眼。

功效：放松紧张的神经，恢复身体能量，缓解神经衰弱、失眠、焦虑等症状，使身体充满活力。

图 6-10 仰卧放松功

2. 经典瑜伽体式

（1）风吹树式（如图 6-11 所示）。

方法：山式站姿，双手于胸前合十，吸气，两臂向上伸展，带动上身向上挺拔，臀肌收紧，骨盆中立，呼气，以腰为轴，上身平直向左向下弯曲，眼睛看向右上方，双肩打开，身体在同一平面上。每次呼气时，加强侧弯强度，自然呼吸保持，吸气，头回正中，上身缓缓直起回正中，呼气，反方向练习。

功效：减少腰围线脂肪，平衡左右经脉，提高髋关节的稳定性，补养上背部气血，提高身体平衡感与协调能力。

（2）战士二式（如图 6-12 所示）。

禁忌：心脏病患者不可练习。

方法：山式站姿，双脚分开一肩半到两肩宽，双臂侧平举，掌心向下，左脚左转 90°，右脚稍向左转，呼气，屈左膝，后撤右腿，使左膝关节屈曲 90°，右腿伸直，坐骨下压，骨盆朝前，上身垂直于垫子，转动头颅眼睛看向左手指尖的延长线，双肩双臂成一条直线上，与地面平行，自然呼吸保持，吸气，头回正中，伸直左腿，上身回正中。反方向练习。

功效：增加髋关节的血流供应，滋养神经系统，提高身体的平衡感与注意力，强化双脚、两踝、双膝及髋关节，缓解腰部紧张，减少髋关节处赘肉，增加骨密度。

（3）坐角式（如图 6-13 所示）。

方法：直角坐姿，双腿向两侧打开至极限处，双手掌心向下，指尖朝前，至于体前垫子上，吸气，背部向上挺拔，双腿伸直，两脚跟蹬出，呼气，以腰为轴，上身平直向前向下伸展,双臂向两侧滑送,使腹部、胸部、下巴依次落于垫子上,双手置于脚踝处,保持。吸气,微抬头,双手撑地上身缓缓直起,收回双腿,还原直角坐姿。

图 6-11　风吹树式　　　　　　　　图 6-12　战士二式

功效:刺激和旺盛卵巢、前列腺等腺体,保养生殖腺体,防止疝气,调理月经不适等,灵活髋关节,伸展髋部肌群,减轻坐骨神经痛。

（4）蝗虫式（如图 6-14 所示）。

方法:俯卧,下巴置于垫子上,两臂向前伸出,拳心向下,深深地吸气,抬头,双臂双腿向上抬高,上身抬起,至极限处,双膝不要分得过大,自然呼吸保持。每次吸气时,借助腹部压垫子的力量,双腿及上身向上抬高,呼气,上身及双腿有控制地落于垫子上,双臂还原体侧。

功效:收紧臀肌、腹肌、背肌,强化肾脏、心脏,消除胃肠胀气和消化系统疾患,增强脊柱弹性。

图 6-13　坐角式　　　　　　　　图 6-14　蝗虫式

（5）一半头倒立式（如图 6-15 所示）。

禁忌:生理期女性、高血压患者不可练习,高度近视、眼部手术患者及血液病患者,在得到医生的许可后方可练习。

方法:跪立,呼气,身体前倾,两前臂放于垫子上,双手十指相交,将额头前发髻放于手掌前垫子上,两脚尖踮起,吸气,双腿伸直,臀部向上抬高,双脚向身体方向走动,至极限处时,双腿伸直,下压脚跟,使坐骨指向天花板的方向,背部与地面垂直,呼气,双腿并拢,屈膝向上抬高,大腿与地面平行,使身体呈90°,绷直脚背,收紧全身肌肉,

图 6-15 一半头倒立时

自然呼吸保持,呼气,放落双脚后撤,放落双膝,放平脚背,臀部向后坐于脚跟上,微抬头,打开双手,双手以瑜伽式握拳,上下相叠,将额头放于双手之上,稍停留,吸气,微抬头,上身缓缓直起,打开双手,双臂还原体侧。

功效:头倒立系列体式在瑜伽中被誉为"体式之王",这个体式保证了大脑得到充足的血液,使思维更加敏锐,思路更清晰,记忆力和逻辑能力得到提高,缓解失眠、头痛等状况,提高免疫能力。

(6)猫伸展式(如图 6-16 所示)。

基本猫姿:跪于垫子上,脚背放平,脚趾朝后,双手分开与肩同宽,掌心朝下撑于体前,指尖朝前,肘窝相对,两大腿、双臂垂直于垫子,背部与地面平行,眼看前下方(如图 6-16 之 1 所示)。

方法:基本猫姿,吸气,塌腰翘臀,打开双肩抬头,眼睛看向天花板的方向,呼气,低头,弓背,收腹,眼睛看向肚脐的方向,尽量将腹部收向脊柱,背部呈现"弓"形。配合呼吸重复练习 8~12 次。

功效:滋养脊柱神经,缓解背痛,滋养腹内脏器及生殖腺体,缓解女性痛经及经期紊乱等不适。

1

2   3

图 6-16 猫伸展示

图 6-17 下犬式

(7)下犬式(如图 6-17 所示)。

禁忌:高血压、眩晕症在得到医生的许可后方可练习。

方法:基本猫姿,两脚尖踮起,吸气,双腿发力向上伸直,重心移向脚后跟,腰骶向后推送,双肩打开,使坐骨指向天花板的方向,眼看肚脐,身体呈现三角形,保持自然呼吸,吸气,微抬头,呼气,屈双膝落于垫子上,放平脚背,还原基本猫姿。

功效:强壮坐骨神经,放松及伸展腿部肌肉,减少小腿脂肪,缓解跟骨痛,缓解肩周炎。

(8)向太阳致敬式(如图 6-18 所示)。

向太阳致敬式也叫拜日式，共有十二个姿势。古印度瑜伽师的一个练习方法。据说这是古印度人为感激太阳赐予人类光明和能量而创造的十二个姿势。所以在做拜日式时，心中要满怀感激之情。

拜日式用于热身、日常练习都可。经常练习有利于舒展身体，平和内心，深受瑜伽习练者的喜爱。十二个体式分别是祈祷式、展臂式、前屈式、骑马式、顶峰式、八体投地式、眼镜蛇式、顶峰式、骑马式、前屈式、展臂式、祈祷式。

功效：整套动作强度较大。能有效地释放压力，增强上下肢力量，锻炼腰腹肌肉，使脊柱柔软灵活，并能平稳身心、绵软全身、调理血液循环系统，预防各种慢性疾病。拜日式的配合呼吸法，使身体获得更多的能量，缓解疲劳，调节神经，提高人体抵抗力。

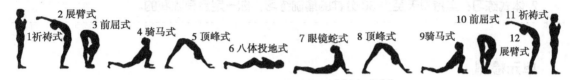

图 6-18　向太阳致敬式

三、瑜伽冥想术

1. 冥想练习的好处

通过冥想能放松身心，减少压力，增强精力和集中注意力，使自己感觉敏锐，思维清晰，改善心肺功能，增强免疫力，平衡激素的分泌，获得内在的平静和快乐。

2. 冥想的方法

常用的冥想方法有移动冥想、梵文冥想、呼吸冥想、意念冥想、祈祷冥想、沉思和专注冥想等，几种冥想的方法可以单独练习，也可以组合练习。

3. 冥想的注意事项：

（1）吃饱饭后不要冥想，练习前排空肠和膀胱。

（2）每天在规定的时间内或者自己合适的时间内冥想，形成规律，这点很重要。

（3）冥想可以逐渐消除气愤的情绪，但不要在生气、沮丧、愤怒和生病时冥想，此时可以加深呼吸或者唱诵。

（4）每天早、晚（一天活动结束之后）至少练习半小时。但是重点不是时间的长短，而是你是否真正进入了冥想状态，5分钟清醒的禅坐，远胜过20分钟的瞌睡。

四、瑜伽休息术

瑜伽休息术是古老瑜伽中的一种颇具效果的放松艺术。在整个练习过程中，需要完全集中意识且放松身体而让其休息。但这种休息与一般意义上的睡眠有着根本的不同。因为在正确的练习中练习者可能用意识去控制它，并且从意识中醒来。对于过于繁忙、缺少睡眠的人们，15分钟左右的瑜伽放松术就能使人恢复精力。睡前练习瑜伽休息术至自然入睡可充分提高睡眠质量。在瑜伽课程中，每个动作间以及课程结束部分都会加入休息术，这有助于练习者肌体和精神的超量恢复。

仰卧放松功是最有效的瑜伽休息体式，这是能使精神和身体完全放松的最有效姿势。在此姿势上进行的瑜伽休息术可以很快地缓解失眠、心脏疾病、高血压和呼吸系统疾病。

放松肌肉、神经、骨骼以及身体的每一个细胞，舒缓紧张情绪和压力，将积极的精神与意识辐射到全身。

训练方式：休息术的训练方式有两种，一种是在教练的带领下进行，一种是由练习者本人在心中自我诱导。

练习瑜伽休息术，必须避免直接吹风，光线不要太强，周围环境要比较安静。

 练一练

1. 呼吸练习：每种呼吸方法吸气四拍，呼气四拍，早晚各练习 100 次。
2. 体式练习：坚持每天至少 30 分钟的瑜伽练习，你一定会有收获的。

单元检测

1. 练习瑜伽的功效有哪些？
2. 瑜伽的作用机理是什么？
3. 瑜伽同其他体育运动的区别是什么？
4. 瑜伽练习的注意事项是什么？
5. 瑜伽常用的呼吸方法有哪些？怎样进行？
6. 适用于初学者的瑜伽体式有哪些？
7. 瑜伽的经典体式有哪些？
8. 如何进行瑜伽冥想术？
9. 如何进行瑜伽休息术？

第七单元　中华传统健身

学习目标

知识目标：1. 了解中华传统健身的相关知识。
　　　　　2. 了解八段锦、大舞的健身原理。
　　　　　3. 了解太极拳健身的方法。
能力目标：1. 能运用中华传统健身原理进行健身养生。
　　　　　2. 掌握八段锦、大舞、太极拳的基本套路。

章节导入

八段锦、大舞和太极拳是以自身形体活动、呼吸吐纳、心理调节相结合为主要运动形式的民族传统体育项目，是中华悠久文化的重要组成部分。练习八段锦、大舞和太极拳对于增强人的心理素质，改善人的生理功能，提高人的生存质量，提高道德修养等，具有独特的作用。

项目一　八段锦

健身气功有九种功法：八段锦、大舞、易筋经、五禽戏、六字诀、十二段锦、导引养生功十二法、马王堆导引术、太极养生杖。本书主要介绍适用高职学生开展的两种功法，八段锦、大舞。

一、概述

八段锦是我国古代的导引术，因其健身效果显著，故千余年来在民间广为流传。八段锦功法发展成为坐式、立式两种锻炼形式，进入21世纪在传统八段锦基础上，由国家体育总局组织专家编创推出的八段锦得到广泛的习练和传播。

八段锦是以肢体动作为引，由外而内，疏通经络，调和气血，充盈肺腑，强壮筋骨，使其功能协同强化，以臻诚中形外，形正且整，气足神完，已达强身祛病之功效。

二、八段锦动作讲解

1. 预备势（如图7-1所示）

动作讲解：两脚并步站立，后顶上领，颈部竖直，齿唇轻闭，舌尖轻贴上腭，两臂自然垂于体侧，沉肩垂肘，中指腹轻贴裤线，腋下虚掩，胸部自然舒展，目视前方。

随着松腰沉髋，身体重心移至右腿，左脚向左侧开步约与肩同宽，脚尖朝前，继而重心平移至两腿之间。两臂内旋，两掌分别向两侧摆起，手臂与身体的角度约45°，掌心朝后。两腿膝关节弯曲，同时，两臂外旋，两掌向前合抱至斜前方45°后，再屈肘、屈腕成抱球状，掌心朝内，与脐同高，两掌指尖相对，间距10～20厘米，目视前方。

2. 第一式　两手托天理三焦（如图7-2所示）

动作讲解：两臂外旋下落于小腹前，掌心朝上，掌指尖相距约10厘米，小指侧离小腹部约10厘米。两掌五指分开在小腹前交叉，身体重心徐缓升起，同时，两臂屈肘、两掌垂直向上抬至胸前，掌心朝上。两腿徐缓伸直，同时，两臂内旋，两掌向上托起，肘关节微屈，掌心朝上；抬头，目视两掌。两掌继续上托，肘关节伸直，下颌内收，两臂保持抻拉，目视前方。

身体重心缓慢下降，两腿膝关节弯曲；同时，十指慢慢分开，两臂分别向身体两侧下落至斜下方45°时再屈肘，两掌捧于腹前，掌心朝上，掌指相距约10厘米，目视前方。

3. 第二式　左右开弓似射雕（如图7-3所示）

动作讲解：身体重心右移，左脚向左开步站立，两腿膝关节自然伸直，两掌向上随两臂屈肘交叉搭腕于胸前，掌根约与膻中穴同高，左掌在外，两掌心朝内，目视前方。

图7-1　预备势　　　图7-2　两手托天理三焦　　　图7-3　左右开弓似射雕

两臂沉肘稍回收，右掌屈指成龙爪，左臂外旋坐腕成八字掌，掌心斜朝前，指尖朝上。两腿徐缓屈膝成马步，同时，左掌向左侧推出，腕与肩平，指尖朝上，右龙爪向右平拉至肩前，犹如拉弓射箭之势，保持抻拉。

身体重心右移，左腿膝关节略伸直；同时，右手指伸开成自然掌，向上、向右划弧，腕与肩同高，掌心斜朝前，指尖朝上，左手指伸开成自然掌，掌心斜朝前，目视右掌。重心继续右移，左脚收回成并步站立；同时，两掌分别由两侧下落，屈肘，捧于小腹前，掌心朝上，指尖相对，间距约10厘米，目视前方。右式动作同左式动作，左右相反。

4. 第三式　调理脾胃须单举（如图7-4所示）

动作讲解：身体重心稍升起，左臂内旋上抬，左掌与胸同高，掌心朝内，指尖斜朝上，右臂内旋，右掌心对腹部，指尖斜朝下。左臂继续内旋上举，左掌翻转上托至头左上方，肘关节微屈，力达掌根，掌心斜朝上，指尖朝右，中指尖与肩井穴在同一垂直线上。同时，右臂继续内旋，右掌下按至右胯旁约10厘米处，肘关节微屈，力达掌根，掌心朝下。

左肩下沉，左臂屈肘外旋下落，左掌与胸同高，掌心朝内，掌指斜朝上；右臂外旋，右掌收至腹前，掌心朝内，指尖斜朝下。两腿膝关节弯曲，两臂外旋下落，两掌捧于小腹前，掌心朝上，掌指间相对，间距约10厘米，目视前方。右式动作同左式，唯左右相反。

5. 第四式　五劳七伤往后瞧（如图7-5所示）

动作讲解：两腿徐缓挺膝伸直，两肩下沉，两臂伸直，掌心朝后，指尖朝斜下伸出。两臂外旋，上摆至体侧约45°，掌心朝斜后上方，同时，头向左后方转动，展肩扩胸，目视左斜后方。

松腰沉髋，身体重心缓缓下降，两腿膝关节弯曲，同时，头转正，两臂内旋，屈肘，两掌按于胯旁，掌心朝下，指尖朝前，目视前方。右式动作同左式，唯左右相反。

图7-4　调理脾胃须单举

图7-5　五劳七伤往后瞧

6. 第五式　摇头摆尾去心火（如图7-6所示）

动作讲解：右脚向右开步站立，两脚间距约三脚宽，两掌上托至胸高时，两臂内旋，两掌翻转向上分托至头斜上方，肘关节微屈，掌心斜朝上，指尖相对，目视前方。

身体重心下降，两腿徐缓屈膝下蹲成马步，两臂从两侧下落，肘关节弯曲，两掌指扶于膝关节上方，掌指斜朝前。上动不停，身体重心右移，右腿膝关节弯曲，左腿膝关节稍屈，上体右倾约45°。身体重心稍下降成右偏马步状，上体右转俯身，目视右脚尖，身体重心左移成左偏马步状；同时，上体保持俯身左旋至左斜前方，目视右脚跟。右髋向右侧送出，尾闾随之向右、向前、向左、向后旋转至正后方；同时，身体重心随尾闾转动移至两腿间，膝关节弯曲；胸微含，头向左、向后转至正后方，下颌与尾闾同时内收，身体重心下降成马步，目视前方。右式动作同左式，唯左右相反。

最后，身体重心左移，右脚收回成开步站立，与肩同宽，同时，两掌从两侧向上至肩高时外旋翻转，掌心朝上，随之两臂上举，掌心相对，两臂屈肘，两掌下按至小腹前，掌心朝下，目视前方。

7. 第六式 两手攀足固肾腰（如图7-7所示）

动作讲解：两掌指尖转向前，两臂向前、向上举起，掌心朝前。两臂外旋，掌心相对，两掌随屈肘经脸前下按于胸前，掌心朝下，指尖相对。两臂外旋，两掌心朝上，掌指内旋，经腋下向后反插，两掌心贴背，沿脊柱两侧向下摩运至臀部。

上动不停，上体前俯，两掌继续沿腿后向下摩运至脚踝，再贴两脚外侧移至小脚趾处，随之旋腕扶于脚面，掌指朝前，目视下方。两掌不动，塌腰、翘臀、微抬头，两掌沿地面向前、向上远伸，以臂带动上体抬至水平，两臂继续向前、向上举至头上方，上体立起，掌心朝前，指尖朝上。两臂向前下落，肘稍屈，两掌下按至小腹前，掌心朝下，掌指朝前，目视前方。

8. 第七式 攒拳怒目增气力（如图7-8所示）

动作讲解：左脚向左开步，两腿屈膝下蹲成马步；同时，两手握固，收至腰间，拳眼朝上，目视前方。

图7-6 摇头摆尾去心火

图7-7 两手攀足固肾腰

图7-8 攒拳怒目增气力

左拳向前冲出，与肩同高，当肘关节离开肋部时，拳越握越紧，眼睛注视左拳并逐渐睁大；同时，脚趾抓地，目视左拳。左拳变掌前伸，掌心朝外，掌指朝前，目视左掌。左掌指向下，向右、向上、向左再向下依次旋腕一周，随之握固，拳心朝上，脚趾抓地，眼睛睁圆，目注掌动。

左拳随屈肘收至腰间，拳眼朝上，眼睛放松，目视前方。右式动作同左式，唯左右相反。动作做完后，身体重心右移，左脚收回成并步站立，两拳变掌，自然垂于体侧。

9. 第八式　背后七颠百病消

动作讲解：立项竖脊，后顶领起，沉肩垂肘，掌指下伸；同时，脚跟提起，脚趾抓地，动作略停。脚跟徐缓下落，轻震地面；同时沉肩、舒臂，周身放松，目视前方。

10. 收势

动作讲解：两臂内旋，两掌向两侧摆起约45°，掌心朝后，掌指斜朝下。两臂外旋，两掌向前划弧至斜前方45°，屈肘合抱至小腹，两掌相叠，静养片刻。

两臂自然下落，两掌指轻贴于腿外侧，目视前方。

八段锦练功时要保持身体端正、立身不偏，中气才能贯穿于心肾，通于脊骨之中，行于四肢骨髓之内，自得养生健身之效。

 想一想

在习练八段锦时如何做到松静自然、意守丹田？

项目二　大舞

一、概述

大舞是用升、降、开、合的肢体动作，配合呼吸、意念、调理脏腑、疏通气血、培补元气，进而达到养生健体的目的。功法以神领舞，以舞练形，外动内舞，身韵圆和，意气相随，长期练习能提高上肢力量、柔韧性、平衡能力及心血管系统的机能水平，从而提升身体素质。

二、大舞功法动作要领讲解

1. 预备势

动作讲解：两脚并拢，自然站立，下颌微收，头正颈直，竖颈舒胸，周身中正，唇齿合拢，自然呼吸，面带微笑。屈肘，两掌于腹前十指相对，掌心向上，缓缓上托与膈肌同高，目视前下方。动作不停，两掌指尖向前、向两侧分开外展约与肩同宽时，向内旋腕，转掌心斜向上。动作不停，两臂弧线上举，微屈成弧形，掌心斜相对。两臂屈肘内收，两手收至胸前，十指相对，掌心向下，两掌下按与肚脐同高，相距10厘米，屈膝下蹲约45°，配合呼气。

2. 第一式　昂首势（如图7-9所示）

动作讲解：左脚开步，两臂同时侧起，掌心向上，肘微屈，配合吸气，屈膝下蹲，抬头翘尾，肩胛内收，沉肩坠肘，配合呼气。腰部微微发力，以腰为原点，上至颈椎、下至尾椎逐节弯曲；起身直立时以腰为原点，脊柱缓缓伸展成直立状态，同时松开左右肩胛，两臂平伸，左脚收回并步，同时两臂向上环抱，两掌下按，同时屈膝下蹲，配合呼气，目视前下方。右式与左式动作相同，方向相反，动作一左一右各做一遍。

3. 第二式　开胯势（如图 7-10 所示）

动作讲解：左脚向左前方上步，成弓步，同时两手侧起至头顶前上方，右脚上步成丁步，两手同时下落至额前，屈膝下蹲，右腿外旋，臀部左摆，两臂弧形外撑，左臂与肩同高，右臂到右上方，右掌心对玉枕穴，目视左手。右脚提膝后撤，左脚跟上成丁步，两手同时下落至额前，屈膝下蹲，左腿外旋，臀部右摆，左丁步开胯，两臂弧形外撑。左脚开步，与肩同宽，两臂平伸，向上环抱，两掌下按，屈膝下蹲，配合呼气，目视前下方。

图 7-9　昂首势　　　　　　　　　图 7-10　开胯势

4. 第三式　抻腰势（如图 7-11 所示）

动作讲解：右脚内扣，左脚外展，身体左转，提膝合掌，掌跟与胸同高，左脚尖上翘，向左前方蹬出成弓步，目视前上方，两掌向前上方伸出，躯干前倾，下颌回收，上臂贴耳，目视前下方，配合呼吸，动作稍停。右脚提踵，手臂持续向前上方引伸。重心后移，左脚翘起，翘臀塌腰，挺胸抬头，两掌收回于胸前。起身，左脚内扣，右脚外展，身体右转，重复左边动作一遍，动作相同，左右相反。动作最后右脚跟内扣，两脚平行，屈膝下蹲，两掌分开下按至肚脐，配合呼气，目视前方。

5. 第四式　震体势（如图 7-12 所示）

动作讲解：两腿伸直，同时两臂侧起，下蹲成马步，两臂下落，前臂内收，两掌与肚脐同高，配合呼气，目视掌心。两手握固，从小指至食指依次抓握，收于肚脐两侧，提膝、抬臂，同时向上引腰，两腿伸直，重心右移，左膝上提，脚趾上翘，先拳背相靠上提，然后拳面经耳门提至头顶上方。左腿放松下摆，同时两臂下落，由拳变掌，合谷穴轻击胆经，两臂顺势侧起，左脚开步，身体右转，带动左臂向前，右臂向后划弧至正中线，掌心向上握固，配合吸气。屈膝下蹲，身体转正，左拳眼轻击下丹田，右拳眼轻击骶骨，配合呼气，目视前下方。

两腿伸直，同时身体左转，两拳变掌，左掌向右，右掌向左伸出，身体转正，带动两臂划弧成侧平举，反方向做一遍，动作最后两腿伸直，两拳变掌侧起，向上环抱，配合吸气，两腿屈膝，两掌下按，与肚脐同高，配合呼气。

图 7-11 抻腰势

1

2

图 7-12 震体势

6. 第五式　揉脊势（如图 7-13 所示）

动作讲解：右脚内收成丁步，双臂左摆，目视左手，配合吸气。右腿外展，臀向左摆，身体侧屈，左臂摆至右上方，右手至左腋下，眼随手看，起身向上向左抡。左右开步，右膝微屈，左脚内收成丁步，两臂经左下向右摆，目视右手，配合吸气。左腿外展，同时，臀向右摆，身体向左侧屈。最后左脚开步，两腿伸直，两臂成侧平举，向上环抱，两腿屈膝，两掌下按，与肚脐同高，配合呼气，目视前下方。

7. 第六式　摆臀势（如图 7-14 所示）

动作分讲解：从颈椎至尾椎逐节牵引，两掌下按，手背相靠，两腿伸直，提肘转指尖向上，胸前合掌。屈膝下蹲，目视前下方，保持头正颈直，向左前方摆臀推掌，两臂撑圆，臀、臂放松还原至中正。向右前方摆臀推掌，两臂撑圆，臀、臂放松还原至中正。向上环抱，屈膝，两掌下按，与肚脐同高，配合呼气，目视前下方。

图 7-13 揉脊势

头正颈直，向左摆臀，两掌左倾，目视前下方。身体以尾椎为点，同时，两掌以腕为轴，以中指尖为点，顺时针划平圆两圈，目随手动，尾椎及两掌向前至中正线转正。尾椎和两掌逆时针划两圈，动作相同，方向相反。逆时针划圈最后一动时，两掌分开，手指依

图 7-14 摆臂势

次内收，旋腕，向后穿至肩胛骨下，掌心向后，指尖向下，两腿伸直，两掌下推至环跳穴，配合吸气。两臂外旋侧起，向上环抱，屈膝，两掌下按，与肚脐同高，配合呼吸，目视前下方。

8. 第七式　摩肋势（如图 7-15 所示）

动作讲解：两腿伸直，两臂侧起，左脚内扣，身体右转，右脚外展翘起，两臂抡臂，俯身，左掌下落贴右脚尖，右臂至后上举，配合呼气，目视前下方。右掌收至腋下，掌根沿腋中线推摩，划弧上摆前伸，右脚后退，左掌弧线上提至腋下推磨，左掌推摩前伸，退步、摩肋结束时，右脚翘起，身体前倾，左掌下按右脚尖，右臂至后，上举。起身，右脚内扣，左脚外展翘起，身体左转，带动两臂抡臂。俯身，右掌心贴左脚尖，左臂至后上举，配合呼气，目视前下方。动作相同，方向相反，左右各做一遍。右边最后左脚内扣，右脚跟内敛，起身转正，带动两臂平伸，然后向上环抱，配合吸气，屈膝、两掌下按，与肚脐同高，配合呼气，目视前下方。

9. 第八式　飞身势（如图 7-16 所示）

动作讲解：左膝提起，同时，两臂侧起，配合吸气，目视前方。左脚向左前方上步，两臂向前下方下落，重心左移，右膝提起，脚尖向下，同时，两臂以肘带动侧起，右脚向右前方上步，两臂下落。右脚落在左脚内侧两膝微屈，两臂下落，两腿伸直，左臂划弧上举，右臂弧线下摆，躯干右转，左臂外旋，右臂内旋，向右后转势，躯干回旋，带动左臂内旋，右臂外旋至侧平举，屈膝下蹲，两掌下按，目视前下方。动作相同，方向相反，左右各做一遍，最后，躯干回旋至侧平举，掌心向上。

图 7-15　摩肋势　　　　　　　　　图 7-16　飞身势

10. 收势

动作讲解：两臂向上环抱，指尖相对，相距 10 厘米，配合吸气，目视前方。两掌下按，与膈肌同高时转掌心向内，两掌斜向下，配合呼气，目视前下方。

 **想一想**

你在习练大舞时,气息是如何运用的?

项目三 养生太极拳

一、概述

太极拳是我国民族传统的体育项目之一,在技术上,太极拳要求心静体松,呼吸自然,中正安舒,柔和缓慢,连贯协调,虚实分明,合乎人体生理规律,深受人们欢迎。

打太极拳除了增强体质外,还是辅助治疗高血压、溃疡病、心脏病、肺结核等疾病的好方法,太极拳是一种合乎人体生理规律、轻松柔和的健身运动。练习太极拳除全身各个肌肉群、关节需要活动外,还要配合均匀的深呼吸与横膈运动。并且特别要求人们在打太极拳时,尽量做到"心静",全神贯注。这样就对中枢神系统起到良好的作用,增强了心血管系统与呼吸系统的功能,从而,能减少体内淤血,改善消化与新陈代谢的能力。所以,从医学的观点上来看,它是一种很好的保健和医疗体操。

"简化太极拳"是在传统太极拳的基础上整编而成的,整个套路由简到繁,由易到难,左右对称,动作简练、易学易懂,刚柔相济,很适宜青少年习练。这套拳共8段,包括"起势"到"收势"共24个姿势动作。练习者可连贯演练,也可以选择单式或分段练习,是大学体育的必修内容。

简化太极拳动作名称如表7-1所示。

表7-1 简化太极拳动作名称

段	动作1	动作2	动作3	动作4
第一段	起势	左右野马分鬃	白鹤亮翅	
第二段	左右搂膝拗步	手挥琵琶	左右倒卷肱	
第三段	左揽雀尾	右揽雀尾		
第四段	单鞭	云手	单鞭	
第五段	高探马	右蹬脚	双峰贯耳	转身左蹬脚
第六段	左下势独立	右下势独立		
第七段	左右穿梭	海底针(闪通臂)		
第八段	转身搬拦捶	如封似闭	十字手	收势

注:1.在文字说明中,凡有"同时"两字的,不论先写或后写身体的某一部分动作,都要求一起活动,不要分先后去做。

2.动作的方向是以人体的前、后、左、右为依据的,不论怎样转变,总是以面对的方向为前,背向的方向为后,身体左侧为左,身体右侧为右。

3.图上的指示线(→)是表明从上一个动作到下一个动作所经过的路线和部位。

二、二十四式简化太极拳

（一）第一段

1. 起势

（1）身体自然直立，两脚开立，与肩同宽，两臂自然下垂，两手放在大腿外侧。眼向前平看（如图7-17所示）。

要点：头颈正直，下颌微向后收，不要故意挺胸或收腹，精神要集中。

（2）两臂慢慢向前平举，两手高与肩平，手心向下（如图7-18、图7-19所示）。

（3）上体保持正直，两腿屈膝下蹲、同时两掌轻轻下按，两肘下垂后两膝相对。眼平看前方（如图7-20所示）。

要点：两肩下沉，两肘松垂，手指自然微屈、重心落于两腿中间，屈膝松腰，臀部不可突出，两臂下落要和身体下蹲的动作协调一致。

2. 左右野马分鬃

（1）身体微向右转，重心移至右腿上。同时右手收在胸前平屈，手心向下；左手经体前向右下划弧放在右手下，手心向上，两手相对成抱球状。左脚随之收到右脚内侧、脚尖点地。眼看右手（如图7-21、图7-22所示）。

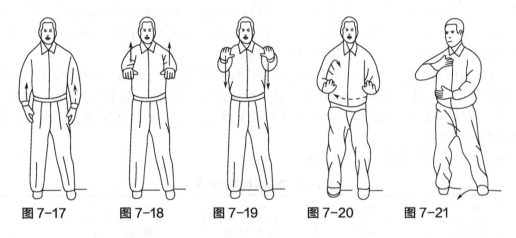

图7-17　　图7-18　　图7-19　　图7-20　　图7-21

（2）上体左转，左脚向左前方迈出，右脚跟后蹬成左弓步。同时左右手慢慢分别向左上右下分开，左手高与眼平（手心斜向上），肘微屈；右手落在右胯旁，手心向下，指尖向前。眼看左手（如图7-23～图7-25所示）。

（3）上体慢慢后坐，重心移至右腿上，左脚尖跷起微向外撇。随即左腿慢慢前弓，身体左转，重心再移至左腿上。同时左手翻转向下，收在胸前平屈，右手向左上划弧放在左手下，两手心相对成抱球状；右脚随之收到左脚内侧，脚尖点地。眼看左手（如图7-26～图7-28所示）。

（4）右腿向右前方迈出，脚跟后蹬成右弓步；同时左右手分别慢慢向左下右上分开，右手高与眼平（手心斜向上），肘微屈；左手放在左胯旁，手心向下，指尖向前。眼看右手（如图7-29、图7-30所示）。

（5）与（3）的动作相同，只是左右相反（如图7-31～图7-33所示）。

（6）与（4）的动作相同，只是左右相反（如图7-34、图7-35所示）。

要点：上体勿前俯后仰。两手分开要保持弧形，身体转动要以腰为轴，做弓步与分手的速度要一致。做弓步时，迈出脚的脚跟先着地，然后慢慢踏实，膝盖不要超过脚尖；后腿稍后蹬，使该腿与地面保持约45°。前后脚的脚跟在直线两侧，两脚横向距离（身体的正前方为纵轴，其两侧为横向。下同）应为11～30厘米。

图7-22　　图7-23　　图7-24　　图7-25

图7-26　　图7-27　　图7-28　　图7-29

图7-30　　图7-31　　图7-32　　图7-33

3. 白鹤亮翅

（1）上体微向左转，左手翻掌向下在胸前，右手向左上划弧，手心转向上，与左手成抱球状（如图 7-36 所示）。

（2）右脚跟进半步，上体后坐，重心移至右腿；左脚稍向前移，脚尖点地。同时两手慢慢地分别向右上左下分开，右手上提停于头部右侧（偏前），手心向后方，左手落于左胯前，手心向下。眼平看前方（如图 7-37、图 7-38 所示）。

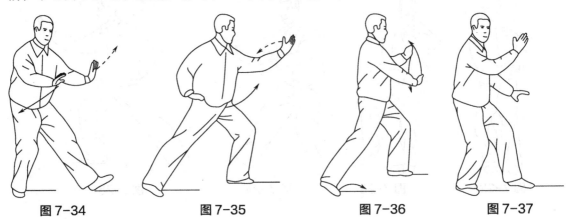

图 7-34　　　　　图 7-35　　　　　图 7-36　　　　　图 7-37

要点：胸部不要挺出，两臂上下都要保持半圆形，左膝要微屈，身体重心后移和右手上提要协调一致。

（二）第二段

1. 左右搂膝拗步

（1）右手从体前下落，由下向后上方划弧至右肩部外侧，臂微屈，手与耳同高，手心向上；左手上起由左向上向右下方划弧至右胸前，手心向下。同时上体微向左再向右转，眼看右手（如图 7-39～图 7-41 所示）。

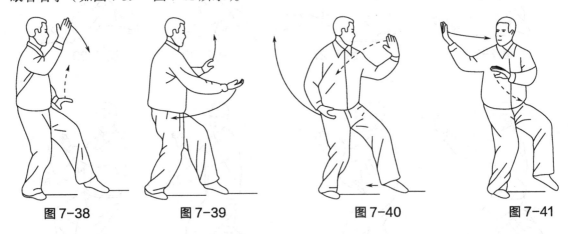

图 7-38　　　　　图 7-39　　　　　图 7-40　　　　　图 7-41

（2）上体左转，左脚向前（偏左）迈出成左弓步。同时右手屈回由耳侧向前推出，高与鼻尖平；左手向下由左膝前搂过落于左胯旁。眼看右手手指（如图 7-42、图 7-43 所示）。

（3）上体慢慢后坐，重心转移至右腿上，左脚尖跷起微向外撇；随即左腿慢慢前弓，身体左转，重心移至左腿上，右脚向左脚靠拢，脚尖点地。同时左手向外翻掌由左后向上平举，手心向上；右手随转体向上向左下划弧落于左肩前，手心向下。眼看左手（如图7-44～图7-46所示）。

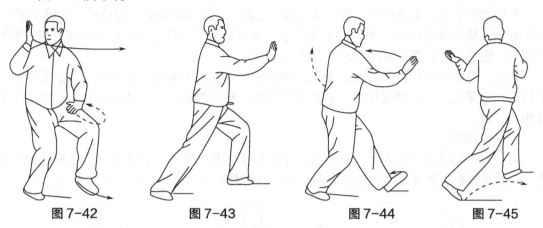

图 7-42　　　　图 7-43　　　　图 7-44　　　　图 7-45

（4）与（2）动作相同，只是左右相反（如图 7-47、图 7-48 所示）。
（5）与（3）动作相同，只是左右相反（如图 7-49～图 7-51 所示）。
（6）与（2）动作相同（如图 7-52、图 7-53 所示）。

图 7-46　　　　图 7-47　　　　图 7-48　　　　图 7-49

图 7-50　　　　图 7-51　　　　图 7-52　　　　图 7-53

要点：手推出后，身体不可前俯后仰，要松腰松胯。推掌时须沉肩垂肘，坐腕立掌必须与松腰、弓腿上下协调一致。做弓步时，两脚跟的横向距离一般不少于 30 厘米。

2. 手挥琵琶

右脚跟进半步，上体后坐，身体重心移至右腿上，左脚略提起稍向前移，变成左虚步，脚跟着地，膝部微屈同时左手由左下向上举，高与鼻尖平，臂微屈；右手收回放在左臂肘部里侧。眼看左手食指（如图 7-54～图 7-56 所示）

要点：身体要平稳自然，沉肩垂肘，胸部放松。左手上起时不要直向上挑，要由左向上向前，微带弧形。右脚跟进时，前脚掌先着地，再全脚落实。身体重心后移和左手上起要协调一致。

3. 左右倒卷肱

（1）右手翻掌（手心向上）经腹前由下向后上方划弧平举。臂微屈，左手随之翻掌向上，左脚尖落地。眼随着向右转体先向右看，再转看左手（如图 7-57、图 7-58 所示）

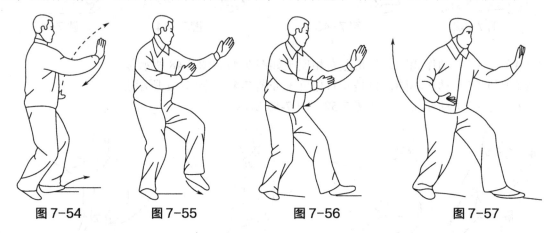

图 7-54　　　图 7-55　　　图 7-56　　　图 7-57

（2）右臂屈肘回收，右手由耳侧向前推出，手心向前；左手回收经左肋外侧向后上划弧平举，手心向上；右手随之再翻掌向上，同时左腿轻轻提起向左后侧方退一步，脚尖先着地，然后慢慢踏实，重心在左腿上，成右虚步，眼随转体左看，再转看右手（如图 7-59～图 7-61 所示）。

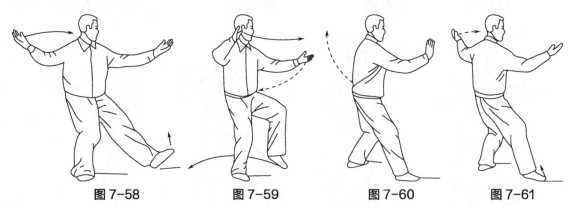

图 7-58　　　图 7-59　　　图 7-60　　　图 7-61

（3）与（2）动作相同，只是左右相反（如图 7-62～图 7-64 所示）。

（4）与（2）动作相同（如图 7-65～图 7-67 所示）。

（5）与（2）动作相同，只是左右相反（如图 7-68～图 7-70 所示）。

要点：前推的手不要伸直，后撤手也不可直向回抽，随转体仍走弧线。前推时，转腰松胯与两手的速度要一致，避免僵硬。退步时，脚掌先着地，再慢慢全脚踏实，同时把前脚扭正，退左脚略向左后斜，退右脚略向右后斜，避免使两脚落在一条直线上。后退时，眼神随转体动作先向左右看（约90°），然后再转看前手。

图 7-62　　　　　图 7-63　　　　　图 7-64

图 7-65　　　图 7-66　　　图 7-67　　　图 7-68

（三）第三段

1. 左揽雀尾

（1）身体慢慢向右转。左手自然下落经腹前划弧至右肋前，手心向上；右臂屈肘，手心转向下，收至右胸前，两手相对成抱球状。同时右脚尖微向外撇，左脚收回靠拢右脚，左脚尖点地（如图7-71、图7-72所示）。

（2）左脚向左前方迈出，上体稍向左转，左脚跟向后蹬，脚尖微向里扣成左弓步。同时左臂向左绷出（即左臂平屈成弓形，用前臂外侧和手背向左侧推出），高于肩平，手心向后；右手向右下落放于右胯旁，手心向上。眼看左前臂（如图7-73～图7-75所示）。

要点：绷出时，两臂前后均保持弧形，分手和松腰、弓腿三者必须协调一致。

（3）身体稍向左转，左手随之前伸翻掌向下，右手翻掌向上，双手同时向前慢慢挤出，左手心向后，右手心向前，左前臂要保持半圆。同时身体重心前移变成左弓步。眼看左手腕部（如图7-76～图7-78所示）。

要点：向前挤时，上体要正直，动作要与腰转、弓腿相一致。

（4）右手经左腕上方向前向右伸出与左手齐，手心向下；左手翻掌向下，两手向左右分开，与肩同宽。然后上体后坐，重心移至右腿上，左脚尖跷起。两手屈肘回收至胸前，手心向前下方。眼向前平看（如图7-79～图7-81所示）。

图7-69　　　　图7-70　　　　图7-71　　　　图7-72

图7-73　　　　图7-74　　　　图7-75　　　　图7-76

图7-77　　　　图7-78　　　　图7-79　　　　图7-80

（5）上式不停，两手向前向上按出，手腕部高与肩平，同时左腿前弓成左弓步。眼平看前方（如图7-82所示）。

2.右揽雀尾

（1）上体后坐并向右转。重心移至右腿上，左脚尖里扣。右手向右平行划弧至右侧，然后向右下经腹前向左上划弧至左肋前，手心向上；左手翻掌向下平屈胸前与右手成抱球状。同时重心前移至左腿上，右脚向左脚靠拢，右脚尖点地（如图 7-83～图 7-86 所示）。

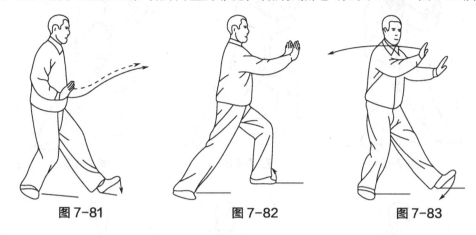

图 7-81　　　　　　　图 7-82　　　　　　　图 7-83

（2）动作同左揽雀尾（2），只需将左右转换即可（如图 7-87～图 7-89 所示）。

图 7-84　　　　　图 7-85　　　　　图 7-86　　　　　图 7-87

（3）动作同左揽雀尾（3），只需将左右转换即可（如图 7-90～图 7-92 所示）。

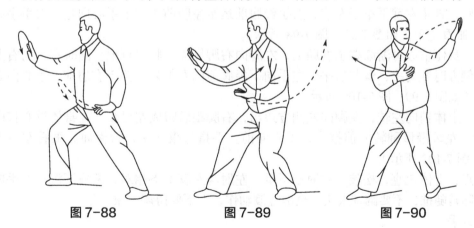

图 7-88　　　　　　　图 7-89　　　　　　　图 7-90

（4）动作同左揽雀尾（4），只需将左右转换即可（如图 7-93～图 7-95 所示）。
（5）动作同左揽雀尾（5），只需将左右转换即可（如图 7-96 所示）。

图 7-91　　　　　图 7-92　　　　　图 7-93

图 7-94　　　　　图 7-95　　　　　图 7-96

要点：均与左揽雀尾相同，只是左右相反。

（四）第四段

1. 单鞭

（1）上体后坐，重心逐渐移至左腿上，右脚尖里扣；同时上体左转，两手（左高右低）向左运转，直至左臂平举于左肩，右手经腹前运至左肋前（左手手心向左、右手手心向后上方）。眼看左手（如图 7-97、图 7-98 所示）。

（2）身体重心再渐渐移至右腿上，左脚向右脚靠拢，脚尖点地。同时右手向右上方划弧至右侧方时变勾手，臂与肩平；左手向下经腹前向右上划弧停于右肩前，手心向右。眼看左手（如图 7-99、图 7-100 所示）。

（3）上体稍向左转，左脚向左侧方迈出，右脚跟后蹬成左弓步。在身体重心移向左腿的同时，左掌慢慢翻转向前推出，手心向前。手指与眼齐平，臂微屈。眼看左手（如图 7-101、图 7-102 所示）。

要点：上体正直，松腰。右肘稍下垂，左肘与左膝上下相对，两肩下沉。左手向外推时，腰随转随推，不要翻掌太快。全部过渡动作，上下要协调一致。

2. 云手

（1）重心移至右腿上，身体渐向右转，左脚尖里扣。左手经腹前向右上划弧至右肩前，手心斜向后，同时右手变掌，手心向右。眼看左手（如图 7-103～图 7-105 所示）。

图 7-97　　　　　图 7-98　　　　　图 7-99

图 7-100　　　　图 7-101　　　　图 7-102

图 7-103　　　　图 7-104　　　　图 7-105

（2）身体重心慢慢左移。左手由面前向左侧运转，手心转向左方；右手立掌。眼看右手（如图 7-106、图 7-107 所示）。

（3）右手继续向右侧运转，左手经腹前向右上划弧至右肩前，手心斜向后；同时右手翻转手心向右，左腿向左横跨一步。眼看左手（如图 7-108～图 7-110 所示）。

（4）动作同（2）（如图 7-111、图 7-112 所示）。

（5）动作同（3）（如图 7-113～图 7-115 所示）。

图 7-106　　　　图 7-107　　　　图 7-108　　　　图 7-109

图 7-110　　　　图 7-111　　　　图 7-112　　　　图 7-113

（6）动作同（2）（如图 7-116、图 7-117 所示）。

图 7-114　　　　图 7-115　　　　图 7-116　　　　图 7-117

要点：身体转动要以腰脊为轴，松腰、松胯、避免忽高忽低。两臂随腰运转，要自然、圆活，速度要缓慢均匀。下肢移动时，重心要稳定。眼的视线随左右手而移动。

3. 单鞭

（1）右手继续向右运转，至右侧方时变成勾手，左手经腹前向右上划弧至右肩前，手心向后。眼看左手（如图 7-118～图 7-120 所示）。

（2）上体微向左转，左脚向左侧迈出，右脚跟后蹬成左弓步。在身体重心移向左腿的同时，左掌慢慢翻转向前推出，成单鞭式（如图7-121、图7-122所示）。

图7-118　　　　　图7-119　　　　　图7-120　　　　　图7-121

要点：与前单鞭式相同。

（五）第五段

1. 高探马

（1）右脚跟进半步，身体重心移至右腿上。右勾手变成掌，两手心翻转向上，两肘微屈，同时身体微向右转，左脚跟渐渐离地，成左虚步。眼看左手（如图7-123所示）。

（2）上体微微左转，右掌经耳旁向前推出，手心向前，手指与眼同高；左手收至左侧腰前，手心向上，同时左脚微向前移，脚尖点地。眼看右手（如图7-124所示）。

要点：上体自然正直，双肩要下沉，右肘微下垂。

2. 右蹬脚

（1）左手手心向上，前伸至右手腕背面，两手相互交叉，随即两手分开自两侧向下划弧，手心斜向下；同时左脚提起向左前方进步成左弓步（如图7-125～图7-127所示）。

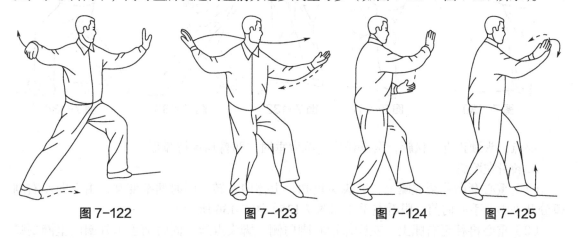

图7-122　　　　　图7-123　　　　　图7-124　　　　　图7-125

（2）两手由外圈向里圈划弧合抱于胸前，右手在外（手心均向后）；同时右脚向左脚靠拢，脚尖点地。眼平看右方（如图7-128所示）。

（3）两臂左右分开平举，手心均向外，同时右脚提起向右前方慢慢蹬出。眼看右手（如图7-129、图7-130所示）。

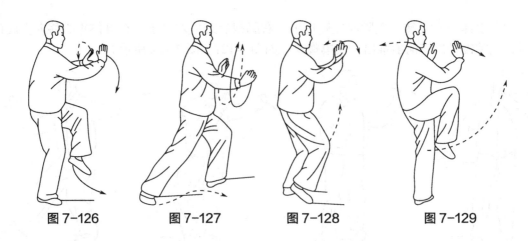

图 7-126　　　　图 7-127　　　　图 7-128　　　　图 7-129

要点：身体要稳定，两手分开时，腕部与肩齐平。左脚微屈，蹬脚时脚尖回勾，劲使在脚跟，分手和蹬脚须协调一致。右臂和右腿相对。

3. 双峰贯耳

（1）右腿收回，膝盖提起，左手由后向上向前下落，右手心也翻转向上，两手同时向下划弧分落于右膝盖两侧，手心均向上（如图 7-131、图 7-132 所示）。

（2）右脚向右前方落下变成右弓步，同时两手下垂，慢慢变拳，分别从两侧向上向前划弧至脸前成钳形状，拳眼都斜向后（两拳中间距离约 11～20 厘米）。眼看右拳（如图 7-133、图 7-134 所示）。

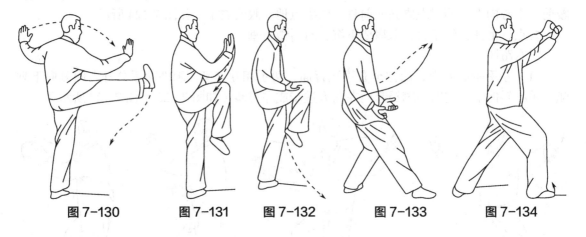

图 7-130　　　图 7-131　　　图 7-132　　　图 7-133　　　图 7-134

要点：头颈正直，松腰，两拳松握，沉肩垂肘，两臂均保持弧形。

4. 转身左蹬脚

（1）重心渐渐移至左腿上，右脚尖里扣，上体向左转，同时两拳变掌，由上向左右划弧分开平举，手心向前。眼看左手（如图 7-135、图 7-136 所示）。

（2）重心再移至右腿上，左脚靠近右脚内侧，脚尖点地。同时两手由外圈向里圈划弧合抱于胸前，左手在外，手心均向后。眼平看左方（如图 7-137、图 7-138 所示）。

（3）两臂左右分开平举，手心均向外，同时左脚提起向左前方慢慢蹬出。眼看左手（如图 7-139、图 7-140 所示）。

要点：与右蹬脚式相同，只是左右相反。

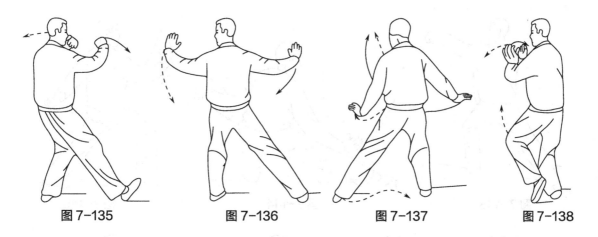

图 7-135　　　　图 7-136　　　　图 7-137　　　　图 7-138

（六）第六段

1. 左下势独立

（1）左腿收回平屈，右掌变成勾手，然后左掌向上向右划弧下落，立于右肩前。眼看右手（如图 7-141、图 7-142 所示）。

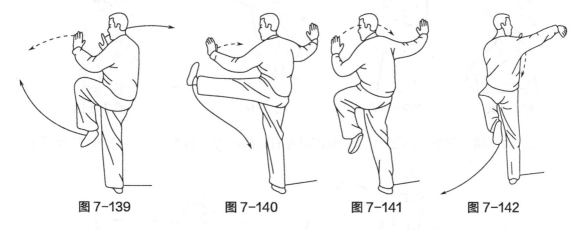

图 7-139　　　　图 7-140　　　　图 7-141　　　　图 7-142

（2）右腿慢慢屈膝下蹲，左腿向左侧（偏后）伸出，成左仆步，左手下落向左下经左腿内侧穿出。眼看左手（如图 7-143、图 7-144 所示）。

要点：右腿全蹲时脚尖微向外撇，左腿伸直时脚尖向里扣，脚掌全部着地，左脚尖与右脚跟在一条直线上，上体不可过于前倾。

（3）以左脚跟为轴，脚尖向外扭直（略外撇），随着右腿后蹬，左腿前弓，右脚尖里扣，上体微向左转并向前起身，同时左臂继续向前伸出（立掌）。眼看左手（如图 7-145 所示）。

（4）右腿慢慢提起平屈（成独立式），同时右勾手下落变成掌，并由后下方顺右脚外侧向前摆出，屈臂立于右腿上方，肘与膝相对，手心向左，左手落于左胯旁，手心向下，眼看右手（如图 7-146、图 7-147 所示）。

要点：上体正直，独立的腿微屈，右腿提起时脚尖自然下垂。

2. 右下势独立

（1）右脚下落于左脚前，脚尖点地，然后以左脚掌为轴向左转体，左脚微向外撇。同时左手向后平举变成勾手，右掌随着转体向左侧划弧，立于左肩前。眼看左手（如图 7-148、图 7-149 所示）。

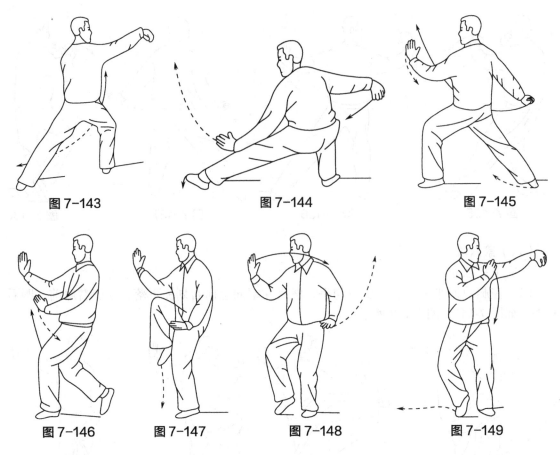

图 7-143　　　　图 7-144　　　　图 7-145

图 7-146　　图 7-147　　图 7-148　　图 7-149

（2）动作同"左下势独立"（2），只需将左右转换即可（如图 7-150、图 7-151 所示）。

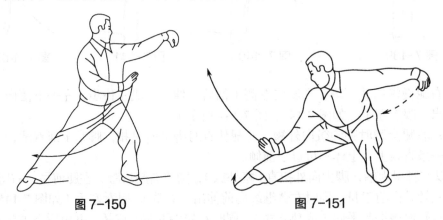

图 7-150　　　　图 7-151

（3）动作同"左下势独立"（3），只需将左右转换即可（如图 7-152 所示）。
（4）动作同"左下势独立"（4），只需将左右转换即可（如图 7-153、图 7-154 所示）。

要点：右脚尖触地后必须稍微提起，然后再向下仆腿，其他动作均与"左下势独立"相同，只是左右相反。

（七）第七段

1. 左右穿梭

（1）身体微向左转，左脚向前落地，脚尖外撇，右脚跟离地成半坐盘式，同时两手在左胸前成抱球状（左上右下）。然后右脚向左脚内侧靠拢，脚尖点地。眼看左前臂（如图7-155～图7-157所示）。

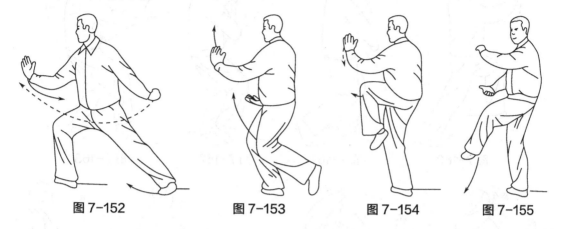

图 7-152　　　　图 7-153　　　　图 7-154　　　　图 7-155

（2）右脚向右前方迈出成右弓步，同时右手由面前向上举并翻掌停在右额前，手心斜向上；左手先向左下再经体前向前推出，高与鼻尖平，手心向前。眼看左手（如图7-158～图7-160所示）。

图 7-156　　　　图 7-157　　　　图 7-158　　　　图 7-159

（3）身体重心略向后移，右脚尖稍向外撇，随即身体重心再移至右腿上，左脚跟进，附于右脚内侧，脚尖点地，同时两手在右胸前成抱球状（右上左下）。眼看右前臂（如图7-161、图7-162所示）。

（4）动作同（2），唯左右相反（如图7-163～图7-165所示）。

要点：推出后，上体不可能前俯。手向上举时，防止引肩上耸。前推时，上举的手和前推的手的速度，要与腰腿前弓上下协调一致。做弓步时，两脚跟的横向距离以不少于30厘米为宜。

2. 海底针

右腿向前跟进半步，左腿稍向前移，脚尖点地，变成左虚步。同时身体稍向右转，右手下落经体前向后向上提抽起，并由右耳旁斜向前下方插出，指尖向下；与此同时，左手向前向下划弧落于左胯旁，手心向下。眼看前下方（如图7-166、图7-167所示）。

要点：身体要先向右转，再向左转，上体不可太前倾，避免低头和臀部外凸，左腿要微屈。

图 7-160　　　图 7-161　　　图 7-162　　　图 7-163

图 7-164　　　图 7-165　　　图 7-166　　　图 7-167

3. 闪通臂

上体稍右转，左脚向前迈出成左弓步。同时右手由体前上提，掌心向上翻，右臂平屈于头上方，拇指朝下；左手上起向前平推，高与鼻尖平，手心向前。眼看左手（如图7-168～图7-170所示）。

要点：上体自然正直，松腰、松胯，左臂不要伸直。背部肌肉要伸展开，推掌和弓腿动作要协调一致。

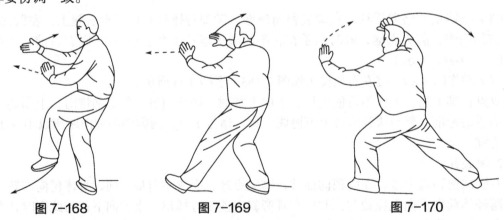

图 7-168　　　　　图 7-169　　　　　图 7-170

（八）第八段

1. 转身搬拦捶

（1）上体后坐，重心移至右腿上，左脚尖里扣，身体向右后转，然后重心再移至左腿上。在这同时,右手随着转体而向右向下(变拳)经腹前划弧至左肋旁,拳心向下;左掌上举于头前方,掌心斜向上。眼看前方(如图7-171、图7-172所示)。

(2)向右转体,右拳经胸前翻转撇出,拳心向上,左手落于左胯旁,同时右脚收回后再向前迈出,脚尖外撇。眼看右拳(如图7-173～图7-175所示)。

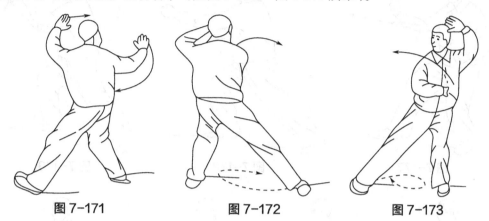

图7-171　　　　　图7-172　　　　　图7-173

(3)身体重心移至右腿上,左脚向前迈一步。左手上起经左侧向前平行划弧拦出,掌心向前下方,同时右拳收到右腰旁,掌心向上。眼看左手(如图7-176、图7-177所示)。

(4)左腿前弓变成左弓步,同时右拳向前打出,拳眼向上,高与胸平,左手附于右前臂里侧。眼看右拳(如图7-178所示)。

要点:右拳松握,前臂先慢慢内旋后收,再外旋停于右腰旁,拳心向上。向前打出时,右肩随拳略向前引,沉肩垂肘,右臂微屈。

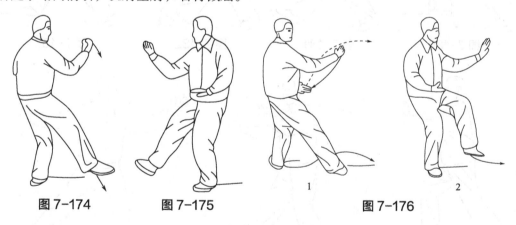

图7-174　　　　　图7-175　　　　　图7-176

2.如封似闭

(1)左手向右腕下向前伸,右拳变掌,两手心向上慢慢回收;同时身体后坐,左脚尖跷起,重心移至右腿。眼看前方(如图7-179～图7-181所示)。

(2)两手在胸前翻掌,向前推出,腕与肩平,手心向前;同时左腿前弓变左弓步。眼看前方(如图7-182～图7-184所示)。

要点:身体后坐时,避免后仰,臀部不可凸出。两臂随身体回收时,肩、肘部略向外松开,不要直着抽回。两手宽度不要超过两肩。

3.十字手

(1)身体重心移至右腿上,左脚尖里扣,向右转体。右手随着转体动作向右平摆划弧,与左手成两臂侧平举，肘部下垂；同时右脚尖随着转体稍向外撇，成右弓步。眼看右手（如图7-185、图7-186所示）。

图7-177　　　图7-178　　　图7-179

图7-180　　图7-181　　图7-182　　图7-183

图7-184　　　图7-185　　　图7-186

（2）身体重心慢慢移至左腿上，右脚尖里扣，然后右脚向左收回与左脚成开立步，两脚距离与肩同宽；同时两手向下经腹前向上划弧交叉于胸前，右手在外，手心均向后，成十字手。眼看前方（如图7-187、图7-188所示）。

要点：两手分开合抱时上体勿前俯，站起后，身体自然正直，头微上顶，上额稍向后收。两臂环抱时须圆满舒适，沉肩垂肘。

4. 收势

两手向外翻掌，手心向下，慢慢下落于两胯外侧。眼看前方（如图 7-189～图 7-191 所示）。

要点：两手左右分开下落时，全身注意放松，同时气息缓缓向下沉（呼气略加长）。呼吸平稳后，把左脚收到右脚旁，再走动休息。

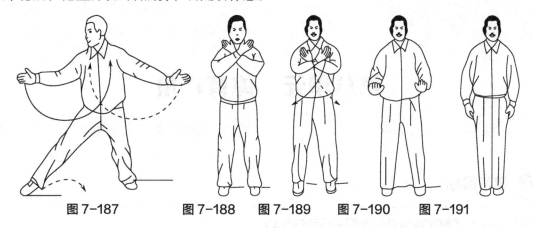

图 7-187　　图 7-188　　图 7-189　　图 7-190　　图 7-191

 练一练

每天早晚练练太极拳，舒展筋骨，强健体魄。

单元检测

1. 练习八段锦的动作方法？
2. 练习大舞的动作方法？
3. 练习养生太极拳的动作方法？

第八单元　体育广角

 学习目标

知识目标：1. 了解定向运动的发展和运动的技巧。

2. 了解铁人三项运动的发展和马拉松运动的技巧。

3. 了解世界三大体育赛事和高尔夫球的相关知识。

4. 了解健康与美的训练方法。

能力目标：1. 熟练定向运动基本技能和识图知识。

2. 熟练掌握铁人三项和马拉松比赛的一般规则。

3. 熟练掌握健康与美的各种训练方法。

章节导入

　　现代社会空前激烈的竞争，使得人们体力和精神疲劳增加，要求人们要拥有能够应对激烈竞争的、超群的体质和心理承受能力。一些极富时代特征、提倡创新张扬个性的大众健身项目应运而生，这些体育项目多以轻松愉快的形式，生动活泼的内容、亲切宜人的氛围使人获得身心的释放，从而恢复体力、改善情绪、增进健康。让我们一起来了解一下吧。

项目一　定向运动

一、定向运动的起源

19 世纪末 20 世纪初，欧洲北部斯堪的纳维亚半岛广阔的土地上覆盖着一望无际的森林，稀疏散落着无数的湖泊、城镇、村庄，在这样的地理环境中生活，理所当然地要比别的地方更需要地图和指南针，否则，要想穿越那莽莽林海是十分困难的。正因为如此，那些驻守在斯堪的纳维亚半岛山林中的军队，便成了开展定向运动的先驱。

1918年，瑞典一位名叫吉兰特的童子军领袖组织了一次"发宝游戏"的活动，引起参加者的极大兴趣，这便是定向运动的雏形。由于这个活动的组织方法简便，不仅对提高野外判定方向的能力及学习使用地图有好处，还能够培养和锻炼勇敢顽强的精神，提高人的智力、体力水平，因此日益受到军队的重视，并且很快在民间流传开来。

1961年国际定向联合会（International Orienteering Federation，缩写为IOF）在丹麦成立，现有50多个成员国。1995年世界公园定向运动组织（PWT）成立，使定向运动更具普及性。

二、定向运动的种类

定向运动是参与者借助指南针和地图，按顺序预先设计在地图上的点标，在野外徒步赛跑，依次准确地寻找各个点标，以最短的时间到达终点为优胜的一项运动。它通常在森林、郊外和公园内进行，也可在校园里进行。

定向运动可分为徒步定向越野和借助交通工具定向两大类。又可因参赛者年龄、性别不同分组，以及按技术水平不同可分为初级组、高级组和精英组。

三、定向运动的锻炼价值

定向运动作为一项能够使人们的体力、智力得到全面锻炼的新兴体育项目，它不仅可以强健体魄，而且能培养独立思考、果断处事的素质，提高快速反应和解决问题的能力。因此，在许多国家里，被列入军队或地方院校的必修课。

1. 定向运动的健身价值

定向运动不仅要求掌握必要的运动技术，还要求参与者有较强的体能，对发展人的心肺功能，提高有氧耐力，预防和减少"现代文明病"都有较高的锻炼价值。

2. 定向运动的智力价值

可以培养分析问题、解决问题的能力。

3. 定向运动的育人价值

定向运动是一项极富有挑战性的项目，要求参加者勇于尝试从未尝试过的内容，全身心地投入，从而培养不畏艰难，勇于克服困难，战胜自我的顽强品质，从惊险刺激中丰富人生经历。定向运动还是一项军事体育项目，对加强国防教育也富有重大意义。

4. 定向运动的社会价值

定向运动可以成为家庭生活的组成部分，周末一家人回归自然，放松身心，自我娱乐，融洽关系，增加乐趣；同时可以教会人们如何在大自然中把握自己的行为，爱护自然，遵守郊野公园守则；还可以推进社交活动，不论男女老少、文化阶层、社会地位，都可以相互交流、共享人生。另外，因为该项运动具有花费少、易推广的特点，成为一项群众喜爱的体育项目，从而更大地发挥社会效应。

四、定向运动的特点

1. 参与人员的广泛性

据目前有关赛事资料记载，参加过此项比赛的运动员最小的8岁、最大的80岁，因此说这是一项男女老幼皆宜的群众性体育活动。

2. 浓郁的趣味性、娱乐性

参赛者要进行地图与实地对照、寻找选择运动路线和标点等，比单纯的赛跑更有兴趣，且有旅游的特点和无限的乐趣。

3. 具有激烈的竞争性

既要靠识图和用图能力，又要靠体能，是一项智力、技巧和体力竞争。

4. 是学校全面实施素质教育的一种有效手段

对普及识图和用图的知识，培养独立思考、独立解决困难以及提高快速反应、果断决策的能力，对增强青少年体质，培养自我生存能力，启发智力有独到好处。

5. 不受地域限制

山林地、田野和公园都能用作定向运动的场所。定向运动对场地的要求是地形地貌类型多样化，使比赛更具有刺激性和对抗性。

6. 器械设施简单

参加定向运动，只需一张地图和一只可靠的指南针。

五、定向运动的实践

1. 认识地图

定向用的地图与其他地图相比，最大的不同是有比例尺和等高线。比例尺是用来计算实地距离的，定向地图比例尺森林为1:1000（即地图上的1厘米，而实际地形上为10米），公园为1:5000或1:4000。而等高线对你了解实地地形的高低起伏非常重要，很大程度上影响你的路线选择。等高线是指地形高度的差距，他们表示哪里有山，哪里有坑谷以及地形的陡缓。每一等高线之间的距离在地图上用等高表示，通常为2～5米。不同地图，等高距不同。等高线越紧密，坡越陡；等高线越稀疏，坡越缓。

定向地图的符号是一种世界通用的符号，而且设计得很有规律，色彩和形状与实地的自然状态非常接近，大部分一看就能明白。

查看地图的测绘或出版时间，以便对地图与实地之间可能存在的差异有所预计。因为在地图测绘好之后，实地总是发生一些人为的或自然的改变。

2. 使用地图

尽量把地图折叠得小一些，以免在确定站立点（即确定自己在图中的位置）或目标点时浪费时间。

始终让地图的北方与实地的北方保持一致。当你在野外行走时，无论你身体如何转动（改变进行方向），在查看地图、确定自己的站立点的时候，地图的方向都要保持不变。

最好左手拿图，然后把左拇指"幻化成"你自己：让它随着你在实地的运动而在图上移动，即"人在地上走，指在图上移"，这样你可时刻清楚你在图上的位置。

3. 指南针的使用

指南针是定向运动最重要的仪器，是定向运动可使用的唯一合法帮助。在定向中，有助于标定地图，确定站位点，辨别方向。

在行进时，没有大而明显特征的地物做标志时，就需借助指南针的帮助给地图定向。

将地图与指南针水平放置，转动地图直到地图上的指北线与指南针红色指针平行，地图即被定向。

六、比赛规则

（1）除赛会提供或建议自备的装备外，不得使用任何其他有助于提高竞赛成绩的器具。

（2）比赛若以小组方式进行，所有成员必须同时出发、行进、返回；小组成绩以最后一名成员到达时间计算。

（3）参赛队员应在找到各检查点（目标）之后，在检查卡片上正确的方格内打孔（工记密码），并要始终保持其清晰可见。若发生错打（记）、重打（记）或模糊等问题，应在返回终点后及时向工作人员说明，否则会按漏点处理。

（4）参赛队员若移动或损坏检查点（目标）将被取消参赛资格，损坏器材须照价赔偿。

七、注意事项

1. 合适的着装：适于山林运动的着装，比如牛仔裤（长裤）、高帮鞋。

2. 遵纪守法与环保：应爱护活动区域内的任何公私财物和环境，特别是农民的种植物，做到不践踏各种经济作物，不采摘花果，小心火种。

3. 注意防止跌倒、被树枝戳伤及蛇咬。如遇意外并且伤势严重，应尽快（可通过其他参赛人员）通知工作人员处理。

 想一想

1. 定向运动有哪些锻炼价值？
2. 参加定向运动应具备哪些最基本的条件？

项目二　铁人三项

一、铁人三项运动的起源、沿革

铁人三项运动起源于20世纪70年代初，由美国圣地亚哥田径俱乐部为进行长跑训练而创造的。最早的铁人三项比赛是1974年在美国圣地亚哥举行的。比赛由10公里跑步、8公里自行车和500米游泳组成，这就是铁人三项运动发展的雏形。

与此同时，一群体育官员在美国夏威夷争论"什么运动项目最具刺激性、挑战性，最能考验人的意志和体能的问题"时，原美国海军准将约翰.克林斯提出：一天之内，完成3.8公里大海游泳、180公里环岛自行车骑行、最后跑完42.195公里的马拉松全程，谁就能称得上是真正的超级运动员。

于是，第二天就有15人参加了比赛，其中还有名女选手。最后有14人赛完了全程，被授予了"铁人（ironman）"称号。

后来，人们就把这项连续完成游泳、自行车和长跑的组合项目，并且能够充分地体现出运动员在体能、速度和技能上均具有挑战的综合性竞技运动项目称之为"铁人三项（triathlon）"。

而采用游泳3.8公里、自行车180公里、跑步42.195公里的铁人三项比赛被称为"超级铁人三项（ironman）"，并被美国的世界铁人公司（WTC）注册所有。

二、国际铁人三项运动的发展

在1974年美国圣地亚哥举办首次铁人三项赛之后的10多年间，铁人三项运动在世界上得到跨越式发展，并已在世界各地获得广泛的推广和认同。

国际铁人三项联盟组织（Interational Triathlon Union）于1989年4月在法国阿维尼翁市正式成立。同时举办了首届铁人三项世界锦标赛。比赛距离设置为：游泳1.5公里，自行车40公里，跑步10公里。如今这个比赛距离已被铁人三项的各级比赛广泛采用，称之为"铁人三项奥林匹克标准竞赛距离"，并作为一项比赛标准进行实施。

目前，铁人三项世界锦标赛、世界杯系列赛和奥运会铁人三项比赛均采用此距离进行比赛。国际铁人三项联盟是国际单项体育联合会总会的成员之一。主席现由马里索尔·卡萨多先生担任。目前，联盟总部设在加拿大的温哥华，拥有近百个国家和地区的会员协会。执委会中有4个执行官和7个委员，在世界各大洲都有代表。

除铁人三项运动外，该组织同时也是冬季铁人三项、室内铁人三项、陆跑铁人两项、水陆铁人两项、铁人多项运动的国际管理组织。到目前为止，每年在世界各地举行的各级各类铁人三项赛事有3000多次。1994年，铁人三项被国际奥委会正式邀请进入奥运会大家庭，是历史上进入奥运会最快和最年轻的国际体育单项协会。在2000年悉尼奥运会上首次设立了铁人三项比赛。

三、中国铁人三项运动的开展

铁人三项运动从20世纪80年代传入中国后，便得到了迅速的发展。20世纪80年代后期，各类铁人三项比赛已相继在国内一些城市举办。1987年，在时任中国侨联主席庄炎林先生的倡导下，由民间机构组织在海南省三亚市举行了超级铁人三项赛。比赛距离为游泳3.8公里、自行车120公里、跑步42.195公里。此项赛事成为中国最早举办的铁人三项比赛。

1989年，铁人三项被国家体育运动委员会（现国家体育总局）列为在全国正式开展的运动比赛项目之一。1990年1月16日中国铁人三项运动协会由国家体育运动委员会和中华全国体育总会批准在北京成立。同年，中国铁人三项运动协会加入了中国奥委会和国际铁人三项联盟。

1991年6月29日在中国的倡导下，亚洲铁人三项联合会成立。铁人三项运动在我国开展的初期，主要以群众参与为主。

2001年后，一些省、市相继成立了专业铁人三项运动队，我国铁人三项进入了较快的发展阶段。近年来，特别是女子铁人三项进步较快，涌现出一批很有潜力的运动员。不仅有两名女运动员通过世界积分排名获得了2004年雅典奥运会的参赛资格，而且在2005年的亚洲锦标赛上夺得了亚洲冠军，缩小了与世界最高水平的差距。

四、路线设计原则

在保证比赛运动员安全和公平竞赛的前提下，场地的设计和布置要尽可能地以转换区为中心构造各主会场区域。转换区应靠近游泳起点。主会场区域包括贵宾和观众看台、转换区、总终点,以及大屏幕电子显示器、记分牌等设施。赛场的管理区域主要包括:游泳出发区、游泳终点至转换区的通道、转换区、终点通道和终点门、医务区、运动员恢复区、休息区、媒体区、计时和成绩统计区、终点混合区等。

五、游泳赛段场地设置原则

游泳可在水域宽阔的江河湖海中进行。游泳路线可用浮标在水面设置成矩形或三角形;起、终点最好设在同一地点;游泳出发可采用码头跳水或由岸上跑入水中等出发形式;游泳水域水深至少1.8米,要求水情稳定安全,水质须符合卫生标准;水温一般应在20℃以上,20℃以下运动员可穿铁人三项比赛专用的保暖泳服进行比赛。

想一想

铁人三项都有哪几个项目?

项目三 马拉松

一、比赛规则

原本马拉松比赛不设世界纪录,只有世界最好成绩。但国际田联(IAAF)为了刺激公路比赛格布雷塞拉西的发展,决定从2004年1月1日开始,设立马拉松、竞走等公路比赛的世界纪录。

选手的身体情况需得到比赛医疗机构的认可,方能参加比赛。

北京奥运会马拉松比赛运动员不能随便喝水,42.192公里的距离对于人类来说,是一次对体能极限的挑战。在比赛中,运动员虽然也会从路边的小桌子或者是路边站立的人手中接过来一些水,而这饮用水却不是谁都可以随便递的。

在马拉松赛中,比赛的起点和终点都提供水和其他饮料,而在比赛路线上,每隔5公里有一个饮料站。水和饮料放在运动员经过时容易拿到的地方,运动员也可自备饮用水,并且可以在他们要求的地方设置饮料站。饮用水和湿海绵提供站设置在两个饮料站之间。在那里,长跑运动员和竞走运动员经过时可以取到饮用水,还可以从海绵中挤水冲洗头部,起到冷却作用。除此之外,运动员不能从比赛线路上其他地方获得饮料。

可以说,"水"是马拉松比赛中规定最为严格的部分。除此之外,运动员只要在裁判的监督下沿正确的路线比赛即可,如有特殊原因,还可在裁判员的监督下离开赛跑路线,但如果不在监督下离开就会失去比赛资格。

二、马拉松技巧

马拉松跑的技术,大致和长跑技术相似。由于它的距离长,并且是在地形不一的公路上进行,因此,在技术上还有些特点。

在跑时，上体微向前倾或正直。后蹬的力量较小，大腿向前上方的摆动比较低。从外形上看，蹬地后小腿向上摆的动作比长跑小些。脚的落地点离身体重心投影点较近，并且用全脚掌或脚的外侧先着地，再过渡到全脚掌，着地时应柔和而有弹性，腿应很好地弯曲、缓冲。两臂的摆动要自然，幅度不要过大。

在加速跑、终点冲刺和上坡跑时，两臂配合两腿做积极的摆动，有利于跑速的提高。步长与步子的频率应结合运动员的训练水平、身高、体重而确定，并根据途中地形的不同而进行调整，以保证用比较均匀的速度跑完全程。呼吸节奏要和跑速相适应，呼气有适宜的深度。

沿斜坡向上跑时，身体应前倾些，步长可缩短，步频应加快，两臂要积极摆动，用前脚掌落地。顺斜坡往下跑时，步长可稍大些，可用全脚掌或脚跟着地（坡度较陡时），上体稍后仰，要控制跑速（保持适宜的步长与步频）。在公路上跑时，应该跑路面的平坦处（一般在路面的中央）。

马拉松跑的动作要协调、省力，跑速要均匀，要善于在地形起伏的公路上改变跑的动作。马拉松跑的运动量非常大，跑时必须注意的技术和节省体力，动作的节奏要合适，肌肉在不活动时要充分放松，以便休息。因此，在平时训练中，运动员要反复地体会动作，掌握合理跑步技术，以求不断地提高运动成绩。

想一想

马拉松运动的技术要领是什么？

项目四　世界三大体育赛事

一、现代奥林匹克运动会

18世纪初，英、法、德等国的一些学者、专家相继去奥林匹亚访问考察和发掘，使古代奥运会旧址重见天日。被誉为"现代奥林匹克之父"的法国社会活动家、历史学家和教育家顾拜旦向世界各国提出了恢复奥运会的倡议。在他多方奔走和积极斡旋之下，1894年在法国巴黎召开了恢复奥运会的代表大会，成立了国际奥林匹克委员会。1896年在希腊雅典举行了第一届现代奥林匹克运动会。

现代奥运会是声望最高、最庄严、最隆重的国际体育盛会，也是比赛规模最大、水平最高和影响最深远的综合性运动会。

（1）礼仪：奥运会组委会主席主持奥运会开幕仪式。在开幕式上，主办国元首或首脑就座，各个国家和地区的运动员按英文字母的顺序排列入场，其中希腊运动员排在整个运动员队伍的最前面，东道主运动员排在队伍最后面。国际奥委会主席致辞，东道主元首或首脑宣布本届奥运会开幕，播放本届奥运会会歌，升奥运会会旗。火炬手点燃奥林匹克圣火，放飞和平鸽。运动员宣誓，裁判员宣誓。演奏或演唱主办国国歌，最后是大型体育文艺表演。

（2）奥运会圣火。1928年在荷兰阿姆斯特丹举行的第九届奥运会开幕式上，第一次点燃象征团结、和平、友谊的圣火。以后无论在哪个国家举行奥运会，都要进行隆重的火种点燃仪式：首先在奥运会发源地奥林匹亚希腊女神赫拉庙前举行点火仪式，即由身穿雅典娜式飘逸古装的希腊美丽少女用聚光镜聚集阳光引燃火种。然后，火种由各个国家和地区的运动员传递，于奥运会开幕式前一天到达举办的城市。开幕式时，由东道主著名运动员接最后一棒火种进入主运动场，绕场一周，在点燃塔上点燃圣火后，一直燃烧到运动会闭幕时熄灭。

（3）奥运会宗旨：团结、和平、友谊，促进运动员的身体和精神的发展，增进运动员之间的相互了解和对运动员的精神教育，建立一个更加美好、和平的世界。

（4）奥运会会徽：自左到右为蓝、黄、黑、绿和红5种颜色的5个相互套连的环圈。它象征着五大洲运动员团结在友好和平的世界中，以公正、坦率的比赛和友好的精神，在奥运会上相聚在一起。

（5）奥运会会旗：会旗是白色的，旗的中央是会徽。它是根据顾拜旦1913年的构思设计的。1914年为庆祝复兴奥运会20周年，在法国巴黎召开的国际奥委会的会址上首次升起了奥运会会旗。

（6）奥运会誓词。现代奥运会开幕式上的运动员宣誓是从1920年第七届奥运会上开始的。开幕式上点燃焰火和放鸽子之后，各国家和地区的会旗面向主席台，围成半圆形，东道国一名运动员走上主席台，左手拿本国会旗的一角，代表全体运动员宣誓。誓词："我代表全体运动员宣誓，为了体育的光荣和本运动队的荣誉，我们将以真正的体育精神参加本届奥林匹克运动会的比赛，并尊重和遵守各项规则。"

从1968年第十九届奥运会开始，运动员宣誓之后，进行裁判员宣誓，也是东道国一名裁判员走上主席台宣誓。誓词："我代表全体裁判员宣誓，遵守本届奥林匹克运动会的一切规则，公正无私地履行自己的职责。"

（7）奥运会格言。奥运会的格言有："重要的是参与，而不是取胜。""更快、更高、更强！"前一条格言是启迪运动员要为团结、和平、友谊而参加体育盛会，后一条格言是激励运动员要努力提高运动水平，树立高度的思想境界和不断进取的精神。运动员在拼搏中要勇于向困难挑战，在竞争中展示蓬勃的青春活力和永远向上的奋斗精神。

（8）现代夏季奥运会。自1896年至今，夏季奥运会每四年一届。

（9）冬季奥运会。与夏季奥运会相同，冬季奥运会也是每四年一届，冬季奥运会的主要比赛项目有现代冬季两项（滑雪和射击）、滑雪（高山滑雪、越野滑雪、跳台滑雪、自由式滑雪）冰球、滑冰（速度滑冰、短道滑冰、花样滑冰）、雪橇（有舵雪橇、无舵雪橇）和冰上舞蹈等。

（10）中国与奥运会。1922年，中国已正式与国际奥委会建立了直接联系。1932年中国第一次派运动员参加第十届夏季奥运会。新中国成立以后，1952年派运动员参加了在芬兰赫尔辛基举行的第十五届夏季奥运会。1984年7月，中国全面参加在美国洛杉矶举行的第二十三届夏季奥运会，中国射击运动员许海峰为我国取得了有史以来的第一枚奥运会金牌，实现了"零"的突破。而中国著名短道速滑运动员杨扬则在2002年第十九届冬奥会上为中国队夺得了第一枚冬季奥运会金牌。

二、世界杯

世界杯足球赛是和平年代最引人注目的比赛之一，它几乎可以让整个世界为之转动。

1928年国际足联召开代表大会，一致通过决议，举办四年一次的世界足球锦标赛。这不仅满足了人们的愿望，而且对世界足球运动的进一步发展也起了积极的推动作用。

比赛的名称起初是"世界足球锦标赛"。1956年国际足联在挪威的卢森堡召开的代表大会上，决定把锦标赛的名称改为"雷米特杯赛"，这主要是为了表彰前国际足联主席法国人雷米特，他在1921～1954年间担任国际足联主席长达33年之久，并且是世界足球锦标赛的发起者和组织者，有人把这两个名字连接起来，称为"世界足球锦标赛 - 雷米特杯"。后来，又一次改名为"世界足球冠军赛 - 雷米特杯"，简称为"世界杯"。

1928年国际足联还为这个比赛的胜利者特制了奖品：由巴黎著名的首饰师弗列尔精心铸造的一座金杯。该杯由一个重1.8公斤纯金铸造的雕像和大理石底座组成。其中雕像是希腊胜利女神手中捧着一只大杯。金杯为流动奖品，哪个国家获得了冠军称号，就可以把金杯保存4年，到下届锦标赛前交还给国际足联，以便发给新的世界冠军。但另外规定，如果哪个国家3次获得了世界冠军的称号，那么这个金杯就永远归他们所有。结果巴西队在1970年墨西哥举行的第九届世界足球锦标赛上第三次夺取了冠军，将金杯占有。

1971年，国际足联重新制作了一个奖杯。奖杯是由两个大力士双手高举一个地球组成，它象征着体育比赛的威力和规模。新杯定名为"国际足联世界杯"。奖杯高36厘米，重5公斤，当时价值2万美元。在1974年第十届世界杯足球赛上，联邦德国队获得冠军，成为第一个捧得该奖杯的球队。国际足联还规定新杯为流动奖品，不论哪个队获得过多少次世界冠军称号，都不能永久拥有它。

三、世界一级方程式锦标赛

世界一级方程式锦标赛（FormulaOne），简称为F1，是由国际汽车联盟（FIA）举办的最高等级的年度系列场地赛车比赛，全名是"一级方程式锦标赛"，是当今世界最高水平的赛车比赛，与奥运会、世界杯足球赛并称为"世界三大赛"。

世界一级方程式锦标赛车迷所欣赏到的F1比赛可以说是集高科技、团队精神、车手智慧与世界一级方程式锦标赛勇气的集合体。F1是赛车中的顶级赛事，包括全年的统筹安排、每站比赛的赛事组织、车队工作、电视转播等各个方面都安排得井井有条，可以说F1世界锦标赛已经非常健全。但同任何其他事物一样，F1也有它的起源、发展过程，在前进道路上也有不少曲折。

从历史上首次汽车比赛的1894年（巴黎到里昂）到1900年间没有出现"方程式"（Formula）一词。当时的汽车比赛很简单，只是按燃烧方法（汽油机与蒸汽机）、座位数来分组比赛。在那时，汽车至少有两个座位，直至二十世纪二十年代末单座赛车才出现。1950年国际汽联第一次举办了世界锦标赛（First FIA Drivers' World Championship），并一直举办到今天。这段时间，是F1稳步发展的阶段。

而所谓方程式，是指竞赛的一种规定，即赛车要根据FIA制定的各种标准进行设计和制造，其中包括车身尺寸、重量，引擎的最大功率，轮胎的花纹、尺寸等等。而一级方程式（F1）就是各种方程式的集合体，是赛车中规格最高的赛车。F1也是全球所有赛车手和车迷梦想中的殿堂。

想一想

夏季奥运会和冬季奥运会都有哪些不同的项目？

项目五　高尔夫球

一、简介

高尔夫一词 GOLF 是由 green、oxygen、light、foot 4 个英文单词的第一个字母组成，意为在青山绿水间，呼吸着新鲜的空气，沐浴在明媚阳光中，迈着矫健的步履而进行的运动。高尔夫球运动起源于 15 世纪或更早的苏格兰。当时的牧羊人喜欢玩一种用木板将石头击进动物洞穴的游戏，并逐渐形成了一定的规则。17 世纪，高尔夫运动被欧洲人带入美洲。18 世纪高尔夫运动传入英国，19 世纪 20 年代进入亚洲。

高尔夫运动器材包括球、球杆、球座、球杆袋、推车等。高尔夫球是一个质地坚硬，富有弹性的实心小白球，由古塔胶制成。直径不小于 4.27cm，重量为 45.93g，标准球速为 75m/s。高尔夫杆由杆头、杆身、杆把组成，可分为木杆、铁杆等。击远距离球时通常用木杆。铁杆可使球的落点更准确。

二、基本技术

（1）握杆：是指球员手握住球杆的位置和方法，它是高尔夫球运动中最基本的动作。分左手握杆和右手握杆，握杆的方法采用重叠式握法。

先将右手置于杆身右侧，右手指顺着杆把向下伸，右小指扣住左手食指的关节，右手食指应成扣扳机状扣住球杆，并与中指明显分开；中指、无名指握住球杆；右拇指应位于杆把左侧的中央，以便和食指相互平衡。

（2）准备击球姿势：是指握杆后准备击球时，身体各部位所处的位置。高尔夫球规则规定：球手做好站位，包括根据击球方向选定两脚的位置，然后将球杆杆面对准球的一系列动作。球杆接触地面即为准备击球，而在障碍区内，球手做好站位时即为准备击球，包括脚位、球位和身体姿势三个方面。

① 脚位：是指球员做好准备击球时两脚站立的位置。脚位一般有 3 种：正脚位、开脚位和闭脚位。

② 球位：是指球员做好准备击球姿势时，高尔夫球被击出前的放置位置。

③ 身体姿势：球手握好球杆后，双手自然前伸，球杆底部轻轻着地，两脚分开约同肩宽，身体中心落在两脚上。身体从髋部前倾，背部挺直。头自然略向下俯视，以恰好看到杆头为好。双膝关节稍弯曲，稍屈髋，身体左侧朝向目标方向。

（3）瞄球：是指调整身体的各个部位，在击球瞬间保证杆头面正好对着球，以及保证手握球杆沿着目标线挥杆。

（4）挥杆击球：高尔夫挥杆击球的基本原理是：球杆的长短决定挥杆轨迹的长短；球

飞行轨迹的高低，视球杆杆头角而定。使用木杆、长铁杆、中铁杆或短铁杆击球，其技术原理都是一样的。高尔夫球击球动作可分解为：引杆、下挥杆、击球、顺势摆动和结束动作几部分。

①引杆：是指杆头从击球准备时的状态开始，向身体的后上方摆动的动作。

②下挥杆：是指球杆上挥到顶点时，稍做制动，即开始向下挥杆动作。

③击球：击球动作是下挥杆的组成部分。是指运用杆头的重量及其运行速度，下挥杆使球向前运行的技术。击球时，必须击在球背的正中部位，球才能朝着正前方飞出。若击在球的顶部，球将被击到地下，出现地滚球。若击在球的背侧面，球将飞向球道两侧的某一方。

④顺势摆动：是指挥杆击球之后球杆杆头继续向击球方向挥动的过程。

⑤结束动作：是正确、流畅而有节奏地挥杆的自然结果。其动作幅度的大小因人而异。结束动作完美才能保证整个击球动作的正确。

总之，高尔夫球击球的各个技术动作是密不可分的，缺一不可。在整个高尔夫球击球过程中，要保证击球动作的一致性。

三、高尔夫球杆的应用

（1）1号木杆：1号木杆最长，杆面与地面垂线的夹角最小，它在所有球杆中是击球最远的，一般在发球时用。要打好高尔夫球，发球第一杆距离要远而准。

保使用1号球杆应注意：击球准备姿势时，两脚站立距离稍宽于肩，握杆正确。瞄球时，保证杆头的边缘垂直朝向目标线，双脚、双肩、臀部、膝部均与目标线平行；挥杆的幅度大，动作充分。在引杆时必须充分转动身体，要保持两臂和肩构成的三角形，并保持左臂和球杆的一体化。在两手位置到达腰部高度继续上引时，左腕才开始向拇指方向屈曲，随着摆臂、转肩、转体，将球杆引至顶点。上挥至顶点时，左肩必须转到下颌下方，而且保持上挥杆时右膝的稳定；球位在左脚跟内侧前方，由于球被球座架起，因此挥杆的最低点应在球的后面。发球时，一般以球高出球杆杆面的上缘半个球为宜，球架起的高度随个人特点、球的飞行高度及风向等因素而有所不同；击球后的结束动作要做到姿势完美。

（2）球道木杆：球道木杆是要求既有距离，又有准确性的球杆，因主要在球道上使用而得名。主要包括2号木杆、3号木杆、4号木杆和5号木杆。球道木杆一般是用来击打地面或沙上的球。在高草区或球位置状态较好时也可以使用。

（3）铁杆：铁杆可分为长铁杆、中铁杆、短铁杆和特殊短铁杆。

长铁杆包括2号、3号和4号铁杆。1号铁杆因为杆面倾角太小，难以掌握，所以很少采用。保持流畅的节奏，是正确使用长铁杆的关键之一；中铁杆包括5号、6号和7号铁杆。中铁杆是铁杆使用最频繁的球杆，用其击球不仅是为了将球打远，更重要的是以将球打上果岭或瞄准目标为目的；短铁杆包括8号和9号铁杆，主要强调球的飞行方向和距离的准确性。

四、推杆

（1）研究果岭：果岭是一块经过精心修整好的草坪。在18洞的高尔夫球场就有18块形状、大小和倾斜度各不相同的果岭，因此，在果岭上推杆会遇到各种各样的情况。球手要推球入洞，除掌握正确的推杆击球技术、判断球运行的路线和速度外，还要懂得看草纹，研究果岭斜度等。

（2）握杆：推杆的握杆方法很多，球手应以自然、用得上力、能将球击入洞作为握杆原则，根据自己的特点，选择合适的握杆方法。常用的推杆握杆方法有反向重叠式握法和右手在上的握法。

（3）站姿：主要采用正脚位和开脚位两种。两脚分开与肩同宽，体重平均分配在两脚上，以保持身体平衡且又感舒适为宜。

（4）瞄球：摆好站姿后，眼睛要停留在球的正上方，正好在球的规定路线上。两眼要跟球的预定路线成一直线，不能形成角度。为了方便瞄准，可以用左眼对准球。瞄球时，球杆的甜蜜点与球的正上方和球洞三点成一线。

（5）推杆动作：推杆击球动作中要集中全部精力，下杆比上杆更为重要。如果将精力按比例划分，则上杆约花 1/3 的精力，下杆约花 2/3 的精力，记住这两个数字可以帮助球手在推杆时很好地把握分寸，即使短距离推杆也是如此。推杆击球的手法有拨击式和扣击式。

五、高尔夫球竞赛规则简介

（一）竞赛种类

1. 按成绩评价方法分类

（1）高尔夫球杆击数比赛：所有参赛选手完成一场或几场比赛后，以累计杆击数量少者为胜。如果累计杆击数相同，应再打一洞或数洞，直至决出胜负为止。杆击数比赛人数不限，少则两人，多则上百人。职业高尔夫球手通常采用杆击数比赛。一次比赛中要打四场球，共计72个球洞，以四场球累计杆击数多少判胜负。违反规则者一般要罚2杆。在高尔夫球友谊赛中，经常采用让分法，目的是给水平低的选手有更多的击球机会，使选手间皆有势均力敌之感，激发选手全力以赴地进行比赛。让分法中，技术高者得让分少，技术低者得让分多。

（2）高尔夫球球洞数比赛：比赛时，运动员仅与其对手比赛，以胜洞数计胜负。甲方以较少击球次数把球击入一个洞，就算胜了1个洞。如果甲乙双方均以同样击球数把球击入洞内，则算双方各得半洞。常用的计分名词有"领先洞数""平局"和"有多少杆"。当甲方领先乙方的洞数与尚待将球击入球洞的洞数相等时，称为"等洞数"。甲方球进洞数超过乙方尚待将球击入洞数时，甲方即先获胜。如对方在比赛中违反规定，判输1洞。

2. 按参加人数和对抗方式分类

（1）个人赛：一人对抗另一人的比赛。

（2）三人二球赛：一人对抗两人，每一方各打一个球的比赛。

（3）四人二球赛：两人对抗两人，每一方各打一个球的比赛。

（4）三球赛：三人互相对抗，各打自己的球，每个球员同时进行两个分别的比赛。

（5）最佳球赛：对抗两人中分数较好者或三人中分数较好者的比赛。

（6）四球赛：两人中分数较好者对抗另两人中分数较好者的比赛。

3. 计算差点法比赛

新贝利亚计算方法是：由委员会或主持人从18洞中任选12个洞的杆击数的总和乘以0.8。其杆数就是该球员的差点数（选择的12洞中，在上下半场各包含一个标准杆为3杆的球洞，一个标准杆为5杆的球洞，一个标准杆为4杆的球洞）。然后，用差点数减去标准杆所得数就是净杆数。用净杆数计算成绩。

国际大赛、全国比赛以及较正式的比赛均采用杆击数比赛。

（二）竞赛规则简介

比赛从 1 号洞开始，依次打完 18 个洞称为一场球，比赛的胜负取决于选手击球入洞的总杆数。标准杆数是指选手将球从发球台击到球洞内所需要的击球次数，每个球洞的标准杆数则视球洞场地大小而定。通常，高尔夫球设 4 个 3 杆洞，4 个 5 杆洞，10 个 4 杆洞。选手击球入洞的杆数与标准杆相同，称为"帕"（par）；低于标准杆一杆的杆数打完该洞，称为"小鸟"（birdie）球；低于标准杆两杆的杆数打完该洞，称为"老鹰"（eagle）球；低于一洞标准杆 3 杆的杆数打完该洞，称为"双鹰球"（double eagle）；比标准杆多一杆的杆数打完该洞，称为"搏基"（bogey）；比标准杆多 2 杆的杆数打完一洞，称为"双搏基"；比标准杆多 3 杆的杆数打完一洞，称为"三搏基"。

高尔夫球比赛击球顺序（hiting order）。在第一洞发球台上，应通过抓阄确定首先击球者。此后每个洞的胜者首先击球。如果上一洞未分胜负，则记前一个洞的胜者首先击球。其他人的击球顺序，从击球进洞所用杆数少者开始。

 想一想

高尔夫球运动的技术动作要领是什么？

项目六　健康与美

一、健美运动的特点与作用

（一）健美运动的特点

1. 设备简单，易于开展

健美训练既可以徒手或依靠自抗力进行练习，也可以采用简单的轻重器械进行练习；对场地的要求也不高，只要几平方米的地方即可，因而该项目容易开展。

2. 练习方式灵活多样，男女老少皆宜，便于广泛开展

健美的练习动作多种多样，有徒手和自抗力动作，有利用轻重器械的各种动作。即使是重器械，也可根据运动量的需要，自由调节重量、次数、组数。所以，它能满足男女老少以及不同健康状况人的不同的锻炼需要，从而受到广大群众的喜爱。

（二）健美运动的作用

1. 发展肌肉，增强肌力

有效地发展全身肌肉、增加力量是健美运动的一个比较突出的作用。通过健美训练，促使肌肉得到强烈的刺激，肌细胞数量增加，从而使肌纤维增粗，肌肉变得丰满而结实。

2. 增进健康，增强体质

健美锻炼可使心肌增强，心脏容量增大，血管弹性增强，进而提高心脏的收缩力和血管的舒张能力，使心搏有力，心输出量增加，每分钟心跳次数减少，提高心脏的储备能力

和工作能力。

健美锻炼可增加每次呼吸时的气体交换量，这既有利于呼吸肌的休息，又可提高呼吸系统的功能和储备，从而保证激烈运动时满足气体交换的需要，提高技能水平。

3. 改善体形体态，矫正畸形

健美运动的各种动作练习能给予身体某些部分的生长发育以很大的影响，促进骨骼的生长、肌肉的发展，科学的锻炼还可以起到消脂减肥的作用，这些变化都能够有效地改善人的体形、体态。

由于健美运动的各种动作能给予身体某些相应部位的影响，因此，当一个人的体态已经出现某些缺陷的时候，就可以有针对性地选择某些适当的动作进行练习，以达到矫正畸形的目的。如矫正含胸驼背等。

4. 调节心理，陶冶情操

紧张的体力劳动和脑力劳动后，机体必然会产生疲劳，健美运动则可以起到调节心理的作用。优美明快的音乐，以及明显的锻炼效果，对紧张的学习、生活都能起到良好的调节作用，能产生良好的心理反应。同时也可以陶冶情操，使人产生积极向上、追求美好未来的意愿。

二、健美锻炼的手段与训练法

各部位肌肉的练习手段

人体的运动器官是由肌肉、骨骼、关节和韧带组成的，人们各种复杂精细的运动正是依靠这些肌肉的收缩和放松形成的。人体骨骼肌约有639块，其重量男子占体重的40%左右，女子约占35%。它不仅是人体运动器官的组成部分，还构成人体的外表体态、体形。

1. 颈部练习

（1）自我抱头抗力。

作用：主要发展胸锁乳突肌和斜方肌。

做法：身体直立，两手交叉抱头，然后臂、颈同时反向用力，使头慢慢低下或上抬。

要点：头上抬用力。

（2）颈屈伸。

作用：主要发展胸锁乳突肌和斜方肌。

做法：头后伸——在综合力量练习器上做，先戴好头套，低头，然后用力后伸，将悬吊在地上的重物拉离地面。

头前屈——在综合力量练习器上做，先戴好头套，背对器械，仰头，然后用力前屈。要点：头前屈时用力。

2. 肩带练习

（1）前平举（如图8-1所示）。

作用：主要发展三角肌、肱三头肌。

做法：身体直立，两脚自然开立与肩宽。两手正握杠铃或哑铃，两臂伸直下垂于腿前，随即直臂持铃经体前向上举至头顶。稍停，再直臂循原路恢复原位。

要点：不得借助上体前后摆动的惯性上举。在恢复原位时，要以三角肌控制下降速度。

（2）侧平举（如图8-2所示）。

作用：主要发展三角肌、斜方肌。

做法：身体直立，两脚开立与肩宽。两手以拳眼向前持握哑铃或杠铃片。两臂伸直，下垂到体侧，随即直臂向两侧上方举起和肩平，稍停，再慢慢放下恢复原位。

要点：做动作时要保持挺胸收腹姿势，两臂伸直并注意用力方向始终是侧上方。

（3）颈后推举（如图8-3所示）。

作用：主要发展三角肌、肱三头肌和背部肌群。

做法：可采用站立姿势或坐姿进行。两手以"宽握距"持握杠铃置于颈后肩上，向上推起至两臂伸直，杠铃位于头顶上方，稍停，再慢放恢复原位。

要点：采用站立姿势时要保持挺胸收腹姿势，不要借助蹬腿力量。要注意维持和调整杠铃的重心与身体重心的平衡。

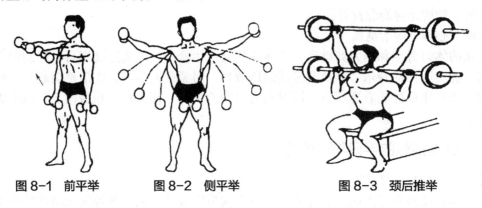

图8-1　前平举　　　　图8-2　侧平举　　　　图8-3　颈后推举

（4）负重扩胸。

作用：主要发展斜方肌、胸大肌和三角肌。

做法：身体直立，两脚开立与肩宽，两手以拳眼向前持握哑铃或杠铃片，两臂伸直呈前平举状，随即直臂向两侧拉开成扩胸状。稍停，再直臂恢复原位。

要点：要保持挺胸收腹姿势，两臂伸直与肩齐平。

3. 上肢练习

（1）直立肘屈伸（弯举）（如图8-4所示）。

作用：主要发展肱二头肌。

做法：身体直立，两脚开立与肩宽，正（反）握杠铃或哑铃，屈前臂将杠铃或哑铃举至前胸，稍停，再慢慢放下恢复原位，反复练习。还可以坐着练习或屈体，固定上臂等进行练习。

要点：做动作时上臂要贴近体侧。以肘关节为轴屈伸。下降还原时，要防止肘关节还没伸直就弯举。

（2）颈后肘屈伸（如图8-5所示）。

作用：主要发展肱三头肌、旋前圆肌和肱桡肌。

做法：身体直立，两脚开立与肩宽，两手正（反）握杠铃，上臂固定在头两侧，随后做肘屈伸，将杠铃从头后向上举起，如此重复。也可做俯立、仰卧和肘屈伸等练习。

要点：做动作时要保持挺胸收腹，上臂必须固定并靠近两耳侧，肘肩向上，不得借助身体前后摆动的惯性和肘肩向前进行屈伸。

（3）腕屈伸（如图8-6所示）。

作用：主要发展前臂屈伸肌群。

做法：坐在凳子上，两手反握杠铃或哑铃，前臂固定，腕屈伸至最大限度，稍停，再还原，如此重复。

要点：前臂固定不得移动，手腕充分屈伸。如果两手正握杠铃或哑铃练习，则可发展前臂后群肌肉。

图 8-4 直立肘屈伸　　　图 8-5 颈后肘屈伸　　　图 8-6 腕屈伸

4. 胸背练习

（1）俯卧撑（如图 8-7 所示）。

作用：主要发展胸大肌和三角肌。

做法：两手掌左右分开与肩平，伸直两臂支撑在地面或仰卧架上，两腿向后伸直并拢以脚尖支撑。接着屈臂下降至背部低于肘关节，稍停，随即两臂用力向上伸直成原位。也可根据需要用头高脚低或头低脚高的俯撑或背上加重物进行练习。

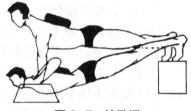

图 8-7 俯卧撑

要点：要保持全身撑直姿势，腰腹既不能放松下沉呈"凹"形，也不能使臀部拱起呈"凸"形。

（2）仰卧飞鸟（如图 8-8 所示）。

作用：主要发展胸大肌、前锯肌、三角肌前部。

做法：两手握哑铃并置铃于胸前（掌心相对），然后仰卧在凳上，两臂伸直与身体垂直，两膝分开，脚蹬地面，随即两臂缓缓向侧下分开（肘微屈）直至肘部低于体侧，这时胸部高挺，腰部离凳，仅肩背部、臀部着凳，然后胸大肌用力收缩，将微屈而分开的两臂内收，至胸上伸直，稍停后还原。

要点：向下侧分两臂时，肘部要微屈并低于体侧。

 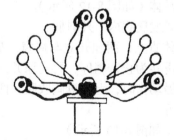

图 8-8 仰卧飞鸟

（3）俯立侧平举（如图 8-9 所示）。

作用：主要发展背阔肌、胸大肌、三角肌。

做法：两脚开立与肩平，上体前屈近90°，两腿伸直，臀稍后移，两臂伸直，两手拳眼向前握持哑铃或杠铃片，随即直臂向两侧上方举起至与肩平，稍停，再直臂慢慢放下还原。

要点：前屈的上体要保持挺胸收腹，两臂伸直，不得借助上体抬起摆动的惯性上举。

5.腰腹肌练习

（1）罗马椅后仰卧起坐（如图8-10所示）。

作用：主要发展腹直肌和竖脊肌。

做法：正坐在罗马椅上，两脚固定，两手抱于胸前，上体慢慢后倒，接近水平面，再向上起成坐立。可左右转体起坐，有利于发展腹外斜肌。

要点：动作速度按向上快、向下慢的节奏进行。

（2）仰卧举腿。

作用：主要发展腹直肌和竖脊肌。

做法：仰卧，屈膝或直腿上举至垂直面，慢慢还原。头、上体固定，也可在不同斜度的卧举凳上练习。

要点：两腿必须伸直并拢，腿上举时稍快，下放时稍慢。

（3）俯卧体屈伸（如图8-11所示）。

作用：主要发展竖脊肌和臀大肌。

做法：俯卧在"山羊"或长凳上，两脚固定，随即上体下屈，两手交叉抱在头后处，接着向上抬起上体至不能再抬为止，稍停，再慢慢下屈恢复原位。可负重练习。

要点：上体向上仰起成反"弓"形，背肌充分收紧，速度以向上伸快、向下屈慢的节奏进行。

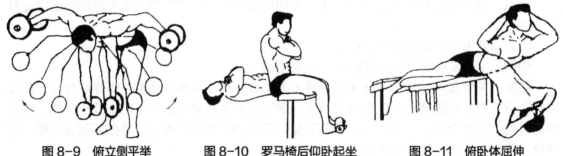

图8-9 俯立侧平举　　　图8-10 罗马椅后仰卧起坐　　　图8-11 俯卧体屈伸

（4）负重转体（如图8-12所示）。

作用：主要发展腹内、外斜肌。

做法：身体直立，两腿开立与肩宽，肩负杠铃，两手紧握两端的铃片，随即上体向左侧转体至不能再转为止，稍停，再还原并向右侧转体至极限。

要点：在做动作时，上体挺胸收腹，两腿伸直，两脚不得移动，动作应缓慢而平稳。

6.下肢练习

（1）深蹲（如图8-13所示）。

作用：主要发展股四头肌和臀大肌。

做法：身体直立，两脚开立与肩宽，颈前（后）负杠铃，做全蹲起或跳。

要点：抬头挺胸腰收紧，慢蹲快起。

(2)负重弓箭步(如图8-14所示)。

作用:主要发展股四头肌、腓肠肌和比目鱼肌。

做法:颈后(或胸前)负铃,两腿前后弓箭步开立,然后前腿屈膝下蹲,后退始终挺直,还原成箭步开立。

要点:屈膝下压至能承受的深度为止,后腿始终伸直。

图8-12 负重转体　　　图8-13 深蹲　　　图8-14 负重弓箭步

(3)腿弯举(如图8-15所示)。

作用:主要发展股二头肌、半腱肌。

做法:俯卧在凳上,脚钩住练习器上的滚筒或橡皮筋拉力器,两手抓住身前支撑物,两腿做弯举动作。

要点:小腿下落复位时要控制下降速度,调节好皮筋的拉力度。

(4)坐姿腿屈伸(如图8-16所示)。

作用:主要发展股四头肌、股直肌。

做法:坐在凳上,膝关节内缘紧贴凳面,足负重物做腿屈伸动作。

要点:要注意伸直两腿,然后慢慢还原。

(5)负重提踵(如图8-17所示)。

作用:主要发展腓肠肌、比目鱼肌。

做法:颈后负铃,两脚平行窄站于平地或垫板上,提踵至高点,稍停后再还原。

要点:向上提踵要充分,同时,用力夹臀和收紧腿部肌肉。膝关节始终伸直。

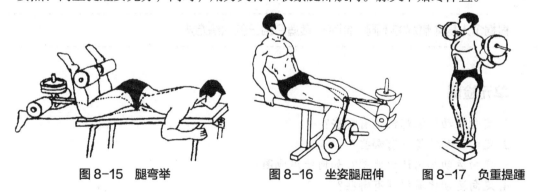

图8-15 腿弯举　　　图8-16 坐姿腿屈伸　　　图8-17 负重提踵

三、健美锻炼的训练法

因组数、强度、动作组合形式的练习程序不同,健美锻炼的方法也较多,现介绍几种常用的训练方法。

1. 定量间歇法

在一次锻炼中用的重量、组数、每组次数等都是固定的，组间的间歇时间为 1～2 分钟。此法适宜于初学者。

2. 先衰竭法

要想发展哪块肌肉，先选择只发展这块肌肉的局部肌肉练习，做 6～10 次，直到疲劳，使其衰竭，然后在 3～5 秒之内跑向另一器械，做一个以发展这块肌肉为主的综合肌肉群练习，用 70% 的重量做到极限，这样交替训练 4 组左右，能有效地增大肌肉围径。适宜有一定基础者采用。

3. 塔式法

其方法是负荷重量由轻逐组加重，再由负荷重量逐组减轻进行练习，动作组数较多，适宜有一定基础者采用。

4. 组合法

其方法是两个或两个以上动作合成一组进行练习。组合的方法有两种，一是相对部位组合，二是相同部位动作组合。

5. 循环法

把同类的或不同类的动作编排在一大组内，分设 4～8 个站，然后按序依次循环练习。此法运动量大，能全面锻炼身体，适合于减肥、健身为主的初学者采用。

6. 超量负荷法

要使肌肉的体积和力量不断增大，机体功能逐步提高，就必须承受超量的负荷锻炼。只有不断进行科学的超量工作和超量负荷锻炼，才能使肌体不断适应和接受新的运动量和负荷。即通过超量和超负荷刺激，使肌体获得超量恢复，也是锻炼健美体格的一个根本法则。

7. 纠正法

为加强某一部位的肌肉或重点纠正某一部位的缺陷，对所纠正重点部位进行重点的专门训练，并保证各肌肉得到充分或全面的训练，达到使全身协调发展的目的。

练一练

根据个人身体情况的不同，制定一套适合自己的训练方法。

单元检测

1. 定向运动的锻炼价值有哪些？
2. 定向运动的特点有哪些？
3. 定向运动如何认识地图？如何使用地图？
4. 定向运动比赛规则有哪些？
5. 参加定向运动的注意事项有哪些？
6. 铁人三项运动有哪几项？
7. 马拉松比赛距离是多少？马拉松比赛技巧有哪些？

参 考 文 献

[1] 潘绍伟,于可红.学校体育学[M].2版.北京:高等教育出版社,2008.
[2] 尹建强,冯峰,张红学.新编大学体育[M].北京:中国人民公安大学出版社,2011.
[3] 芦秋菊.大学体育[M].合肥:合肥工业大学出版社,2011.
[4] 黄瑶,唐伟,张桂兰.大学体育与健康教程[M].北京:北京工业大学出版社,2005.
[5] 田振生.大学体育教程[M].保定:河北大学出版社,2004.
[6] 郭大勇,黄志国.高职体育理论与实践教程[M].北京:航空工业出版社,2020.
[7] 国家体育总局健身气功管理中心.健身气功·八段锦[M].北京:人民体育出版社,2018.
[8] 韩俊.瑜伽初级教程[M].沈阳:辽宁科学技术出版社,2006.
[9] 韩俊.瑜伽中级教程[M].沈阳:辽宁科学技术出版社,2006.